김기택의 **행복배움학교 생각**

# 학교는 희망을 먹고 자란다

김기택의 행복배움학교 생각

# 학교는 희망을 먹고 자란다

초판 1쇄 인쇄일 2019년 8월 12일
초판 1쇄 발행일 2019년 8월 19일

**지은이** 김기택
**펴낸이** 양옥매
**디자인** 임홍순
**교  정** 임수연

**펴낸곳** 도서출판 책과나무
**출판등록** 제2012-000376
**주소** 서울특별시 마포구 방울내로 79 이노빌딩 302호
**대표전화** 02.372.1537 **팩스** 02.372.1538
**이메일** booknamu2007@naver.com
**홈페이지** www.booknamu.com
ISBN 979-11-5776-765-6(03370)

이 도서의 국립중앙도서관 출판시도서목록(CIP)은 서지정보유통지원 시스템
홈페이지(http://seoji.nl.go.kr)와 국가자료공동목록시스템
(http://www.nl.go.kr/kolisnet)에서 이용하실 수 있습니다.
(CIP제어번호 : CIP2019030709)

HAPPY+ SCHOOL

김기택의 행복배움학교 생각

# 학교는 희망을 먹고 자란다

김기택 지음

책과나무

# 아는 자는 말하지 않고,
# 말하는 자는 알지 못한다

칭찬은 고래도 춤추게 한다? 어떤 경영 컨설턴트가 쓴 유명한 책 제목입니다. 그는 이 책에서 칭찬이 가져다주는 긍정적 변화와 인간관계, 동기부여 방식 등을 재미있게 풀어냈고 많은 사람들이 제목에 공감했기 때문에 꽤 많이 팔렸을 것입니다. 사람들의 눈길을 끌기에 충분했거든요.

학교는 희망을 먹고 자랍니다. 학교 구성원인 학생들, 그리고 언제나 그들을 지지하는 학부모와 교직원도 한가지입니다. 그래서 희망은 미래이고, 어떤 경우에도 희망을 포기할 수 없습니다.

빈부격차의 심화와 저성장 실업으로 인한 빈곤의 증가, 가정 해체, 고용악화와 청년 실업, 단독 가구 증가와 고독사, 불특정 다수 대상 묻지마 범죄, 소외된 개인의 문제 등 최근 세상의 변화가 몰고 온 어두운 그림자들은 학교에서도 그대로 그늘을 드리웁니다. 산업화를 거치면서 선진국들이 통과의례처럼 공통으로 앓던 여러 병리 현상을 지금 우리 사회와 학교도 심각하게 앓고 있습니다.

희망은 자존심과 자존감의 또 다른 이름입니다. 많은 교사와 심리학자들, 그리고 정신과 의사들이 이구동성으로 걱정하는 학교 현장의 문제들 바탕에는 방치되거나 사랑받지 못해서 자존감 낮은 인격으로 성장하는 학생들이 있습니다.

학교 현장을 지켜오며 오래 쌓아온 경험으로 얻은 결론이 바로 자존감입니다. 자존감은 '스스로 품위를 지키고 자기를 존중하는 마음'입니다. 한 의사 선생님은 이를 '자신을 어떻게 평가하는지를 판단하는 정신 건강의 척도'라고 설명합니다. 강한 자존감이 건강한 인격이란 말입니다. 자존감은 개개인이 하는 말, 행동, 판단, 선택, 감정 등 모든 것에 절대적 영향을 끼치기 때문입니다.

4차 산업혁명과 인공지능의 시대를 살게 된 오늘날 우리에게 역설적으로 미래가 희망이기는커녕 안갯속처럼 불확실하고 미로처럼 사람들을 당황하게 하면서 개인은 더욱 외로워졌습니다. 이처럼 미래가 불확실하고 상황이 불안할수록 건강한 자존감으로 무장한 사람이라야 강한 존재이고 또 그래야 건강하게 살아남을 것이라는 전망에 공감합니다.

과거에 우리 조상들은 자식을 가르칠 때 사랑과 칭찬을 북돋우기보다는 속마음을 잘 드러내지 않고 감추거나 내색하지 않는데 익숙해왔습니다. 현대에도 사람들은 여전히 사랑과 관심과 칭찬에 인색하지만, 아이러니하게도 또 그것들에 목말라합니다.

이런 습속 때문일까요? 학교에서 구성원들과 함께해 오면서 선생님들이 사랑과 관심과 칭찬을 드러내는 데 의외로 인색하다는 것을 알았습니다. 특히 체벌 금지와 학교폭력처벌법 등 학생 안전과 인권 보장을 위한 법과 제도가 구체화하기 시작한 이천 년대에 들어서 대안으로 도입된 상벌점제를 운영하면서 피부로 느낀 경험입니다.

틈만 나면 학생들의 장점을 일부러 찾아주고 칭찬하고 상점을 기록하는데 인색하지 말 것을 늘 부탁해 왔습니다. 하루에 몇 번 칭찬했는지 일부러 물어보기도 하지만 벌점은 차곡차곡 쌓여 가는데 상점은 의외로 누적되지 않았습니다. 교사들의 일상 업무가 바쁜 건 사실이지만 찾고 칭찬하고 상점을 입력할 여유가 정말로 없기 때문일까요? 바쁘다면 벌점도 누적되지 않아야 하는데 이상하게 벌점은 차곡차곡 쌓여갔습니다.

학생들의 일상생활을 매일 직접 지도하는 교사 입장에서 학생 지도의 패러다임이 빠른 기간에 급격하게 변해 어려움이 가중된 것은 사실입니다. 과거에 훈계 차원에서 교육적 체벌을 용인하던 법원의 판례가 어느새 엄격하게 바뀌더니 이제는 실정법으로 금지되었습니다. 종전의 상식과 패러다임이 급격히 바뀌면서 거기에 적응할 기간이 너무 짧았던 탓이었는지 교사들은 학생 지도 방법에서 일시적 혼란에 빠져 수많은 시행착오를 겪습니다. 그즈음 자괴감과 무력감에 빠진 중견 교사들이 명예퇴직으로 몰리면서 다수가 현장을 떠났으며 이런 분위기는 지금도 지속되고 있습니다. 이 시기에 등장한 것이 상벌점제이며 교사들은 여기에 많이 의지하게 됩니다. 교사들이 상점에는 낯설어하고 벌점제를 선호하게 된 이유도 결국 학생을 통제하는 수단으로 이 제도를 이해한 탓이 아닐까 생각합니다.


교육은 미래에 투자하는 것입니다. 일부 학생의 폭력성이나 반사회성에는 그 가정의 어두운 그림자가 드리워 있으며, 자칫 방치했다간 훗날 사회가 비싼 값을 치러야 합니다. 그러므로 미래의 주인공들을 오로지 아름답고 행복한 기억으로만 키워야 합니다. 그들의 아름답고 행복한 성장이 결과적으로 자신의 인생에 행복으로 귀결되고 궁극적으로 우리 사는 세상 모두의 건강에 기여할 것이기 때문입니다. 학생에게 줄 사랑과 칭찬과 공감의 높이에 제한은 없습니다. 무한한 사랑으로 아이들에게 관심과 사랑을 퍼부어주십시오.

칭찬은 고래도 춤추게 한다? 맞습니다. 집안의 가장으로, 회사의 간부로, 가족과 직원들에게 열정과 희망을 불러일으키고자 하는 사람들에게 안내서 역할을 해줄 것이라는 그 책의 소개 글과 마찬가지로 여기서도 우리 미성년 젊은 청춘들에게 절실히 필요한 사랑과 칭찬과 희망의 메시지를 말하려 합니다. 왜냐면 교육이야말로 투자하면 반드시 헤아릴 수 없을 만큼 막대한 성과가 돌아오는 보물이자 화수분이며 아울러 우리 모두의 미래이기 때문입니다.

우리 학교에 재직했던 지난 5년 동안 우리 학생들과 학부모는 물론 교직원이 어떻게 긍정적으로 변하고 성장할지가 나는 줄곧 궁금했습니다. 그래서 학교 홈페이지에 '칭찬합시다'방을 개설하여 부지런히 칭찬 이야기를 올렸는데 모인 것이 300여 편 됩니다.

"학교에 오래 계셔주세요."

부임하던 날, 학교에 장기발전 계획이 없다고 안타까워하던 학부모 대표께서 한 당부를 마음속에 소중한 약속으로 담고 그동안 열심히 노력하다가, 이제 퇴임하게 되었습니다. 약속을 지킬 수 있어서 기쁘고, 그동안 학교의 양적 질적 성장의 성과도 제법 내놓을만합니다. 민주적 가치관을 키우고 학생을 가장 중요시하는 행복배움학교와 소프트웨어 교육 연구학교 운영 등 다양한 교육과정 실천 경험과 장기 발전 계획의 수립, 시설 현대화 사업이 완료되면서 부임 당시 미미했던 학교의 위상이 크게 높아져 선호 학교가 되면서 지역사회에서 가장 큰 규모로 성장했습니다. 특히 장애 학생과 학부모가 가장 선호하는 학교가 되면서 올해는 2개 학급에 17명이 재학하는 특수학교급 특수 학급을 운영하게 된 것을 자랑스럽게 생각합니다.

교육 시설의 확충 결과는 눈부십니다. 재임 중 디지털 방송설비와 도서실, 화장실, 보건실을 현대화했고, 근사한 진로진학 커리어존을 만들었으며, 첨단 컴퓨터실 디지털 교육 환경의 완성, 냉난방 시설 현대화와 LED 조명, 명현관 다목적 강당과 학생 식당 신축, 교육복지실 개관, 그리고 교사 전체 도색까지 총체적 교육 인프라를 거의 모두 현대화하고 새롭게 갖추었습니다.

하지만 양적 성장이나 교세의 팽창 등 외형적 성장만이 최종 목적지일 수는 없습니다. 재임기간 중 소프트웨어교육 선도학교와 연구학교, 다문화 예비학교, 학교 내 대안교실, 그리고 인천형 혁신학교인 행복배움학교와 자율학교, 연수원학교, 교육혁신지구 학교 운영 등 디지털 인공지능 시대가 요구하는 인재 양성을 위해 끊임없이 다양한 시도와 노력을 해왔습니다. 물론 그 과정에서 일부 교사들의 주저함과 방관, 학생들의 태만과 학부모의 몰이해 등 난관도 많았습니다만 응원과 지지를 보내준 구성원 덕택에 노력과 도전은 여전히 현재 진행형입니다.

혁신 마인드와 민주적 가치를 공유하고자 한 우리의 수많은 도전은 낙숫물처럼 모여서 물줄기를 이루었습니다. 그동안의 노력이 헛된 수고가 아니었다는 것과 다음 시대를 맞이하기 위한 밑거름이 되었다는 평가를 받기에 충분하리라고 확신합니다.


1부에서는 차곡차곡 쌓아온 칭찬의 이야기를 담았습니다. '칭찬합니다'는 학교 현장의 모든 갈등과 문제들의 기저에는 사랑과 관심과 칭찬에 목마른 사람들이 있다는 진단을 바탕으로 소소한 일상에서 갈증을 풀 듯 찾아서 나누어 준 기록입니다. 요즘 유행하는 말로 '소확행'('작지만 확실한 행복'을 뜻함. 일본 작가 무라카미 하루키의 어느 수필집에서 비롯함)이라고나 할까요? 칭찬받아 마땅할 수많은 사람들의 에피소드가 매일매일 탄생하고, 나는 그것을 하나도 놓치지 않으려고 동분서주 했습니다. 5년간 근무한 일천여 나날 가운데 삼백여 회라면 사흘에 한 번꼴로 칭찬 글을 올린 셈이니 하루에 열 번은 칭찬해야 직성이 풀리는 나는 아직도 목마릅니다.

2부에는 지난 5년 동안 짬짬이 써온 학교 안팎의 희망 찾는 이야기들을 담았습니다.

칭찬이 고래를 춤추게 한다고요? 맞습니다. 그래서 학교장이라면 교직원과 학생, 학부모, 그리고 가로세로 교직(交織)하여 연결된 수많은 학교 가족에게 행복과 건강과 만족의 바이러스를 잔뜩 퍼뜨려야 할 책임감을 무겁게 갖고서 더더욱 배려 경청하고 공감하여 칭찬을 아끼지 말아야 할 것입니다.

'삶을 숨 쉬는 사람이라면 질문을 멈추어서는 안 된다'고 말한 스콧 니어링의 말에서 정의를 새기고, '아는 자는 말하지 않고, 말하는 자는 알지 못한다.'[知者弗言, 言者弗知]는 노자 도덕경의 경구를 기억하면서 나이 들수록 스스로 삼가는 삶을 지향하도록 노력하였고, 내 부족함을 알기에 '언제나 가장 낮은 자세로 받들고 섬기겠다'는 다짐을 지키려 했습니다. 그래서 부족한 지식과 모자란 인격으로나마 그동안 함께했기에 행복했던 사랑하는 우리 학교 구성원들을 칭찬하여 떠들고 싶은 욕망을 어쩔 수가 없습니다.

끝으로, 행복한 배움의 가치를 담아보려 한 노력에 응원을 아끼지 않은 초임교사 시절부터의 여러 제자와 동료 선후배 선생님들, 전폭적인 지지와 신뢰로 언제나 든든한 지원군이 되어주셨던 명현중의 학부모님들과 지역사회 여러분, 정책으로 행복배움학교 운영을 물심양면 지원해주신 인천광역시 교육감님과 교육 혁신의 동지들, 그리고 평생의 반려자이자 같은 길을 동행한 배우자 권영미 선생, 딸 조은에게 존경과 사랑의 말씀 드립니다.

2019년 8월
김기택

# 목차

## 2부 ●

## 희망의 이야기

HAPPY⁺SCHOOL       1부

칭찬합니다

●

# 새 학기 풍경

**교장 선생님이 직접 학생 발 닦아준다고?**

인천광역시교육청 지정 행복배움학교로 새 출발하는 우리 학교 입학식에 교육감이 참석하시어 축하와 격려 말씀을 해주셨습니다. 그리고 특별히 학생들을 소중히 교육하겠다는 약속의 징표로 교장과 중견 교사들이 함께 신입생의 발을 씻기고 닦아주는 세족 의식을 흐뭇하게 지켜보셨습니다. 수많은 다른 학교 행사 다 제쳐 두고 우리를 특별히 축하해주신 교육감님의 인천형 혁신학교인 행복배움학교를 응원하는 깊은 뜻을 잘 헤아립니다. 아직 쌀쌀한 날씨임에도 불구하고 많은 학부모님이 행사에 참석하여 자녀가 의젓하게 바뀐 모습과 선생님이 신입생의 발을 정성껏 닦아주는 감동스러운 장면을 지켜보았습니다.

세족 의식은 발을 씻겨주는 사람이 발을 내민 사람보다 낮은 자리에서 꿇어앉아 상대에게 정성을 다하겠다고 겸손의 극치를 보여주는 행위이며, 이를 통해 자신을 낮추고 상대방을 귀하게 받들어 모시겠다는 약속을 사람들에게 공표하는 것입니다. 이는 선생님이 학생에게 정성을 다하겠다는 약속을 공개적으로 밝히는 소중한 교육 활동입니다. 언제나 정성을 다해 학생을 교육하겠다는 약속인 만큼 우리 교직원 누구도 결코 학생을 함부로 대하지 않을 것이며 어떤 차별 행위도 하지 않을 것입니다. 학교장은 어떤 이유에서라도 어떤 종류의 차별에도 단호히 반대합니다.

2019학년도 입학식에는 인천광역시교육청에서 보낸 특별 촬영팀이 내교하여 특별한 입학식이란 제목으로 입학식 행사 전후 모습을 취재하였고 '(인천ON스쿨) 교장 선생님이 직접 학생 발 닦아준다고?'라는 제목의 영상을 유튜브에 공개했습니다. 우리 학교 입학식은 모든 학생이 자랑스러워하는 우리의 브랜드이고 자부심입니다.

입학식과 오전 일과가 끝나고 첫날 점심시간에 모든 교직원과 학생들이 특별한 '축 입학' 케이크를 하나씩 받았습니다. 오늘 케이크에는 맛도 맛이지만 신입생을 세심하게 배려한 영양사의 깊은 마음 씀씀이가 배어있어서 더욱 사랑스러웠습니다.

그렇습니다. 학교도 학생과 교직원들로 이루어진 작은 사회이니만큼 아무리 사소한 일이라도 배려하고 미리 준비하여 상대방이 만족하고 행복할 수 있도록 노력을 다한다면 행복한 학교 공동체는 저절로 만들어질 것이라고 확신합니다.

영양사님 그리고 조리원 여러분, '축 입학 케이크' 정말 맛나게 잘 먹었습니다.


**새내기들 밥 먹는 모습이 어찌 이리 예쁠까요?**

여느 해와 마찬가지로 학교생활에 빨리 적응하도록 신입생 적응 교육을 일주일간 잘 마쳤습니다. 그 가운데 급식실 이용 예절을 배우고 밥을 잘 먹고 잔반을 잘 비우는 교육도 아주 중요한 아이템입니다. 물론, 맛있게 먹고 잔반을 안 남기는 자세도 가르쳤습니다. 잔반은 모조리 음식쓰레기가 되어 환경을 오염시키고 자원과 국가 재원을 낭비하는 결과로 돌아옵니다. 그래서 우리 학교는 매일 잔반을 안 남긴 학생에게 상점 2점씩을 부여하고, '지구를 구한 사람'이란 명예도 줍니다. 그리고 학기 말 방학 날 상점을 가장 많이 쌓은 학생을 표창합니다.

그 덕분일까요? 1학년 새내기들 점심밥 먹는 모습이 천사입니다. 줄도 잘 서고, 밥도 잘 먹고, 특히 잔반을 비울 때 모습이 천사 같습니다. 수저를 이용해 조심조심 잔반을 비웁니다. 그래서 잔반통에서 식판 내려치는 소음이 안 납니다. 빈 식판을 내려놓고 돌아나가면서 잔반통 옆에 서 있는 학교장에게 꾸벅꾸벅 인사도 잘합니다. 밥 잘 먹는 새내기들이 천사처럼 예뻐 보입니다.

## 신입생 초청, 함께하는 교장실 수업

새내기들이 입학했습니다. 입학식과 세족 의식을 진행하면서 질서정연하고 귀여운 신입생들의 모습에서 아무런 칠이 안 된 도화지 같은 인상을 받습니다. 그리고 깨끗한 백지 같은 그들의 고운 마음 꽃밭 위에 사랑과 정성을 담아서 예쁘게 길러야겠다는 무거운 책임감을 느꼈습니다.

2019학년도 신입생이 3월 4일 입학하여 새 식구가 된 지 벌써 열흘이 지났습니다. 교문 앞에 내걸렸던 '행복배움의 둥지로 날아든 그대들을 환영합니다'라는 입학식 안내 현수막도 일주일 만에 내려졌습니다. 금년 입학식 풍경은 인천시교육청 공보팀이 일부러 우리 학교에 와서 입학 날 이른 아침 등굣길부터 행사가 끝나기까지의 세세한 표정을 영상으로 담아갔습니다. 촬영팀의 입학날 영상 스케치가 특별한 축복이었듯 파도 잔잔하고 맑은 하늘 아래 환송객의 축복 받으며 출항하는 여객선처럼 신입생들이 낯선 학교생활에 아무런 장애물 없이 순항하기를 기원했습니다.

올해 신입생 입학에는 특별한 의미가 있습니다. 4년 전 입학 날 교육감님이 직접 오시어 축하해 주면서 출범했던 인천광역시교육청 지정 행복배움학교가 올해 4년차로 혁신학교 1기를 마무리 짓는 시점이기 때문입니다. 지난 3년간 교직원들이 '배움에 행복을 더한다'는 캐치프레이즈를 내걸고 혁신 교육 프로그램을 다양하게 적용하면서 시대의 흐름을 함께 반영하도록 애쓴 혁신과 변화의 노력이 과연 어떤 결실을 맺을 것인지 신입생들의 학교생활 만족도를 통해서 확인할 수 있을 것입니다.

특히 올해가 반가운 것은 신입생 가운데 특수 학급 학생이 대폭 늘어났다는 사실 때문입니다. 우리 특수 학급 재학생은 모두 열일곱 명이 되었습니다. 우리가 수용할 수 있는 역대 최대 인원이고 지역에서 유례를 찾기 힘들만한 특수학교 규모입니다. 이는 장애인이 등교하기 좋은 접근성에다 그동안 특수 학급 운영에 헌신한 교사들의 노고, 일반 교직원들의 폭넓은 이해와 동참 노력이 있었기 때문이며 지역사회의 신뢰가 굳건하게 쌓인 결과라고 생각합니다. 학교장에게 우리 특수 학생들은 더할 나위 없이 사랑스러운 존재이고 특수 학급은 자랑거리입니다.

교육 정책에서 장애인 교육의 궁극적 가치는 통합 교육입니다. 우리 특수 학생들이 어떤 차별도 없이 공교육을 잘 받고 통합 교육의 성공을 통해 존엄한 인권을 가진 존재로 성장할 수 있도록 모든 구성원이 힘을 모아 통합 교육의 모범이 되도록 함께 노력하겠습니다.

입학하고 한 주간 우리 신입생들을 위한 학교 적응 주간을 해마다 운영하고 있습니다. 프로그램 가운데 하나가 학급별 교장실 초청 수업을 한 시간씩 하는 것입니다. 그들을 환영하고 낯선 학교 환경에 빨리 적응할 수 있도록 돕는 이 프로그램은 입학식장에서 진행하는 세족 의식을 비롯하여 선배들이 직접 설명하는 학교생활과 동아리 활동 소개, 행복배움학교의 정신과 교육 과정 안내, 전문강사 초청 폭력예방, 장애 이해, 성교육 특강, 그리고 교장실 초청 학교장과 함께하는 수업 등이 모두 포함됩니다.

배정받은 순서대로 지난 한 주간 새내기들을 한 학급씩 교장실로 초청하여 수업을 진행했습니다. 제일 먼저, 초등학생 시절에 교장실에 들어간 경험을 물어보았습니다. 의외로 교장실에 들어간 경험이 없는 학생도 제법 있습니다. 교장실 출입문에는 "어서 오세요. 문턱 없는 교장실입니다" 표지판을 붙여놓았고 사시사철 개방하고 있습니다. 교장실은 누구든 언제든 제약 없이 출입할 수 있는 친근한 장소입니다. 옆방 보건실에 왔다가, 억울한 일이 있어서, 기쁜 소식을 학교장에게 자랑하기 위해, 심지어 푹신한 소파에서 잠시 쉬었다 가도 될 정도로 자유롭게 출입할 수 있으며 언제든 사탕과 얼음도 준비되어 있습니다.

입학 소감과 한 주간을 보낸 느낌을 물었습니다. 모두 학교생활에 만족해합니다. 학교의 모든 시설이 좋고 편리하고 선생님들은 친절하고 특히 급식이 만족스럽다고 이구동성으로 말합니다. 급식이 맛있다면 학교생활 만족도는 이미 50%를 넘어섰습니다. 나머지 절반의 만족도는 수업과 자유학년제를 비롯한 좋은 교육프로그램으로 채우도록 교직원 모두와 함께 노력하겠습니다.

참 기분 좋은 일입니다. 하지만 새로울 것은 없습니다. 우리가 변함없이 해온 일들이고, 언제나 가장 낮은 자세로 정성을 다해 왔기 때문입니다. 중앙 현관에 붙어있는 '언제나 가장 낮은 자세로 받들고 섬기겠습니다' 구호가 학교장과 모든 교직원의 한결같은 마음의 표현입니다.

이어서 지난 2월과 3월 사이에 학생 자신에게 일어난 변화를 함께 찾아보았습니다. 참 많은 것이 달라졌다는 사실을 스스로 확인하고, 함께 놀라며, 또 공통적으로 자기 자신에게 책임감을 더 많이 느끼는 듯 의젓해졌습니다. 초딩이 중딩으로, 어린이가 청소년으로 변했습니다. 교복을 입게 되었고, 교과목이 달라졌고, 책가방 무게가 달라졌으며 수업시간도 5분씩 늘어나고, 버스 요금이 달라져 그 덕택에 용돈도 늘었다고 합니다. 학생들은 학급 담임 중심 학교생활에서 교과 담임 중심으로 바뀐 학습 환경에 긴장된다고 합니다.

중학생들에게 학교 폭력 사고가 가장 많이 일어난다는 사실도 잘 알고 있습니다. 하지만 걱정 마세요. 우리 학교는 학생을 가장 중요하게 여기기 때문입니다.

짧은 기간 갑자기 달라진 환경에도 새내기들이 자기 정체성을 잘 세우고 지키도록 가르치는 일만큼이나 자신의 자존감을 키우도록 돕는 것도 아주 중요한 학교의 임무입니다. 신입생들에게는 자신이 가진 특기와 관심사를 함께 발견하고 잘 키우도록 자유학년제 운영과 동아리 활동, 학생 자치활동, 진로진학 탐구활동이 활발히 진행될 것이고, 단 한 명도 낙오하지 않도록 세심하게 기획된 교육과정과 관련 교육활동에 오랜 경험과 경륜을 갖춘 유능한 지도교사들이 함께할 것입니다. 우리 학교는 자율학교기 때문입니다.

수업 마지막에 학교장이 틈틈이 독서하면서 새겨두었던 동서고금의 위인들 말씀을 '보약이 되는 좌우명으로 거느려보라'고 추천해주었습니다.

"삶을 숨 쉬는 사람이라면 질문을 멈추어서는 안 된다."

미국의 유명한 교육자, 경제학자이자 자연생태 활동가인 스콧 니어링이 한 말입니다. 궁금하다면, 호기심이 인다면 언제 어디서나 주저하지 말고 물어야 합니다. 여러분이 나이가 어리다거나 하급자라거나 학생이라는 이유로 질문할 수 없다면 불행한 일입니다.

10세기 이라크를 중심으로 한 이슬람 세계는 학문의 세계 수도와 같은 역할로 문명을 꽃피우고 있었습니다. 당시의 유명한 이라크 출신 학자 알 하이삼은 다음과 같이 말했습니다.

"진리를 찾는 일은 어렵고 험난하다. 판단을 자제하라. 덮어놓고 믿어서는 안 된다. 늘 의문을 품고 모든 각도에서 비판적으로 검토해야 한다."

공부하는 사람은 열심히 노력해야 합니다. 끊임없이 독서하고, 궁금하면 질문하고 답을 찾도록 해야 합니다. '왜'를 외쳐야 합니다. 아이가 성장할 때, 특히 여러분이 유치원 다니던 시기에 궁금증으로 가득한 질문을 수없이 던졌듯. 그때 샘솟던 '왜?'라는 질문은 이제 모두 어디로 간 것일까요?

『코스모스』란 저서와 관련 다큐멘터리 영화로 유명한 천체 물리학자 칼 세이건은 "권위를 의심하십시오, 자신이 틀릴 수도 있음을 인정하십시오." 라고 말했습니다. 세상에 절대적인 것은 없습니다. 자신의 세계 안에 갇혀버리지 말기를 당부한 말입니다.

사과는 왜 땅으로 떨어질까 궁금했던 17세기 영국의 수학자이며 물리학자인 아이작 뉴턴은 "거대한 진리의 바다는 아무것도 가르쳐주지 않는다,

단지 내 앞에 펼쳐져 있을 뿐이다."고 했습니다. 인류사에서 가장 위대한 과학자인 그에게도 알아야 할 진리와 지식, 지혜의 세계는 너무나도 넓었나 봅니다.

20세기 영국의 이론 물리학자로 상대성 이론과 양자역학을 이용해 폭발하는 블랙홀에 관한 이론을 얻었으며 시공간 특이성을 연구한 최고의 천재, 스티븐 호킹 박사는 "고개를 들어 하늘의 별을 보자. 우리가 보는 것이 무엇인지 이해하고 무엇이 우주를 존재하게 하는지 궁금해하자. 호기심을 갖자. be curious!"라고 말했습니다. 21세에 시작된 루게릭병으로 평생 휠체어에 앉아서 할 수 있는 일이 거의 아무것도 없었던 그가 아이러니하게 광대무변한 우주와 시간의 비밀을 밝혀냈다는 사실에 경외감을 느낍니다.

그의 말처럼 젊은 여러분은 언제나 궁금증과 호기심을 잃지 말아야 합니다, 어린 에디슨이 부화를 위해 달걀을 품었듯. 여러분의 머릿속은 호기심이 가득하기 때문에 젊은이입니다. 노인은 단지 나이가 많은 어른이 아니라 호기심을 잃은 자입니다.

19세기 미국의 작가 마크 트웨인, 소설『톰 소여의 모험』과『허클베리 핀의 모험』으로 우리에게도 친숙한 그는 "안전한 항구를 떠나 항해하라. 당신의 돛에 무역풍을 가득 담아라. 탐험하라. 꿈꾸라. 발견하라." 당부했습니다. 새로운 도전을 하지 못하는 사람은 아무것도 얻을 수 없다는 그의 가르침은 젊은 세대들이 꼭 새겨야 할 금과옥조라고 생각합니다.

『감옥으로부터의 사색』이란 베스트셀러 저자로 유명한 신영복 선생은 "살다 보면 흔히 두 가지 실수를 한다. 첫째는 아예 시작하지 않는 것이고, 둘째는 끝까지 하지 않는 것이다."라고 말했습니다.

영국 사람 에드먼드 버크는 "소나무가 늘 푸른 것은 끊임없이 잎을 바꾸기 때문이다."라고 말했습니다. 그저 푸른가 보다 생각했는데 소나무는 끊임없이 변화하려고 노력했기 때문에 푸르름을 지킬 수 있었습니다.

내가 좋아하는 미국 영화 『포레스트 검프』에서 주인공의 어머니가 아들에게 들려주는 말에는 삶을 오래 산 사람만의 지혜가 들어있습니다.

"인생은 초콜릿 상자와 같다. 열어보기 전엔 뭐가 걸릴지 아무도 모른다."

여러분은 젊고 앞날이 창창하며 어떤 훌륭한 사람이 될지 알 수 없는 무한한 가능성을 지닌 존재입니다. 호기심과 궁금증으로 가득한 여러분을 응원하고 언제든지 여러분의 질문에 응답하겠습니다.

긍정적인 사람은 한계가 없고, 부정적인 사람은 한 게 없습니다. 궁금하면 질문하고, 무엇이든 열심히 노력하십시오. 우리 학교는 바로 그런 여러분을 위해 준비되어 있습니다.

신입생을 만나보고 수업을 해본 모든 선생님이 이구동성으로 신입생들을 칭찬하고 환영합니다. 학생들을 만나본 나도 동감합니다. 이런 좋은 분위기가 학기 내내 계속되어 우리 학교 입학이 자신은 물론 학부모와 선생님, 지역사회 모두에게 자랑스럽기를 기원합니다.

## 특수 학급을 잘 돌보겠습니다

신입생 여러분의 우리 학교 선택이 정말 잘 한 것이었다는 확신을 드리도록 학교장을 비롯한 모든 교직원이 최선을 다하겠다고 약속합니다. 약속의 징표로 입학 첫날 학교장을 비롯한 여러 선생님과 학생자치회 대표 학생들이 교문에서 신입생을 맞이했고, 환영의 하이파이브를 했을 뿐만 아니라 행복배움학교 이름을 새긴 입학 기념 볼펜과 학교에서 요긴하게 쓸 수 있도록 멋진 실내화 주머니도 함께 나누어주었습니다.

　올해 신입생으로 휠체어 사용 학생과 각종 장애를 가진 학생 일곱 명이 입학하여 열일곱 명으로 특수 학급 정원이 늘어나면서 작은 특수학교급 규모를 갖추게 되었습니다. 덕택에 보조교사가 증원되어 특수교사가 다섯 명이 되면서 우리 특수 교육 역량도 덩달아 늘어나게 되었습니다. 앞으로 특수 학급 학생들을 더욱 잘 돌봐야겠다고 함께 다짐했습니다.

　학교장의 교육철학 가운데 가장 중요한 것이 장애인과 다문화 가정 자녀, 그리고 경제적으로 또는 가족 간 곤란을 겪고 있는 소수 약자들을 더 잘 보살피는 일입니다. 천부인권을 지닌 모든 청소년은 국적이나 신체적 장애나 기타 어떤 사유로도 차별받지 않아야 합니다. 따라서 다른 학생들보다 제약을 가졌다면 특별히 보살피고 그들이 학업을 잘 이어가도록 도움 주어야 하는데, 이는 함께 살아가는 우리 모두의 책임이자 사회 정의를 실현하는 일이라고 학교장은 믿기 때문입니다. 누구든 소외되지 않고 신체적 이유로 차별받지 않으며 행복한 학교생활을 하도록 관심 갖고 돌보겠습니다.

　실제로 장애인 학생을 돕는 봉사 도우미를 서로 하겠다고 학급별 도우미 선발 경쟁이 치열하고 특수 교실에 비장애 학생들이 자연스럽게 출입하며 서로 잘 어울리는 모습이 너무나 사랑스럽습니다. 점심시간 식당에 출입하는 장애 학생 뒤에 그들을 살뜰하게 보살피는 도우미 학생이 몇 명씩 동행하는 아름다운 모습을 볼 수 있습니다.

　특수 학급 재학생이 많다는 것은 지역사회와 장애인 학부모님들이 우리 학교를 크게 신뢰한다는 증거이기 때문에 학교장으로서 특별히 더 자랑스럽고, 그래서 더 특별히 그들을 잘 돌보겠다고 다짐합니다.

## 세상에서 가장 아름다운 등교 풍경

우리나라가 천연자원은 없지만 유일하게 있는 것, 강력한 힘을 가진 자산이 바로 뛰어난 재능을 지닌 사람들, 즉 인적자원입니다. 그리고 우수한 두뇌를 가진 사람들을 잘 키워서 인재로 배출해내는 일을 가장 열심히 하는 분이 선생님들입니다. 그래서 다가오는 스승의 날을 기다리며 선생님의 노고를 기억합니다.

상쾌한 오월 아침에 세상에서 가장 아름다운 등교 광경을 오늘도 목격했습니다. 아침마다 교문에서는 여러 선생님을 볼 수 있습니다. 등교 시간에 교대로 일주일씩 학생들의 안전한 등교를 위해 교통안전 지도 봉사를 합니다.

교문 안쪽에서는 학생자치회 학생들이 등교맞이를 합니다. 지킴이 선생님도 함께 교통안전 봉사 활동을 합니다. 교통안전과 학생 안전을 위해서라면 물불 안 가리고 몸을 던지는 선생님이 교문에 계셔서 든든합니다. 삼국지에서 가장 용맹한 장수의 상징인 장비처럼 등굣길 교통안전을 위해 레이더 같은 시선으로 물샐틈없이 학생과 행인과 차량들을 지키지만 학생들을 바라보는 시선은 손자를 사랑하는 자애로운 할아버지의 눈길입니다.

틈틈이 교문 주변의 쓰레기와 낙엽, 행인이 버린 담배꽁초도 치우고 담장의 장미를 잘 돌보고 계셔서 더욱 고맙습니다. 젊은 시절 경찰 고위직으로 봉직하셨던 현역 시절의 경험을 바탕으로 정년퇴임 후 남은 열정을 미래 세대들을 안전하게 지키는데 기여하고자 한다는 그분의 말씀을 들을 때마다 존경스러워 저절로 고개가 숙여집니다.

이용환 선생님도 지킴이 선생님과 함께 교통안전 지도를 합니다. 맑은 날 눈비 오는 날 안 가리고 항상 그 자리를 지키고 계십니다. 물론 누가 시켜서가 아닙니다. 순수한 자원봉사라서 더욱 고맙습니다.

"선생님은 단 하루도 거르지 않고 이렇게 일찍 오시는데 아침 식사는 제대로 하시는지요?"

"학생들의 안전, 직원의 차량 안전에 봉사하는 게 즐거워서 기쁜 마음으로 합니다."

자원봉사의 재미를 알고 실천하는 보람을 일찍부터 깨우친 선생님께 새삼 존경과 감사의 마음이 생깁니다.

교문 앞으로는 짧은 등교 시간에 학생과 교직원이 등교하는 데다가 인근 3개교 학생들이 지나가기 때문에 더욱 혼잡하지만 일반 보행자와 학생들, 지나가는 자동차, 출근하는 교직원과 학부모 차량, 그리고 급식 차량이 선생님들의 교통안전 봉사 활동 덕택에 오늘도 모두 안전했습니다. 이 모두가 세상에서 가장 아름다운 등교 풍경이고, 이 풍경을 매일 아침 볼 수 있어서 기쁘고 행복합니다.


**학교 사랑 이벤트 '명현인에게 묻다.'**

교육복지사 김영아 선생님이 5월에 실시한 학교 사랑 이벤트에 학생들의 응답을 정리한 안내문이 게시되었기에 순서대로 옮겨봅니다.


*우리 학교는 행복배움학교이다.
*문턱 없는 교장실과 넓은 교과 전담실이 있고 좋은 친구들이 많다.
*학교에서 체험 활동을 아주 많이 한다.
*시험 문제가 다른 학교보다 쉬워 학습 부담이 적다.

* 선생님들이 모두 재미있고 착하다.

* 교장, 교감 선생님이 모두 좋으시다.

* 시설이 좋다.

* 임지현 전문 상담 선생님이 우리 고민을 잘 들어주시고 예쁘다.

* 모든 선생님이 우리 학생들을 잘 챙겨주신다.

* 화장실이 깨끗하고 잘 되어있다.

* 학교가 깔끔하다.

* 급식이 맛있다.

* 소프트웨어 교육을 잘하는 학교다.

* 학생들의 의견을 잘 반영해 준다.

* 교복의 핏(fit)이 좋다.

* 도우미 학생들을 선생님들이 잘 챙겨주신다.

교육복지실 이벤트로 학생들 의견을 모은 결과라고 합니다. 이 답변들 속에 그들의 따뜻한 시선과 높은 만족도, 그리고 자부심과 애교심이 가득 들어 있음을 알 수 있습니다. 특히 선생님들이 학생들을 위해 많이 노력하고 배려한다는 증거가 응답 곳곳에 배어있어서 학교장으로서 마음 흐뭇합니다. 만족도 높고 행복한 학창시절을 보낸 사람은 장차 어른이 되어서도 적극적인 삶, 긍정적인 인생을 누릴 가능성이 높다고 생각합니다.

학교는 단지 공부만 하는 공간이 아닐뿐더러 학창시절은 성적에 매달려 살아야만 하는 시기가 아닙니다. 남과 함께하면서 인격과 사회성을 기르고, 좋은 친구를 만나 배려를 배우고 삶을 풍요롭게 누릴 준비를 하는 중요한 때입니다.

개개인의 인격과 미래에 결정적 영향을 미칠 수 있는 이 시기에 높은 만족감을 함께 누리면서 나날이 즐겁고 행복한 학교생활이 되기를 기원합니다.

●

# 교육과정에
# 수업만 있는 게 아니다

**작은 건의가 세상 보는 눈을 키웁니다**

4월입니다. 신학년도 시작한 지 딱 한 달 지났고, 새롭게 시작한 학사 일정도 이제 제자리를 잡은 듯합니다. 3월 2일 개학 이래 낯설고 분주하여 어딘지 들뜬 것 같던 학교생활이 안정되고 학생, 학부모, 교사 모두에게도 학교가 낯익은 존재가 되었습니다. 덩달아 교정의 산수유, 개나리, 목련, 매화와 민들레도 꽃망울을 터뜨리고 화단의 나뭇가지마다 물이 차오르는 게 보입니다.

봄기운 가득한 가운데 학생들의 학업태도에도 힘찬 움직임과 꿈틀거림이 느껴집니다. 우리 학교의 자랑거리이자 활성화 상징인 동아리의 조직과 활동 움직임이 제일 먼저 눈에 띕니다. 곳곳에 걸린 동아리 홍보자료들이 그것입니다. 드림나비 동아리는 해마다 인기 최고이고, 천체 관측 동아리는 야간 관측 활동을 시작했으며, 댄스 동아리는 춤 연습에 열중합니다. 활발한 동아리 움직임에서 생동하는 교육활동의 단면을 봅니다. 학생들은 개별로 또는 무리 지어 자기 주도 학습활동에 몰두하고, 교사는 그들을 돕는 것이 제4차 산업혁명 시대가 요구하는 교수-학습 활동입니다. 정규 수업시간 외에도 점심시간, 방과 후와 주말에도 이런 학습활동은 적극적으로 계속되어야 합니다.

학교 홈페이지에 반가운 움직임이 기록되고 있습니다. 알림마당과 학생마당의 자유게시판에 2학년 학생들의 건의문이 연달아 올라오고 있습니다. 국어 교과 수업 활동의 한 부분으로 알고 있는데, '교장 선생님께 건의합니다'란 글을 학생들이 앞다투어 올리고 자신이 건의한 글에 어떤 반응글이 실리는지 확인해 보느라 와자지껄합니다. 물론 학교장은 모든 학생의 건의 글에 일일이 친절한 답변을 해주느라 한창 바쁩니다.

### 건의 내용을 살펴볼까요

'교내에 매점을 설치하면 학생들에게 좋지 않을까, 교실 컴퓨터가 성능이 좋지 못하니 개선했으면 좋겠다, 교실의 책걸상이 낡아서 교체해 주세요, 교실 사물함이 낡은 데다 우리 학급만 유달리 작아서 보관하고 활용하는 데 불편하다, 상장이나 임명장 수여 등 쓸데없는 방송을 가끔 해서 상 못 받는 학생은 기분이 언짢다, 좀 있으면 에어컨, 선풍기를 가동하는데 미리 내부를 청소해 주면 좋겠다, 교실 칠판에 먼지가 날려 건강에 안 좋은데 물걸레질하면 좋겠다, 전자칠판을 설치해 주세요, 벽체가 튼튼하지 않으니 공사를 새로 해주세요, 벽에 낙서가 많아 미관상 안 좋으니 페인트 도색을 해 달라. 교실 뒤편에 키높이 책상이 있으면 좋겠다, 화장실 칸막이 높이가 낮기 때문에 볼일 볼 때 불안하고 친구들이 들여다보거나 놀린다.'

주로 학교생활 하면서 느끼는 시설 이용 불편 개선 요구가 많습니다. 물론 건의사항 가운데 건설적이고 즉시 해결 가능한 것은 금방 개선했습니다. 하지만 단위 학교 차원에서 해결이 곤란한 것과 장기간이 소요되는 것도 있습니다. 그런데 단순한 이해부족이거나 사용자들이 유의해야 할 것, 스스로 개선해야 할 것이 대부분입니다. 자신들이 조금만 노력하거나 인식 개선만 해도 해결될 것은 그대로 설명하고 교육하여 개선했고, 나머지는 연차적으로 또는 1, 2년 장기계획을 세워 노력할 사항, 학교장이 교육청에 요청하여 해결할 사항들로 구분했습니다. 건의사항 하나하나를 꼼꼼히 챙겨서 학생들의 어려움을 빨리 해소하도록 노력하겠습니다.

학생 여러분에게 바라는 것이 있습니다. 여러분이 학교의 주인이자 차세대 주인공이라는 주인의식을 갖고 단순한 시설 이용의 불편 문제에만 머무르는 관심이 아니라 세상의 구조적 문제인 불평등 해소, 사회 정의 실현, 민주주의의 가치를 발견해 가는 노력으로 여러분의 관심이 발전하기를 기대합니다. 예를 들자면 교내에서 어떤 차별이 있는지, 선배라는 이유로 후배들에게 명령해도 되는지, 왜 평화의 소녀상이 세워지는지, 세월호 침몰에서 배워야 할 것은 무엇인지, 금강산 이산가족 상봉은 왜 울음바다인지, 남북통일을 해야 하는 이유는 무엇인지, 최저임금제는 왜 있고 논란이 되는지, 양성평등과 미투가 왜 주목을 끌고 성차별은 무엇인지, 가난한 것은 누구의 책임인지, 그리고 일본의 경제도발 이유와 우리는 어떻게 대응해야 할지 같은 문제들 말입니다.

학교와 일상생활에서 겪는 작은 불편에서 시작해 점차 넓은 세상을 바라보는 시야를 갖추고 문제와 답을 스스로 찾는 사람으로 성장하다 보면 장차 민주적 가치와 정의를 알고 실천하는 민주시민이 될 것입니다. 작은 건의로부터 시작해 세상을 보는 눈을 키워서 미네르바의 부엉이같은 지혜로운 청년으로 자라기 바랍니다.

## 학생 자치회 선거 운동 덕택에 등굣길이 뜨겁습니다

이번 주 아침 등굣길이 뜨겁습니다. 학생들의 구호와 선거 운동으로 교문 앞 등굣길이 후끈 달아올랐습니다. 학생자치회 선거가 다음 주에 예정되어 있고 선거운동이 일주일간 이어지고 있습니다.

학생회장과 학년 부회장 등 3명이 러닝메이트로 함께 출마하도록 규정이 바뀌었는데 모두 다섯 팀이 출마하였습니다. 자연스럽게 뜨거운 선거운동이 벌어지고 있습니다.

아침 등굣길 8시부터 40분간, 그리고 점심시간에 피켓을 든 후보자들과 그들을 응원하는 선거 운동원들이 서로의 공약을 내걸고 선택을 호소하고 있습니다.

학생 자치는 학생들이 민주주의를 자연스럽게 배우고 실천하면서 장차 성숙한 민주시민이 되기 위한 훈련 과정이라서 매우 중요합니다. 특히 우리는 혁신학교인 행복배움학교로서 학생 자치 역량 강화를 중요한 학교 교육목표로 정하고 교육활동을 전개하고 있습니다. 선거 운동을 페어플레이하고 내건 공약으로 선택을 받은 다음, 자치하면서 민주주의를 자연스럽게 익히면 그들의 민주적 역량도 쑥쑥 자라 장차 자랑스러운 민주시민이 되겠지요.

아직 추운 3월의 기온을 뜨겁게 달궈주는 학생 선거 운동에 참여하는 여러분이 바로 학교의 주인이고, 미래는 민주주의를 배우고 실천하는 여러분의 것입니다.

## 인천 시간 탐구 여행을 함께 다녀왔습니다

지난주 토요일에 이현주 지도교사와 차이나타운, 동화마을, 한중문화관, 근대문학박물관을 두루 둘러보는 인천 탐구 시간 여행에 함께했습니다. 유명한 원조 짜장면과 탕수육도 차이나타운 식당가에서 함께 즐겼습니다.

오전 9시 정각, 글로벌 인재 동아리 삼십여 명과 전세버스를 타고 경인고속도로를 지나 중구 한중문화관에 도착하여 탐구활동을 시작했습니다. 미리 약속해둔 문화해설사 두 분 선생님의 안내를 받아 우리 근현대사에서 중요한 역할을 한 우리 고장 인천의 역사 현장을 둘러보고 공부하면서 뜻깊은 시간을 보냈습니다. 우리 근현대사에 큰 영향을 끼친 중국, 일본, 서구열강과 관계 맺으며 어떤 시절을 지나왔는지를 진지하게 배우는 기회였습니다.

청국 영사관, 화교학교, 차이나타운, 일본 영사관, 일본은행 자리 유적에서 근대기 힘들었던 나라 사정과 일본의 식민지 수탈사를 눈으로 확인할 수 있었고, 그 시기 외국풍 여러 건축물도 현장에서 직접 만났습니다. 점심시간에 맞춰 차이나타운에 도착하여 짜장면 박물관을 둘러보면서 근대사와 짜장면의 역사도 함께 공부했습니다. 12시에는 예약해 둔 유명 중국 음식점에서 짜장면과 탕수육으로 맛있는 점심 식사를 했습니다.

이 식당은 워낙 유명해서 평소 손님이 인산인해를 이루는 맛집인데, 지킴이 선생님이 친분 있다고 미리 예약 잡아주셨습니다. 식사 후에는 송월동 동화마을을 둘러보았습니다. 동화속세계를 아기자기하게 재현해 두었는데 부모 손잡고 온 아이들과 젊은 연인들을 많이 볼 수 있었습니다. 식사 뒤 한국 근대문학 박물관에 가서는 신소설 이후 현대 문학사와 인천 역사를 배웠습니다. 돌아오는 버스에서 선생님이 진행하는 4행시 짓기, 오늘 탐방 내용을 묻는 퀴즈 대회를 진행하여 피곤했을 학생들이 왁자지껄했습니다.

좋은 프로그램을 항상 많이 기획해 주시는 선생님의 열정과 수고에 감사와 존경을 표합니다. 오늘의 프로그램을 이끌어준 해설사들이 우리 학생들의 학습 태도에 감탄했다고 칭찬 말씀을 아끼지 않았습니다. 우리 학생들의 좋은 태도는 널리 소문나 있는데 오늘 다시 한 번 확인하는 기회였습니다.

## 천체 관측 G.M 동아리가 빛난다

3학년 박수지 학생을 비롯한 4명의 천체 관측 동아리 학생들이 자랑스럽습니다. 일과 중이나 방과 후에도 자주 눈에 띄는 이들 동아리 학생들은 참 당당하고 활발합니다. 자세가 바를 뿐만 아니라 자신의 의견을 정확하게 잘 표현합니다. 동아리 활동 목표가 명확하고 잘 지도받았다는 느낌이 듭니다. 장차 훌륭한 과학 인재로 성장할 자질을 충분히 갖추었다고 생각됩니다.

이들은 과학 지식이 풍부하여 별 보기에 관심 많은 학교장과 천체 우주 지식과 관련한 대화가 잘 됩니다. 언제나 만나면 특별히 더 반갑습니다. 당연히 관련 교과 성적도 좋을 거라고 생각하지만 얼마 전 인천광역시 천체 관측 대회에서 우리 학교 팀이 대상을 수상하는 데 박수지 학생이 동아리 회장으로서 큰 역할을 했습니다. 이 팀은 대전에서 열릴 전국대회에 인천 대표팀으로 출전할 예정입니다.

한 나라가 발전해 잘사는 선진국이 되려면 과학자가 많고 국민들의 과학 사랑이 각별해야 한다는데, 충분히 공감 가는 이야기입니다. 세상의 최고 영예인 노벨상도 과학 분야가 대부분이고 이웃 나라 일본은 20명 넘는 노벨상 수상자가 나왔는데 우리는 평화상을 빼고는 아직 단 한 명의 수상자도 배출하지 못했습니다. 대한민국의 총체적 과학 인프라가 아직 많이 부족한 탓입니다. 이들 과학 동아리 학생 같은 인재들이 더 많이 나오고 과학이 자부심이 되는 나라가 되어 일본처럼 노벨상 수상자가 다수 배출되기를 바라는 심정 간절합니다.

오늘 나는 바쁜 일 때문에 퇴근이 많이 늦어졌습니다. 이미 날은 어두워지고 모두가 귀가한 이후라서 학교가 조용할 시간인데 운동장이 시끌벅적 요란했습니다. 나가봤더니 20여 명 남녀 학생들이 운동장 한가운데 모여 뭔가를 열심히 하고 있었습니다. 천체 관측 동아리 G.M이 활동 중인데 지도교사가 지켜보는 가운데 3학년 학생들이 새로 입회한 후배들에게 망원경 사용법을 열심히 가르치고 있었습니다.

동아리 활동은 선후배 간 연결된 끈끈한 우정으로 서로를 도와가면서 좋아하는 영역의 공부를 함께하는 모임입니다. 우리 학교의 모든 동아리가 자랑스럽지만 특히 이 동아리는 개교 이래 지금까지 선후배가 끈끈한 정으로 이어지는 역사 같은 동아리입니다.

G.M 동아리가 자랑스럽습니다. 최고라고 칭찬합니다.


## 과학 동아리를 칭찬합니다

과학과에는 네 분 선생님이 있습니다. 하나같이 과학 교육에 헌신하는 전문가들이죠. 그야말로 제쳐놓을 사람 하나 없습니다. 지난 겨울방학에는 방과 후 실험실습반을 운영하였는데, 수업이 전부 실험실습으로만 계획되어 평소에는 경험할 수 없었던 아주 특별하고 살아있는 공부를 했다고 수강생들이 이구동성으로 자랑했습니다.

　예전에 과학교육 시범학교를 운영한 경험과 전통이 이어져서 높은 수준의 과학교육 전통이 강합니다. 교과교실과 교무실이 함께 모여 있는 예지관 1층을 들어서자마자 과학 냄새가 막 나거든요. 지도교사들이 높은 사명감을 가지고 지도하는 과학 동아리가 두 개 있는데, SM과 GM 동아리가 그것입니다. SM은 과학 동아리 Science Myeong-hyeon, GM은 Galaxy Myeong-hyeon의 준말이고 천체 관측 동아리입니다. 작년에 이 동아리에서 열심히 활동했던 2명의 졸업생이 진산과학고에 진학하였고, 그래서 장차 과학자를 꿈꾸는 신입생이 입학하자마자 몰려드는 인기 최고 동아리라서 당연히 가입이 힘들기로도 유명합니다.

　과학 동아리 선발 과정을 소개하겠습니다. 신학기 개학하자마자 SM, GM 홍보팀이 움직이기 시작합니다. 홍보팀은 포스터를 제작하여 각 학급 교실과 복도에 게시하였고 아침 시간에는 각 교실에 들어가서 적극 홍보합니다. 특히 신입생들을 위해서는 신입생 오리엔테이션 시간에 두 동아리 회장이 직접 프레젠테이션으로 홍보하였습니다. 1차 적응 평가와 2차 면접시험으로 최종 합격자를 뽑았는데 SM이 39명, GM이 17명입니다.

　향후 동아리에서 추진하는 사업 계획을 간단히 들어보면 SM 동아리는 조별 팀장 중심으로 탐구 주제에 대한 계획서 준비 후 탐구 토론 수업을 계속 진행할 예정이랍니다. 특히 4월 과학의 달 행사 준비를 위하여 이 동아리 회원들이 열심히 발로 뛰고 있습니다.

　GM 동아리는 선배들이 매일 점심시간에 신입 단원들에게 천체 망원경 조작법을 지도하고 지도교사는 천문 세미나를 개최하여 동아리의 정체성과 소속감을 갖도록 지도할 예정입니다. 3월 25일에 천체 탐색 활동으로 목성과 계절별 별자리 관측 지도 방법을 가르치고, 4월 4일에는 동아리 단원 전체가 인천대공원에서 개기 월식을 관측할 예정입니다. 17명 학생들이 야밤에 이슬 맞아가면서 천체를 관측하는 경험은 힘들지만 짜릿한 배움의 과정이 될 것이라고 기대합니다.

새 고민이 생겼습니다. 이렇게 열심히 하는 인재들이 잔뜩 모인 과학 동아리에 천체 망원경을 추가로 마련해 줄 생각인데 품질 좋은 망원경은 값이 만만치 않거든요. 어떻게든 별을 보고 싶어 하는 동아리에 하루빨리 좋은 천체 망원경 한 세트를 마련해 주겠습니다.


**핸드볼과 피구 동아리, 여름 더위를 이기다**

운동 경기나 대회에서 좋은 결과는 저절로 얻어지는 게 아니라 끝없는 노력과 수고의 덕택입니다. 실제로 피구 동아리가 1학기에 인천시장기, 남동구청장기 대회에서 연거푸 우승할 수 있었던 것도 작년부터 끊임없이 노력한 성과입니다. 실제로 우리 학교가 중등부 피구 최정상이라는 것을 모두가 인정합니다.

방학 중인데도 핸드볼 동아리가 무더운 날씨에 연일 땀을 흘리고 있습니다. 지난주에는 거푸 쏟아지는 장맛비와 폭염을 피해서 다목적실에서 맹연습하더니 오늘은 운동장 코트에서 구슬땀을 흘리고 있습니다. 9월 서부교육장기 대회에 출전 예정이라 미리 준비하는 것이랍니다. 서부 관내 대회에서는 가볍게 우승할 것으로 예상되며 이어서 인천시 대회가 열립니다. 이렇게 더위를 무릅쓰고 땀 흘리는 학생들의 노력이 있기 때문에 좋은 성과도 연이어 나올 것입니다.

피구부는 여학생들에게 선망의 대상이고, 남학생들은 축구부와 핸드볼부에 몰립니다. 매주 토요일 오전에는 다목적실에서 핸드볼 동아리가 기량을 익히고 있습니다. 활동하는 이들의 면모를 보면 성적이나 리더십 여부와 상관없이 다양한 컬러의 학생들이 함께하고 있음을 알 수 있습니다. 회원은 모두 20명입니다. 좀 더 기량을 익히면 하반기에 스포츠 동아리 대회에 참가할 베스트 멤버가 실력대로 선정될 것이라고 합니다.

주말임에도 불구하고 스포츠 동아리에서 함께 하고 싶은 열망 때문에 쉬거나 늦잠 자고 싶은 유혹을 뿌리치고 스포츠를 즐기는 그들이 자랑스럽습니다. 물론 이들을 잘 조직하여 이끌고 있는 최주희 지도교사의 노고에 특별히 더 감사합니다.

피구 동아리가 선학경기장에서 열린 인천시장배 피구 대회에서 당당하게 우승을 차지했습니다. 주장이 최우수 선수에 뽑혔고 우승 트로피를 세 개나 받아왔습니다. 이 팀은 작년부터 한결같은 마음으로 단합하여 스포츠 활동에 열중해 왔습니다. 매일 아침에 일찍 등교하면 소운동장에 모여 가볍게 몸을 풀면서 체력 가꾸기와 실력 높이기에 열중하는 모습을 꾸준히 볼 수 있었습니다. 값진 성과는 특정인의 천재성이나 우연이 아니라 오랜 기간 꾸준한 노력과 피땀이 쌓인 결과라고 할 수 있습니다.

오래 노력하여 얻어낸 결과이자 명예이기 때문에 값진 트로피입니다. 하지만 여러분이 얻은 명예가 스포츠에만 그쳐서는 안 됩니다. 명예는 얻기 어렵지만 잃기는 쉽습니다. 앞으로 학교생활 하면서 이 명예를 지켜야 할 책임이 여러분에게 주어진 만큼, 학교생활 하면서 명예를 지키는 멋진 학생들이 되기를 진정으로 바랍니다.

## 수학 동아리 마테우스는 앨범을 만들었어요

마테우스 수학 동아리의 활동앨범이 출판되었습니다. 멋집니다. 지난달 계양중에서 열린 서부교육청 주최 수학 동아리 발표회에 참가하여 활동한 이모저모를 담은 것입니다. 혁신학교 지원금으로 만들었으니 더 의미가 큽니다.

우리 학교는 학생 동아리 활동을 잘합니다. 모든 학생이 하나 이상 동아리에서 활동하도록 지원하여 자신의 취미 활동은 물론, 진로를 개척하는 바탕이 될 수 있도록 돕고 있습니다. 그동안 수학 동아리가 이 대회에 출전하려고 지도교사와 함께 애썼습니다. 거의 매일 늦게까지 발표 준비하고 프레젠테이션 준비하고 관람객에게 더 어필할 아이디어를 짜내는 모습을 몰래 지켜보면서 학생 동아리가 나갈 방향을 모색하는 본보기라고 생각했습니다.

발표회에서는 동아리 구성원들이 부스에 찾아온 손님들에게 친절하고 아주 재미있게 주제를 전달한 덕택에 그날 가장 인기 있는 동아리였다는 평가를 들었습니다. 앨범을 받아든 학생들에게는 잊지 못할 보물이 되겠지요. 한 부는 교장실에 비치하여 놓고 교장실 방문하는 모든 손님께 자랑하겠습니다.


## 우리의 자랑 수영부, 그들은 신사입니다

아침 9시에 교장실에서 수영부 학부모 초청 행사를 한 시간 진행했습니다. 학부모 여섯 분과 교장·교감 선생님, 그리고 엄경희 감독과 지도자 코치 선생님이 자리에 함께했습니다. 특별히 서부교육청의 담당 장학사가 참석하여 자리를 빛내주었습니다. 그만큼 우리 학교 수영부에 대한 지역사회의 기대와 성원, 그리고 어머니들의 정성과 헌신을 인정받았다는 증거이며 우리의 자랑입니다.

이 자리에서는 올해 졸업 예정자가 인천체고 진학이 결정되었음을 축하했습니다. 이어서 겨울 강화 훈련 계획에 대한 감독과 코치의 보고를 들었습니다. 겨울방학에도 박태환수영장에서 우리 선수들은 기량 향상을 위해 땀 흘릴 예정입니다.

땀을 많이 흘릴수록 다음 해 좋은 성과로 나타난다는 사실은 영원한 진리입니다. 훌륭한 부모에게서 자랑스러운 자녀가 태어나듯 수영부 선수들은 하나같이 학교생활에 모범을 보여 왔고 이 전통이 내년 이후에도 끊임없이 이어질 것이라고 확신합니다. 오늘 점심시간에 학생 식당에서 만난 선수 학생들은 훤칠한 체격에다 밥도 잘 먹고 친구들과도 잘 지내는 신사들이라는 사실을 새삼 확인한 기분 좋은 날이었습니다.

### 3학년 1반은 천사만 모였나요?

6월 26일 자로 3학년 1반에 전입생 1명이 입학했습니다.

지난 겨울방학에 교감 선생님을 찾는 국제전화가 여러 번 걸려왔습니다. 외국에서 전학을 갈 예정인데 받아줄 수 있는지, 그리고 필요한 서류 등등을 일일이 물어보았습니다. 그리고 마침내 지난주에 주인공 일가족이 내교하여 수속을 밟고 오늘 드디어 입학했습니다.

주인공은 일본에서 출생하여 현지에서 중학교 3학년 1학기를 마친 손** 학생입니다. 일본인과 똑같이 성장했기 때문에 우리말은 전혀 못합니다. 아버지께서는 자녀가 대한민국 교육을 받도록 해야겠다는 신념을 가지고 다문화예비학교인 우리 학교 정보를 인터넷을 찾아 얻은 다음, 일가족이 함께 귀국하여 입학하게 된 것입니다. 다문화 학생이나 외국 출생 학생으로 적응에 어려움이 예상되는 학생을 대한민국에서 가장 잘 가르칠 수 있는 학교라는 사실을 알고 연고지가 아닌데도 불구하고 일부러 학교 가까운 곳에 집을 구하여 일가족이 자리를 잡았습니다. 투철한 교육 철학과 자녀에 대한 열정, 헌신과 사랑이 없으면 도저히 용기 낼 수 없고 실천하기 어려운 일을 감행한 아버지의 열정에 학교장으로서 경의를 표하지 않을 수 없습니다.

우리는 다문화예비학교로 시대를 앞서가는 학교 모델을 만들어가고 있기 때문에 이렇게 글로벌한 인재들이 찾아오고, 우리 학생들도 외국인이나 다문화 학생들과 자연스럽게 접촉하면서 국제적인 시야를 키울 수 있게 되었습니다.

말은 안 통하지만 1교시부터 교실에 들어가서 수업에 참여하기 시작했습니다. 급우들이 다문화예비학교 학생들답게 칠판에 일본어로 환영사를 써 놓고 따뜻하게 맞이했으며 점심시간, 쉬는 시간에도 진심이 가득한 태도로 학교생활을 안내하여 빠른 적응을 도왔습니다. 3교시에는 교장실에 불러 원어민 선생님, 교감, 3학년 부장, 담임교사 등 관련 선생님들과 함께 학교생활 적응 오리엔테이션을 하면서 연착륙을 기원했습니다. 동급생 친구들은 말이 통하지 않는 어려운 상황을 충분히 이해하여 따뜻하고 정성이 담긴 태도로 앞으로도 도우미 노릇을 잘할 것으로 보입니다.

낯선 나라 낯선 땅에 갑자기 던져져 암담할 이 학생을 진심으로 대하는 그들이 바로 천사입니다. 그것도 한 명이 아니라 22명 전체가 한마음으로 뭉친 천사 말입니다. 게다가 뺄 수 없는 가장 중요한 큰 천사가 있습니다. 바로 심훈 담임 선생님입니다. 평소 활달하고 진심을 다하는 담임 선생님의 큰 그늘이 있기 때문에 학급이 더욱 화기애애한 공간이 될 것을 믿어 의심치 않습니다. 벌써 그 학생과 소통하고 도움 주기 위한 반톡이 개설되었다고 합니다. 게다가 배려하고 함께 참여하도록 번역기 앱으로 대화와 의견을 번역하여 싣는 등 아름다운 활동이 본격적으로 담임 선생님과 함께 이어지고 있습니다.

3학년 1반의 천사들, 사랑합니다. 여러분은 시대를 이해하는 아름다운 친구들입니다.

### '마무으리' 청소 봉사 동아리의 의리, 학교가 유달리 깨끗한 이유

화려하지 않은 곳에서 열심히 일하는 환경부 학생들이 있기 때문입니다.

학생자치회 21명의 환경부원 학생들이 모두 성실성과 봉사 정신이 투철하여 나무랄 데가 없지만, 특히 환경부장 3학년 임세경 학생의 수고는 특별히 더 칭찬받을 만합니다.

참고로, 학생자치회 환경부가 어떻게 구성되어 활동하느냐 하면,

– 학급 담당 분리수거는 각 반 2명의 학생이 담당하고요,

– 학교 분리수거는 3학년 학생들만 담당하고요,

– 환경부 학생들이 1년간 학교 분리수거를 전적으로 담당합니다.

분리수거는 매주 화, 금요일에 실시하는데 교사 주변과 운동장, 그리고 화단 쓰레기도 함께 치웁니다. 일과가 끝난 시각에 분리수거장에서 선생님과 환경부 학생들이 열심히 일하고 있는 모습을 볼 수 있습니다.

학교가 깨끗하고 학생들이 행복한 이유는 학생들이 학교를 아끼고 쓰레기를 많이 안 만들기 때문이기도 하지만 보이지 않는 곳에서 묵묵히 가장 힘든 일을 즐겁게 해주는 환경부 학생들과 지도교사 덕택이라 감사합

니다.

　어제는 폐품 수집차가 교실에서 나온 온갖 종이류를 차에 싣고 있었고, 각 학급의 청소 봉사 동아리 학생들이 쏟아져 나오는 쓰레기를 치우느라 분주했습니다. 여러 봉사동아리 가운데 특히 청소 봉사 동아리 학생들은 일 년 동안 꾸준히 각 교실에서 나오는 쓰레기와 재활용품을 분류하고 청소를 마무리하는 수고를 마다하지 않았습니다. 학교가 유달리 깨끗한 데에는 다 이유가 있었습니다.

●

# 칭찬받아 마땅한 이들

**완두콩과 당근, 그리고 껌딱지**

우리 학생 모두 생각이 바르고 부모님께 효도하고 학교생활을 성실히 잘합니다.

그 수많은 학생 가운데 한 명을 칭찬합니다. 흔치 않은 성씨인 온건호 학생은 유달리 생각이 건전하고 신체도 건강한 학생입니다. 친구들과 잘 어울리고 학교생활 성실히 하며 방과 후에는 직업 때문에 바쁜 부모님 대신 동생들을 돌보는 장남 역할까지 잘하고 있다고 담임 선생님 칭찬이 대단한데 입학하면서부터 휠체어 타는 급우의 도우미 역할을 자청하여 성실히 수행하고 있습니다. 교실 이동할 때, 점심시간 식당에 밥 먹으러 갈 때, 두 친구는 언제나 한 몸처럼 움직입니다.

등교부터 귀가할 때까지 두 학생이 함께 어울리며 함께하는 밝고 건강한 모습에서 예전부터 전해오는 수많은 우정을 떠올리게 됩니다. 친한 친구를 '죽마고우, 막역지우, 수어지교, 관포지교, 지음, 금란지교, 문경지교, 지란지교'라고 하지요. 친구 사이의 우정은 그만큼 중요하고 가치가 있다는 말인데, 두 학생의 함께하는 모습에서 세상에서 가장 아름다운 우정을 생각합니다. 두 친구가 완두콩과 당근처럼, 그리고 껌과 껌딱지처럼 교류가 오래도록 계속되어 서로에게 큰 가르침과 배움을 주는 사연으로 남기를 기원합니다.

한편, 서부교육청 주최 '정다운 이웃 따뜻한 가족 실천사례 발표대회'에서 학교 대표로 출전한 김명하 학생이 영예의 대상을 수상했습니다. 평소에 그는 적극적이고 긍정적인 데다가 항상 웃는 낯이라 친구가 많을 뿐만 아니라 공부도 열심히 하여 선생님들의 칭찬과 사랑을 듬뿍 받아 왔는데 이번에 '가족과 오손도손 서로 사랑하며 살아가는 긍정적인 가족사랑 이야기'를 발표하여 심사위원 전원에게서 가장 높은 평가를 받았습니다.

가화만사성(家和萬事成)이란 말이 있습니다. 가족끼리 화목해야 좋은 가정이고, 가정이 행복하면 무슨 일이든 안 될 일이 없다는 뜻입니다. 이 학생의 성공은 서로 사랑하는 가족이기에 가능했다는 점에 이의를 달 사람은 없겠지요? 특히 이 가정에 경사가 났는데, 이달 말경에 온 가족이 함께 필리핀에 여행 갈 예정이라 합니다. 온 가족이 함께하는 해외여행에서도 가족이 서로 사랑을 확인하는 기회가 될 것이라고 믿습니다.

긍정적이고 밝은 표정으로 학교생활 하는 이 학생이 있기 때문에 우리 학교가 밝고 행복한 것이라고 믿습니다. 또, 밝고 행복한 학교에서 즐겁게 생활하여 좋은 청소년기를 보내는 학생들의 미래는 밝을 것이라고 확신합니다. 가정에서 가족과 잘 지내듯, 우리 학생들 모두 학교에서 친구들과 서로 배려하고 도와주면서 밝은 미래를 준비하기 바랍니다.

익명의 2학년 여학생 2명이 교장실에 들러서 편지 한 통을 들이밀고는 쏜살같이 가 버렸습니다. 교장실에 오면 무조건 과자 한 개씩을 챙겨 나가는데 미처 챙겨줄 틈도 없이 그냥 가버렸어요.

편지를 펼쳐보았습니다.

지난 9월 1일 새 교장 선생님에 대한 기대와 걱정을 반씩 가지고 부임을 기다렸는데 교장 선생님이란 원래 좀 근엄하고 조금 어려운 대상이라고 생각하고 있었다고 합니다. 그런데 막상 만나보니 편하고 거리감이 없어 좋다고 합니다.

점심시간에 급식실에서 행복한 희망나무 트리에 전구가 반짝거리는 것도 맘에 들고, 학생들의 말도 잘 들어주시고, 연말 자선기금 모금활동 제안에 공감하여 집에 있는 동전이나 잔돈만 봐도 챙기게 된다고 합니다. 또 교장실이나 급식실에서 항상 웃으며 맞아주고, 과자도 꼭 권해 주기 때문에 학교가 변화하고 있다는 것을 느끼고 있다고 정성이 담긴 손글씨로 써 내려간 고마운 편지였습니다. 기분이 좋아서 다른 선생님들께 자랑질을 했습니다.

이 학생은 자신의 감정을 잘 표현하는 학생이고, 감사할 줄 아는 학생입니다. 감사하는 마음도 이렇게 잘 표현할 줄 아는 사람이 더 멋지고 행복한 삶을 살 수 있습니다. 자신의 감정을 표현할 때 상대방이 알 수 있고 호감이 되어 돌아오기 때문입니다. 여러분도 감사함을 적극적으로 표현하는 사람이 되기 바랍니다. 물론, 슬픔이나 분노, 안타까움의 감정도 필요에 따라서 적절하게 표현할 수 있어야 합니다.

오늘 받은 편지는 모든 선생님과 직원들이 자신의 직책에 맞게 열심히 근무해 주시기 때문에 학교장이 대표로 받은 감사의 표시입니다. 좋은 편

지로 자신을 잘 표현할 줄 알고, 감사할 줄 아는 학생의 고운 마음씨를
칭찬합니다.

## 멕시코에 날아가 넓은 세상을 체험하다

올 여름방학은 화장실 리모델링 공사 때문에 두 달이었습니다. 물론,
수업 결손을 메우려면 겨울방학은 매우 짧습니다. 그래서 1월 중에 학사
운영이 쉬지 않고 계속될 예정이고 축제도 1월에 합니다.

긴 방학기간 게으름에 익숙해진 학생도 있겠지만, 나름 계획표대로 학
원에도 가고 자율학습과 독서활동도 하고, 가족과 체험 여행도 가고, 자
기계발을 위해 열심히 노력한 학생들이 많이 있습니다.

2학기 개학하자마자 무작위로 학생들을 교장실로 초청하여 사탕도 함
께 나누고, 여름방학 활동 자랑도 들었습니다. 다들 자신의 미래를 위한
투자 삼아 열심히 살았다고 자랑했습니다.

많은 학생 가운데 멕시코에 날아가서 특별한 견문을 넓히고 온 3학년 학
생이 있습니다. 자신이 신청하여 제출한 계획서가 당선되어 어느 기관 단
체의 청소년 멕시코 문화 탐방 행사에 참여할 수 있었고, 그 나라 여러 도
시를 탐방하며 배우고, 넓은 세상을 보고 왔다고 합니다. 이 학생에게 칭
찬을 아끼지 않고 격려하며 다른 학생들에게도 본받으라 하고 싶습니다.

부모님과 함께 미국이나 동남아시아, 유럽, 중국 등 여러 나라를 둘러
보고 견문을 넓힌 학생들도 많지만 이 학생은 자신의 부지런함과 노력만
으로 선발되어 낯선 나라 멕시코를 다녀올 수 있었다는 점에서 본받을 만
합니다. 이렇게 견문을 넓히고 부지런히 자신의 삶을 설계할 줄 아는 사람
의 미래는 밝다고 할 수밖에 없습니다.

주인공은 3학년 최대웅입니다. 여러분 누구나 자신의 앞날을 설계하는 일에 게으르지 않은 학생이 되기를 소망합니다.

## 보건 선생님은 전생이 천사였음이 틀림없습니다

라경숙 보건 선생님은 고객이 참 많습니다. 아파서인지는 잘 모르지만 보건실에 오는 학생들이 아침 8시부터 줄을 잇습니다. 또, 매일 같이 아침 8시면 어김없이 출근하여 학생들을 맞아들입니다. 넘어져 다친 상처 때문에 고통을 참고 오는 학생, 배 아파서 배를 움켜쥐고 오는 학생, 친구 따라서 오는 학생 등등 아침 일찍부터 보건실에 학생이 끊이지 않는데, 퇴근 시간이 지났음에도 혹시라도 아픈 학생이 더 올까 봐 한참을 기다렸다가 퇴근하시는 선생님은 학생들을 참 많이 사랑하시고 책임감이 강한 특별한 분인 것이 분명합니다. 우리 학생들, 보건 선생님을 잘 만나서 복도 참 많습니다.

한번은 점심 식사 중 운동장에서 부상자가 발생하여 학생들이 선생님을 찾아서 다급하게 뛰어왔습니다. 선생님은 한창 식사 중이었지만 거의 본능적으로 운동장을 단거리 경주하듯 뛰어가서 환자를 돌보고 조치했습니다. 또 선생님은 교무실을 순회하면서 고혈압 환자 교직원들의 혈압 관리를 일일이 해 주는 등 최선을 다하여 깊은 인상을 심어주었습니다.

간호사의 상징이 나이팅게일이라는 것을 잘 알고 있죠?

플로렌스 나이팅게일(Florence Nightingale)은 1820년 이탈리아 피렌체에서 태어나 19세기 중후반에 크게 활약했던 영국인 간호사입니다. 간호사를 여성의 전문직업으로 자리 잡게 한 인물이며, 크림 전쟁에서 종군 간호사로서 희생적이고 헌신적인 간호활동을 보여주어 이후 간호사의 대명사로 알려진 인물이자 상징입니다. 라경숙 선생님은 의료인이자 교사로서 책임감과 사명감이 따라올 사람이 없을 만큼 월등하며, 훌륭한 인간성으로 볼 때 전생에 천사였음이 틀림없습니다.

## 통합지원실에서 열린 작은 음악회, 행복했어요

12월 22일 금요일, 점심시간에 통합지원실에서 천사들의 깜짝 작은 음악회가 열렸답니다. 초대받지 않았지만 지나다 노랫소리에 혹해서 들른 교실에서는 작은 음악회가 열리고 있었는데, 홍지영 선생님이 작년부터 교사 혁신 동아리 활동을 하면서 익힌 우쿨렐레로 반주하며 특수반 학생들과 함께 성탄 축하 노래 메들리를 부르는 자리였어요.

징글벨, 메리 크리스마스 등 우리에게 낯익은 성탄 축하곡이 우쿨렐레 특유의 유쾌하고 카랑카랑한 악기 음색 속에서 특수반 학생들의 즐거워하는 목소리와 함께 한참을 이어졌습니다. 즉석 음악회였지만, 성탄을 축하하려고 특별히 배려한 선생님의 예쁜 마음이 학생들에게 잘 전달되었으리라고 생각하니 그 자리에 함께 있는 것만으로도 행복하기 그지없었습니다.

전문적 학습공동체 활동 가운데 하나인 교사 혁신 동아리 악기 연주 강좌는 작년부터 꾸준히 학교에서 지원하여 왔으며, 교사 전문성 신장을 위해 유익한 프로그램이자 교육활동에 바로 적용이 가능한 성과를 보여주기에 충분하였습니다.

홍지영 선생님과 특수반 학생들의 천사 같은 목소리와 노랫소리가 함께 있어서 오늘 점심시간에 학교장은 행복했어요.

●

# 사랑하면 더 건강하다

**오늘 밥에는 뜨거운 애정과 정성이 담겼습니다**

찬란한 계절의 여왕으로 불리는 5월이 왔습니다. 아침 출근길이 뻥 뚫려서 이상하다 했는데 오늘이 바로 근로자의 날이군요. 노동은 신성하고, 건강한 노동의 가치는 다른 무엇과도 견줄 수 없을 만큼 소중하다는 사실을 우리 모두 잘 알고 있습니다. 그래서 매일 먹는 밥이지만 오늘 점심 식사는 특별했어요.

밥 한 그릇이 우리 입에 들어오기까지 봄부터 농부의 피와 땀이 있었고, 더운 여름철의 어려움을 거쳐 가을까지 이어지는 수백 번의 손길이 있었습니다. 그리고 점심시간에 오늘의 밥상을 받기까지 영양사와 급식 종사원들이 근로자의 날임에도 불구하고 아침 일찍 출근하여 오전 내내 땀 흘려 노동한 수고가 있었기 때문입니다. 그래서 오늘 정성껏 마련해 준 점심밥에서 더 특별한 가치와 고마움을 갖게 되었습니다. 그분들이 자신의 권리를 위해서 쉬었다면 우리는 오전 수업만 했거나, 아니면 교직원과 모든 학생은 빵과 우유로 그야말로 점심을 때우고 말았을 것입니다.

　학교 공동체의 아름다운 가치는 서로를 아끼고 사랑하고, 상대방을 위해서 배려하고, 경우에 따라서는 양보하고 희생하는 것을 기쁨으로 여기는 데서 비롯됩니다.

　'일일부작 일일불식(一日不作 一日不食)'이란 말이 있습니다. 흔히 불가에서 즐겨 쓰는 한자성어입니다만 '하루 일하지 않으면 그 날은 먹지 않는다'는 뜻으로 역시 노동의 신성함, 수고로움을 밝힌 가르침입니다.

　학교 공동체 식구들을 대표하여 영양사와 조리 종사원들께 오늘 특별히 감사하다는 말씀을 전했습니다.


　6월 29일에도 학생과 교직원 모두는 두 배로 따뜻한 애정과 정성이 담긴 점심밥을 먹었습니다. 더운 여름날이지만 정말로 기분 좋은 밥이었습니다.

　메뉴는 홍국밥, 낙지소고기탕, 매운치즈불닭, 마카로니콘치즈, 깍두기였습니다. 학생들이 좋아하는 불닭갈비에는 떡볶이와 감자, 고구마가 함께 잘 섞여 들어가서 감칠맛 났습니다.

　오늘 시내 사십 몇 개 중학교에서 급식 종사원들 파업 때문에 식사를 제공하지 못했다는 보도가 있었습니다만 우리는 어제와 똑같이 급식실 식구들이 정상 근무했고, 언제나처럼 위생적이고 따뜻한 음식을 만들어 주었습니다. 사실 안전한 식재료, 안전한 위생처리, 영리를 추구하지 않는 비용 관리 등으로 인한 낮은 단가(약 4천원/1인당)로 비교하면 학교 급식보다 좋은 음식은 없을 것입니다. 게다가 점심밥값을 지자체에서 전액 부담하는 무상급식이 되면서 학생 누구나 마음 편하게 식사할 수 있게 되었습니다. 빵과 우유로 오늘 점심을 때운 다른 학교의 어른들은 마음 찜찜하고 불편했을 것입니다.

개인의 이익과 권리도 중요하지만 밥 먹는 우리 식구들을 위해 개인의 이익을 포기하고 더 큰 선택을 해주신 급식실 식구들에게 진심으로 감사합니다. 맛있는 오늘 점심밥이 돈으로 헤아릴 수 없는 큰 선물을 학생과 교직원들에게 준 셈입니다. 아이스크림을 선물하여 그분들의 노고를 위로해 드렸습니다.


**지구대 옆 쓰레기장이 꽃밭과 휴게 공간으로 깜짝 변신했어요.**

교문 앞 쓰레기장이 꽃밭으로 깜짝 변신하는 기적을 지켜보고 있습니다.

우리 학교 양옆에는 초등학교와 고등학교가 자리하고 있고, 길 건너편에는 유치원과 경찰 지구대, 버스 정류소 2개소가 있는 교육지구이자 주민들의 왕래가 아주 잦습니다. 특히 등하교 시간대에는 교통량이 폭주하기 때문에 각별한 주의가 필요합니다.

교문 바로 앞에 사립유치원이 자리하고 있는 경찰 지구대 옆 버스 정류장 한편에 10여 평쯤 되는 쓸모없는 공간이 있습니다. 나무그늘이 드리워졌지만, 사람이 접근하거나 쉴 수 있는 공간이 아니라서 그냥 버려진 땅이라고 할 수 있겠지요. 그래서 오랫동안 온갖 쓰레기가 쌓여있는 지저분한 공간에 불과했고, 가끔 미화원이 청소하는 것만 지켜보아 왔습니다.

그런데 며칠 만에 본 그곳이 깜짝 변신하였습니다. 최근 부임한 지구대장님이 직원들과 함께 구슬땀을 흘리면서 알록달록 바람개비도 만들어 꽂고, 지역에서 주워온 각종 화분도 진열하고, 예쁜 공간 표지판과 풍경종, 안내현수막도 설치하여 아름다운 공간으로 바꿔놓고 계시네요. 이 공간이 변신하는 것을 멀리서 보고 처음에는 유치원 선생님들이 원아들의 놀이 공간으로 바꾸나 보다 생각했는데, 지구대장님이 평상복 차림으로 땀을 뻘뻘 흘리면서 작업하고 있는 것이 아닙니까. 차림으로 봐서는 오늘이 비번이거나 휴가 중인 것 같은데, 일부러 시간을 내신 것 같습니다. 교육 지구의 중심에 버려진 공간을 찾아낸 능력도 능력이지만 교육적으로 접근하여 기적을 만들어내시는 지구대장님, 칭찬을 안 할 수가 없습니다.

대장님이 부임하여 일어난 여러 변화도 아울러 알려드려야겠습니다.

지구대장님은 지역 주민들과 유대 관계를 맺는 활동에 열심이고, 뛰어난 친화력으로 주민들의 마음을 사로잡아버렸답니다. 우리 학교에 아버지회 조직이 있다는 것을 알고 이 조직과 합동 야간 순찰조를 운영하여 치안은 물론 학생 생활지도에도 큰 공헌을 하고 계시죠. 또, 매일 등교 시간에 주요 포인트마다 경찰관을 배치하여 교통안전에도 큰 공헌을 하고 계시죠. 출근시각에 곳곳에서 순찰차를 목격하는데 볼 때마다 마음 든든하고 안심됩니다.

친화력이 대단하다고 말씀드렸지만, 지위고하에 상관없이 누구에게나 먼저 인사하고 다가가는 모습, 가끔 잘 모르고 지나칠 때도 꼭 인사해 주셔서 미안할 때도 있답니다. 이런 모습이 요즘 문재인 대통령 영상에도 자주 나오죠? 대장님이 대통령과 마인드가 똑같은 사람인 듯합니다.

며칠 전만 해도 쓰레기장이었던 공간에서 알록달록 바람개비가 돌아가는 모습만 보아도 신기하고 등굣길이 저절로 기분 좋아질 듯합니다. 기분 좋게 등교한 학생들이 학교 폭력에서도 자유롭고 공부도 잘한다는 학자들의 연구결과도 있습니다. 버스 타러 온 주민들이야 말할 필요도 없지요. 정류소에 앉아있는 주민들 표정도 저절로 밝아집니다.

해마다 가을이면 우리 학교 정원에서 감을 수확하면 지구대에 위문품으로 드리고 있는데 올해는 감사하는 마음으로 작년보다 두 배 많이 전달해야겠습니다.

●

# 저마다 꿈이
# 영그는 학교를 만든다

**학생회장이 초등학교 초청 강연 다녀왔습니다.**

우리 학교 학생회장이 누군지 다 아시죠? 굳이 이름 밝히지 않아도. 모두가 닮고 싶어 하는 롤모델입니다. 공부면 공부, 운동이면 운동에다 자기주도 학습의 대가인데다 친구도 많습니다. 게다가 이미 1학기에 전국에서 내로라하는 영재들이 꿈꾸는 세종예술과학영재학교 신입생 선발시험에서, 전국 랭킹 10위권 안에 드는 학생을 선발하는 특별전형에 합격하여 입학이 확정되었습니다. 진학하면 로봇 과학자가 되고 싶다는 소망을 말하는 이 학생을 5년 후 또는 10년 후쯤 신문이나 방송에서 장래가 촉망되는 로봇 과학자로 만날 수 있을 것입니다.

평소 친구들과도 잘 어울리고 놀 때도 잘 노는, 무엇 하나 빠지는 것 없는 이 학생은, 입학 이래 꾸준히 과학 동아리 활동을 해 왔지만, 틈틈이 운동장에서 땀 뻘뻘 흘리면서 축구공 모는 동아리에서도 항상 함께하고 있습니다. 방학 기간인 8월 중 서울 메트로 연수원에서 열릴 예정인 헌법 토론 대회에 우리 학교 대표 선수로 출전 예정이라서 팀 토론을 준비하고 있었는데, 어느새 축구화 신고 운동장을 뛰고 있습니다.

자기 주도 학습 능력이 뛰어나 사교육에 얽매이지 않으면서도 높은 성취를 한 학생회장이, 어제는 모교인 효성초등학교 학생들을 위한 강연에 연사로 초청받아 다녀왔습니다. 어떻게 공부해 왔는지 자신만의 공부 방법도 소개하고, 일관된 학습태도와 생활태도로 잘 보내온 중학교 생활과 후배들이 궁금해 하는 초등학교와 다른 중학교 시스템도 자세하게 안내하여 큰 호응을 받았습니다. 특강 출연에 힘을 실어주려고 동행하여 활약을 지켜본 홍지영, 임진아 선생님도 다녀와서 아주 대견하고 훌륭한 강연이었다고 입이 마르게 칭찬하였습니다. 2학기에는 학생회장으로서 축제와 체육대회, 그리고 행복배움학교 운영에도 함께하면서 큰 기여 할 것을 기대합니다.

이렇게 훌륭한 인재가 재학하여 자랑스럽습니다. 또, 이 학생의 공부 방법과 생활태도를 많은 후배가 배워서 우리 학교가 명문교로 성장할 것이라는 기대와 확신을 가집니다. 이 학생이 끼친 많고도 좋은 영향력이 후배들에게 긍정적인 행복 바이러스가 되어 우리 학교를 더 행복하게 할 것입니다.

## 학생의 꿈을 응원합니다

'꽃이 진다고 서러워 말라'고 노래한 시인이 있습니다.

8월이 다 끝나갑니다. 이제 9월이지요. 세상 이치에 대한 진리는 '무엇이 끝나면 새로운 것이 온다'는 것입니다. 세상에 완벽한 끝은 없습니다. 겨울이 가면 봄이 오고 여름이 지나면 가을이 오는 이치와 똑같습니다.

8월 마지막 주에 교장실 다녀간 학생들이 많습니다. 어떤 학생은 방학 때 있었던 여러 이야기를 들려주었고, 어떤 학생은 졸린다고 소파에 앉아 잠시 자다 가기도 했으며 쿠크다스가 생각나서 왔다가 없으니 실망하는 학생도 있습니다.

2학년 김새나, 이하림 학생은 봉사 활동과 상점을 받으러 다녀갔답니다. 이들 말고도 여럿이 왔지만 특히 두 학생의 방문이 반가웠습니다. 김새나는 강원도 평창 힐링캠프에 참가할 예정이었지만 개인 사정 때문에 못 가게 되어 크게 실망하고 한참 울었다는 이야기를 해서 가슴 아팠습니다. 이하림은 생활 태도가 하늘과 땅만큼 긍정적으로 변화하고 있다는 이야기를 들어서 칭찬과 격려를 해주고 싶었습니다. 그렇게 만나고 싶었던 학생들이 교장실을 찾아왔으니 반가울 수밖에요. 그래서 그들에게 상점을 주려고 1단계부터 3단계까지 자아존중감을 측정한 뒤, 자신의 장점을 찾아 실천하여 극대화하는 상담 프로그램을 진행해 보았습니다. 최종적으로 자신의 결심을 기록하고 발표할 차례에 '이제부터 공부해보겠다'는 약속, 그리고 '학교생활 열심히 하고 절대로 지각하지 않겠다'는 결심을 듣는 순간, 너무나 흐뭇했습니다.

세상일은 '첫발을 내디디면 절반은 이미 실천된 것이고, 시작이 반이다'라는 격언이 있듯 이 학생들의 약속이 시작된 순간 그들의 미래는 밝게 빛나 보였습니다. 그리고 이 발표의 순간 두 학생의 얼굴이 내가 지금껏 지켜보던 중 가장 아름답고 평온하고 깨끗했습니다. 두 학생의 얼굴에서 천사의 모습을 본 것입니다. 이제 아름다운 9월이 기다려집니다.

3학년 이세라 학생은 학교 동아리 뮤지컬부에서 활동하고 있는 학생입니다. 어제 퇴근하면서 때마침 교문 앞에서 만났습니다. 반갑게 인사하고, 자연스럽게 그의 꿈 이야기를 들었습니다. 뮤지컬 배우가 꿈이라서 뮤지컬부에서 동아리 활동을 열심히 하고 있다고 합니다.

사람은 누구나 꿈이 있습니다. 젊을수록, 학생일수록 꿈이 원대하고 그 꿈이 그 사람을 행복하게 하며 열심히 살게 만듭니다. 특히 청소년이 꾸는 꿈은 못다 이룬 부모님의 청소년 시절 꿈을 대신 꿔주는 일이기도 하므로 더욱 소중하고 가치 있습니다. 그리고 그 꿈을 향해 노력하면 언젠가 이루어집니다.

학생 여러분의 꿈을 깨우쳐 주고, 길을 가르쳐 주고 격려해 주기 위해 선생님들이 존재합니다. 선생님들의 지도와 안내를 잘 받아서 미래를 향한 꿈을 찾고, 꿈을 이루기 위해 노력하는 아름다운 사람이 되기 바랍니다.

이 학생은 장차 훌륭한 뮤지컬 배우가 될 것이라고 확신합니다. 왜냐면 꿈이 있고 남에게 자신의 꿈을 밝힐 수 있으며 현재 열심히 노력하고 있기 때문입니다. 뮤지컬부 임진아 지도교사도 그가 항상 밝고 긍정적인 태도로 생활하기 때문에 좋은 학생이라고 칭찬하십니다. 이세라 학생의 꿈을 진심으로 응원합니다.


## 그린피스 후원 회원이 되기로 했습니다

애타게 기다린 장맛비가 오늘 시원하게 쏟아졌습니다. 봄철에 유독 가뭄이 심해 농부들의 시름을 더한 것이 올해 날씨 특징입니다. 지구가 많이 아픈가 봅니다. 온난화가 바로 과학자들이 진단한 지구가 앓고 있는 질병의 이름입니다. 기온이 상승하면서 여름에는 더욱 덥고, 겨울에는 더욱 추워지는 이상 날씨가 점점 그 정도를 더해간다는 데 문제의 심각성이 있습니다. 심지어 해마다 지구 온난화로 남북극의 영구 동토대가 녹으면서 바닷물 높이가 상승하여 남태평양에 있는 작은 섬나라 바누아트는 몇 십 년 후면 전체가 바다 속으로 사라질 위기에 처했다고 합니다.

엎친 데 덮친 격으로 지구촌엔 플라스틱 위기까지 닥쳤습니다. 함부로 쓰는 비닐과 플라스틱 1회용품 때문에 고래와 바다사자, 거북이가 죽어가 멸종 위기에 몰리고 있습니다. 최근 플라스틱 빨대가 호흡기에 꽂혀 고통받는 바다거북의 영상이 충격을 주었습니다. 바다를 뒤덮은 미세플라스틱이 생선의 몸을 통해서 인류의 건강과 미래를 위협하고 있습니다. 그럼 우리가 해야 할 일은 무엇일까요?

자원을 낭비하지 않도록 노력해야 합니다. 재활용을 잘하고, 음식도 먹을 만큼만 먹고, 자가용보다는 버스나 전철, 대중교통을 적극적으로 이용해야 합니다. 이런 일은 우리가 할 수 있습니다. 1회용품 사용을 줄이고 비닐 대신 시장바구니를 사용해야 합니다. 화장실의 화장지를 가지고 함부로 장난치면 자원을 낭비하여 지구온난화와 오염을 부채질하는 셈이 됩니다.

오늘 아침, 2학년 학생이 예쁜 선물을 가져왔습니다. 바로 우비 인형, 화장지를 돌돌 말아서 몸체를 만들고 얼굴 이미지는 그려서 가져왔는데 낚싯줄로 벽에 걸 수 있도록 세심하게 준비했네요. 비를 기다린 소원을 담은 우비 인형을 걸어두면 비도 잘 피하면서 비를 기원하는 소망도 담을 수 있다고 합니다. 벽에 걸어놓고 좋은 비가 더 많이 오기를 기원하겠습니다. 누군가를 위해 행운의 인형을 돈도 거의 들이지 않고 환경오염도 없이 만들어서 선물할 수 있는 넉넉하고 아름다운 마음을 칭찬하고 싶습니다.

호모 사피엔스(라틴어: Homo sapiens), 또는 사람, 두 발로 서서 걸어 다니는 사람과의 영장류 동물, 인류. 일찍이 중학교 과학 시간에 배워서 누구나 낯익은 과학 용어이자 인류학 용어. '호모 사피엔스 사피엔스(Homo sapiens sapiens)'는 네안데르탈인과는 뿌리가 다른 현생인류를 말합니다. 이제 지구상에는 호모 사피엔스 사피엔스만 남았지만 네안데르탈인이니 북경원인이니 하는 아종도 살았다는 사실을 우리는 잘 압니다. 호모 사피엔스의 나이는 대략 35만 년이라고 합니다. 역사시대가 고작 2천 년 남짓이니 35만 년이라는 인류 역사의 유구함을 생각해 보면 머릿속이 하얘지는 느낌입니다.

이스라엘 사람으로 히브리대학교 역사학과 유발 하라리(Yuval Harari) 교수의 저서 '사피엔스(Sapiens)'가 요즘 핫 합니다. 덕택에 나도 636쪽이나 되는 두툼한 이 책을 단숨에 읽어 내려갔습니다. 역사학자라는데 과학 이론을 바탕으로 다양한 학설과 지식을 총동원하여 잘 풀어나간 쉬운 진술 덕택에 자칫 지루할 주제를 큰 부담 없이 읽을 수 있었습니다. 그가 제일 좋아한다는 재레드 다이아몬드(Jared Diamond) 교수가 과학자의 영역 안에만 머무르지 않고 '총균쇠'라는 책으로 단숨에 지명도를 높이며 전 세계에서 팬들을 긁어모았듯, 유발 교수도 학문의 경계를 넘는 융합 지식으로 사피엔스에 대한 세계인들의 관심을 증폭시키면서 혜성처럼 등장했다고 합니다. '사피엔스'에서는 역사와 생물학의 관계, 호모 사피엔스와 다른 동물과의 본질적인 차이, 역사의 발전과 그 방향, 역사 속 행복의 문제 등 광범위한 궁금증을 풍부한 사례와 논리로 재미있게 구성하여 엄청난 분량에도 불구하고 이야기 속에 빠져들게 합니다.

세계 50개국에서 출간되어 베스트셀러가 된 이 책에서 그는 보잘것없던 유인원이 어떻게 지구의 지배자가 되었는지, 인류가 결국에는 신이 될 수 있을지의 문제를 제기합니다.

호모 사피엔스는 두 발로 서서 걸어 다니는 사람과의 영장류이자 동물의 한 종류로서 다른 동물과 구별하여 이르는 말이기도 합니다. 직립 보행을 하며 사고와 언어 능력을 바탕으로 문명과 사회를 이루고 사는 고등동물이 바로 우리 현대인 사피엔스입니다.

사람은 마음껏 생각하고, 언어를 사용하고, 자기반성과 문제 해결을 할 수 있고, 감정을 느낄 수 있는 탁월한 두뇌를 가졌기 때문에 스스로 불을 만들고 요리하고 옷을 입으며, 수많은 기술을 다루고 발전시키는 유일한 종입니다. 이러한 기술과 지식은 교육으로 끝없이 이어지는데, 이것이 인류가 지구를 지배하는 이유입니다.

그가 말하려는 것은 위대한 존재인 인간이 그동안 쌓아올린 업적과 능력을 딛고 스스로 신이 되려 한다는 우려입니다. 인류가 산업화 이후 과거 어느 때보다도 무책임하게 동물들과 생태계를 황폐화시켰고, 자신의 안락함과 즐거움만을 추구하였을 뿐만 아니라 스스로 무엇을 원하는지도 모르는 채 불만스러워하며 무책임한 신이 되려 한다는 말로 인류의 미래를 걱정합니다.


나는 학교장으로 부임하면서 내세운 여덟 가지 약속이 있습니다. 그 가운데 하나가 '환경을 보호한다'입니다. 이는 환경 보호를 위해 노력하겠다는 나 자신과 약속이기도 하지만 학교 구성원들에게도 환경 보호의 중요성을 지속적으로 교육하고 함께 노력하겠다는 말이기도 합니다.

환경 보호 활동에는 어젠다(Agenda) 제시와 같은 큰 주제의 접근도 있겠지만 작은 관심과 사소한 실천만으로도 가능한 것이 많기 때문에 꾸준한 관심과 교육, 주의 환기와 실천에 노력해 오고 있습니다.

에너지와 자원 절약을 위해 평소 교장실은 최소한 점등합니다. 빈 교실의 소등이나 컴퓨터 냉난방기 전원 차단, 화창한 날씨에는 복도등을 소등하는 것도 쉬운 환경 보호입니다. 점심시간 잔반 안 남기기와 음식과 생활 쓰레기 발생량 줄이기, 비닐 봉투나 일회용품 사용 억제도 작은 관심만으로 실천할 수 있는 환경 보호입니다.

미세플라스틱 문제는 이제 인류의 발등에 떨어진 불입니다. 최근 연구 결과를 보면 우리는 일 년에 이천 개씩 미세플라스틱을 소금을 통해 먹고 있다고 합니다. 육지에서 쓸려 내려간 미세플라스틱은 생선과 각종 수산물을 통해서 우리 인체로 들어옵니다. 죽어서 해변에 떠밀려오는 고래나 점박이물범, 거북의 뱃속에는 예외 없이 비닐과 플라스틱이 가득합니다. 일본 후쿠시마 원전 폭발 사고로 배출된 방사능이 얼마나 많은 사람과 후세에게 악영향을 가져올지 심히 걱정됩니다. 에너지 과소비와 이산화탄소로 인한 대기 온도 상승은 혹한과 혹서, 태풍이라는 기상이변이 되어 우리를 위협하는데, 이런 상황은 지속적으로 급격하게 나빠질 것입니다. 지난 여름철에 안타깝게도 교정의 구상나무 두 그루가 고사했고, 나머지도 현재 고사 중입니다. 중국과 인도를 비롯한 저개발국들의 산업화는 지속적으로 이런 상황을 악화시킬 것이 분명합니다. 이제는 생존 자체가 위기입니다. 시간이 많지 않습니다.

그린피스는 '매년 최대 1,270만 톤의 플라스틱 쓰레기가 바다로 흘러들어 가고 있는데, 바다를 떠도는 플라스틱 때문에 거북이나 고래, 바다새 등 해양 동물들은 부상을 입거나 목숨을 잃는다. 미세 플라스틱은 배고픈 해양 동물의 먹이가 되고, 결국 먹이사슬을 따라 다시 우리에게 돌아오게 된다.'고 말합니다. 나 자신만의 안전과 건강이 아니라 내 아들딸과 가족, 그리고 후손들의 안전을 위해서라도 이제는 행동에 옮겨야 할 때입니다. 커피 가게 갈 때, 편의점과 마트에 갈 때, 머그잔이나 보온병, 시장바구니를 지참하는 것을 주저하지 마세요.

나는 정기적으로 봉사 활동에 참여하고 있으며 의료 봉사 단체와 적십자사에 매월 후원금을 지원합니다. 또 우리 학교 재학생을 대상으로 장학금을 지급하는 등 사회 공헌 활동을 꾸준히 하고 있습니다. 이는 내가 사회 구성원으로서 안전하고 행복한 사회생활을 하고 있는데 대한 고마움과 보답의 표현입니다. 물론 연말이면 불우이웃과 국군장병을 위한 성금도 빠지지 않습니다. 학생들과 함께 연말 불우이웃 돕기 성금을 모금하고, 학교에서 수확하는 감은 하나도 손대지 않고 경찰 지구대 등 지역사회에 기부합니다. 그런데 후원금 보내야 할 대상이 추가되었습니다. 기후변화와 미세플라스틱 문제에 가장 잘 대응할 수 있는 훌륭한 국제 민간 기구인 그린피스 후원 회원이 되기로 작정했습니다.

그린피스(Greenpeace)는 1971년 설립된 국제 환경 보호 단체로 핵실험 반대와 자연보호 운동 등을 통해 지구 환경을 보존하고 평화를 증진시키기 위한 활동을 펼치고 있습니다. 40여 개국에 지부를 두고 있으며 본부는 네덜란드 암스테르담에 있는 국제 민간 환경 보호 단체입니다. 1985년 7월에 프랑스 핵실험을 반대 감시하는 활동을 하던 그린피스 감시선 레인보우 워리어(Rainbow Warrior)호가 폭파되어 유명한 사건의 주인공이 되기도 했고, 일본 포경어선의 고래잡이를 반대하며 물대포를 맞으면서 항해한 사건은 특히 유명합니다. 이제는 플라스틱의 위험에 대해 세계인의 주의를 환기하는 활동을 하고 있는데, 이 단체의 활동에 적극적으로 공감하여 힘을 보태고 싶습니다.

누구든 실천할 수 있는 크고 작은 방법이 있습니다. 우리 모두와 가족들, 후손들을 위해 조금 귀찮더라도 환경 보호에 대한 관심과 작은 실천을 부탁합니다.

## 선생님의 첨단 수업이 기대됩니다

모두 퇴근한 오후 5시경, 1학년 교실을 둘러보다가 전등이 켜진 채 인기척이 들려서 들어갔더니 사회과 김수정 선생님과 정보부장 선생님이 컴퓨터와 모니터를 들여다보면서 진지하게 협의를 하고 있었습니다. 무슨 일인지 궁금해 들어가서 참견하게 되었습니다.

두 분 선생님은 지난주 교육연수원에서 지원하는 교원 연수 '거꾸로 수업' 강의 때 배운 탭 피시 활용 방안과 미러링에 대해 연구하는 중이었습니다. 반가웠습니다. 자신만의 방법으로 학생들에게 교수-학습 지도를 하는데 멈추지 않고 새로 배운 최신 교수-학습 지도 방법을 적극적으로 도입하려 궁리하고, 동료 교사에게 도움을 요청하여 최신 지식과 방법을 함께 나누는 아름다운 모습을 목격하게 된 것이지요.

지식 정보의 빠른 생산과 전파 속도는 현대인들의 눈에도 벅찬 것입니다만 교사도 끊임없이 배우고 발전하려고 노력해야 시대 흐름에 뒤처지지 않는다고 합니다. 새롭게 배운 따끈따끈한 지식과 방법을 익히고 도입하려 애쓰는 선생님의 모습에서 개인적으로는 교사의 성장, 크게는 우리 학교 교육의 발전에 크게 이바지할 것이라는 확신을 얻게 되었습니다. 특히 우리의 소프트웨어 교육과 정보화 교육이 전국적으로 이름난 것은 정보부장 선생님의 젊은 마인드와 정보화 교육에 대한 열정과 헌신 덕택입니다. 그러한 노력은 우리 학교가 더욱 앞서 나가는데 크게 기여하고 있습니다. 또한 학생들의 학교생활 만족도와 학부모의 신뢰도를 높이며 단 한 명도 낙오자가 없고, 미래형 학력이 높은 학교를 만드는 영양소가 되고 있습니다.

보수의 아버지로 불리는 영국사람 에드먼드 버크가 "소나무가 늘 푸른 것은 끊임없이 잎을 바꾸기 때문이다"라고 말했습니다. 관심이 없을 때는 그저 푸른가 보다 생각했는데 소나무는 끊임없이 변화하려고 노력했기 때문에 푸른 것이었습니다. 오늘 선생님들의 활동을 통해서 시대 흐름을 읽고 다시 해석하고 함께 변하려는 노력을 확인할 수 있어서 기쁜 날이었습니다.

## 행복 교육 우수학교 기관 표창 받았습니다

12월 21일, 서울 더케이호텔에서 교육부가 주관한 행복교육박람회 성과보고회가 열렸습니다. 지난 10월에 일산 킨텍스에서 열렸던 행복교육박람회의 성공을 기념하고, 참여한 기관과 개인들 가운데 선정된 우수학교와 우수 교사를 표창하는 행사였습니다. 이 자리에 서원경 선생님이 우리 학교를 대표해 교육부 장관 개인 표창과 학교 단체 표창을 받았습니다.

우리는 금년에 아주 많은 상을 받아 학교의 이름과 브랜드 가치를 높였기 때문에 주위 학교와 지역사회의 부러움을 사고 있습니다. 게다가 개교이래 숙원 사업인 다목적 강당과 식생활관(식당)을 신축 준공하였고, 화장실을 리모델링했으며, 석면텍스를 친환경으로 교체하고 LED 조명과 냉난방기도 새로 설치했습니다. 이후 짧은 기간이 지났지만 교육활동과 학교문화가 송두리째 바뀌는 모습을 확인하고 있습니다. 이런 노력을 인정받아 행복 교육 우수학교로 기관 표창을 받게 된 것을 자랑하며, 수고한 모든 사람과 함께 기쁨을 나누고 싶습니다.

## 친절과 열정으로 활기 넘치는 학생들

1학년 6반은 활기가 넘칩니다. 반장 학생의 밝은 미소와 적극적이고 긍정적인 생활태도가 학급의 분위기를 밝고 활기차게 만듭니다. 모두 인사를 잘합니다. 표정이 밝습니다. 담임 선생님을 중심으로 일치단결합니다.

봄이 되면서 시작된 학교장배 축구와 피구 대회 예선전이 한창 진행 중인데, 특히 이 학급의 피구 열기가 단연 뜨겁습니다. 매일 아침 조회 시간, 그 짧은 틈을 이용해 피구 연습을 하고 있습니다. 매일 등교하자마자 운동복으로 갈아입고 소운동장에 모여서 몸을 풀고 피구 경기를 짧고 굵게 합니다.

아침에 가볍게 체력 단련을 하면 누구라도 하루를 건강하게 보낼 수 있습니다. 특히 중학생들이 왕성하게 자라는 신체를 단련하는 데 좋은 효과를 거둘 수 있고, 공부에도 집중할 수 있는 기본 바탕이 됩니다. 아침 운동은 체력 단련뿐만 아니라 학급 단합에도 좋은 영향을 미칠 것이 불 보듯 환해 경기 결승까지 분명히 올라갈 것으로 확신합니다. 단합을 잘하니 학급 분위기도 좋겠고, 분위기가 좋으면 당연히 공부도 잘하겠죠? 다른 학급도 이처럼 넘치는 활력으로 아침 체력 단련을 하는 시간을 가졌으면 좋겠습니다.

한편, 오후 3시 반부터 관내 중학교 교감 선생님들이 업무 협의와 정보를 교환하는 계양 2지구 교감자율장학협의회가 도서실에서 열렸습니다.

어느 학교 교감 선생님이 학교에 오셔서 지나가는 학생들에게 협의회 장소를 물었습니다. 하지만 학생들은 낯선 용어의 협의회장이 어딘지 묻는 말의 뜻을 쉽게 이해하지 못했습니다. 그래서 학생들이 선생님을 교장실로 모셔왔기에 용건과 장소를 여쭤본 다음 손님에게 친절하게 알려드렸습니다. 덕택에 손님은 무사히 행사 장소에 가실 수 있었고요.

낯선 사람을 만났을 때, 그 사람이 무슨 말을 하는지 잘 알기 어렵다면 그냥 잘 모르겠어요 하고 지나치기 쉽습니다. 그런데 친절하게 인사하며 구체적인 장소를 알기 위해 안내까지 자청한 이 학생들의 친절함은 남다른 것이지요. 우리 학교의 친절한 이미지와 학생들의 친절함을 자연스럽고 자랑스럽게 보여준 것입니다. 그 손님이 크게 칭찬하셨습니다.

"이 학교 학생들, 정말 친절하네요. 다른 학생들도 똑같이 친절할 것 같습니다."

이 이야기의 주인공은 3학년 송예은 학생과 그 친구들입니다.


## 교사도 쉬지 않고 공부합니다

4월 넷째 주 토요일 오전 9시, 쉬는 날인데 우리 학교 선생님 열한 분과 다른 학교 선생님 아홉 분이 모였습니다. '엔트리를 이용한 소프트웨어 융합 수업'을 함께 공부하기 위해서입니다.

엔트리는 소프트웨어교육을 실천하는데 아주 유용하고, 쉽게 익힐 수 있는 블록 기반 국산 소프트웨어입니다. 선생님들은 전공과목에 상관없이 2018년부터 초중고 교육과정에서 필수 과목이 되는 소프트웨어교육의 방법을 구체적으로 익히고, 학생들을 지도하는 데 반영할 방안을 함께 찾고

자 모였습니다.

우리는 올해 연수원 학교를 개설하게 되었고, 맨 처음으로 8시간짜리 이 프로그램을 마련하여 다른 학교 선생님들도 함께 수강하여 교직의 전문성을 높일 기회를 마련했습니다.

실제로 다른 학교에서 온 선생님들은 소프트웨어 교육이 필수 교과가 되는 내년도 학생 지도를 위해서 이번 프로그램이 아주 유용할 것이라는 기대감을 숨기지 않았습니다. 우리 선생님들 역시 프로그램에 참여하여 교과 전문성을 높이면서 소프트웨어교육을 시의적절하게 접할 기회가 생겨 다행이라고 소감을 밝혔습니다.

한편, 소프트웨어 사용법과 소프트웨어적 사고력의 신장을 통해서 전문성을 높인 선생님들은 전공 교과 수업에서도 소프트웨어적 수업 구조를 도입하여 교수-학습 과정안을 만들어 볼 예정이며, 수업 공개 때 소프트웨어교육을 바탕으로 한 논리적 사고력이 수업 전개 과정에 편입되도록 노력할 것입니다. 한 걸음 더 나가 다른 교과와 연합하여 융합 수업 요소를 함께 만들고 더 발전한 미래형 수업 모델을 제시할 예정입니다.

한편 6월에도 두 차례 '아두이노를 응용한 실생활 문제 해결'이라는 주제의 15시간짜리 연수가 마련되어 이 분야에서 최고 실력을 갖춘 전문가를 초청하여 편하게 소프트웨어를 이해할 수 있는 강의 기회를 마련했습니다.

LED 전구를 이용하여 윙크하는 토끼 얼굴 만들기가 첫째 과제였습니다. 전기가 통하는 금속제 실로 바느질하여 토끼 얼굴을 만들고, LED 전구와 금속 실, 건전지를 연결한 다음, 스위치 역할을 하는 토끼 귀를 윙크하는 토끼 눈에 연결하면, 연결할 때마다 반짝거리면서 발광합니다. 깜찍하게 윙크하는 토끼에 이어서 '아두이노를 이용한 프로그래밍 해보기', '아두이노 브레드보드 기판을 이용한 발광 작품 만들기'를 했습니다. 연 2주씩 4주간의 연수를 통해 모든 교과와 소프트웨어교육을 연결하는 융합 수업 방법에 대해 고민했고, 3D 프린터로 출력한 '센서로 감지하는 가로등 모형 작품'도 하나씩 기념작품으로 만들었습니다.

세상은 빠르게 변하고 진보합니다. 그래서 평생교육이라는 단어가 낯설지 않습니다. 많은 선생님이 대학원 과정과 석사 학위 취득에만 만족하지 않고 박사 학위에까지 도전하느라 바쁩니다. 세상 변화에 뒤지지 않기 위해서, 그리고 학생들을 더 잘 가르치기 위해서 잠시도 배움을 멈춰서는 안 되거든요.

우리는 학생들을 더 행복하게 하고, 한 명도 낙오하지 않고 자신의 진로를 찾아서 쓸모 있는 학생이 되도록 키우려고 모든 선생님이 열심히 배우고 있으며 가르치는 일에도 게으를 틈이 없습니다.


## 반가운 비와 함께 온 귀한 손님들

6월 26일 오후 3시, 오랜 가뭄 끝에 학수고대하던 비가 쏟아지던 시각에 학교 도서관에 손님들이 모여들었습니다. 우리 교육지원청 관내 신규 교사 38명입니다. 서부교육지원청이 주관하는 '행복배움학교 사례 나눔 워크숍'행사를 우리가 맡아서 진행하게 된 것입니다.

두 시간 동안 진행된 이 행사는 행복배움학교의 성공 사례이자 인천 혁신 교육의 선두주자인 우리 학교의 경험과 성공 사례를 신규 교사들에게 제공하여 그들이 인천 교육의 성공과 발전에 이바지하도록 하는 행사였습니다.

담당 장학사가 방문하여 '명현중의 성공이 인천 혁신 교육의 성공'이라는 기대 섞인 인사말을 해주었습니다. 나도 학교장으로서 우리 학교의 높아진 위상과 교육활동을 간략히 소개하였습니다. 행복배움학교, 다문화예비학교, 학교 내 대안교실 운영교, 소프트웨어교육 연구학교, 자율학교, 교육혁신지구학교 등 우리 학교가 가진 여러 타이틀이 21세기 지식 정보화와 제4차 산업혁명 시대를 얼마나 잘 반영하고 있는지 연수활동과 함께 배우고 돌아가 도움이 되기 바란다고 격려 말씀을 드렸습니다.

진행 책임자는 배움연구부장입니다. 행복배움학교 주무로 3년째 활동해 오면서 수업 지도 방법 개선과 교육 혁신에 대한 열정, 헌신, 앞서가는 혁신 마인드로 거둬들인 지난 3년간의 혁신 교육성과를 프레젠테이션 영상으로 소개했습니다. 이어서 참가자들이 함께하는 모둠 활동을 통해서 개인의 능력을 재발견하고 계발하는 노하우를 전수했습니다. 소프트웨어교육 연구학교 프로그램에 참여하여 마지막으로 모든 참가자와 함께하는 신뢰 서클 활동을 했습니다. 이 활동을 통해서 새내기 교사 한 사람 한 사람이 인천 교육에서 얼마나 소중한 존재인지 확인하였고, 수업시간에 학생들에게 바로 적용할 수 있는 스킬도 전수했습니다. 참가교사들 모두 연수 내용에 만족해했습니다.

학수고대하던 단비를 맞으며 연수에 참가한 신규 교사들이 학교 현장에서 바로 적용 가능한 혁신 교육과 수업 지도의 비결을 많이 배워가서 더 유능한 교사가 되리라는 믿음이 들도록 이번 연수를 완벽하게 준비한 홍지영 부장님을 칭찬합니다.

## 잘 웃는 사람이 행복한 사람

오늘 행복하십니까?

오늘 점심시간에 남학생들이 교장실 소파에 앉아서 자기들끼리 이야기하는 것을 곁에서 모르는 척 귀 곁으로 들었습니다.

"ㄱ 선생님은 잘 웃으시는데, ㄴ 선생님은 통 웃지를 않아."

"맞아, 어떤 선생님도 잘 안 웃으셔."

"그런데, ㄷ 선생님은 잘 웃으셔. ㄹ 선생님, ㅁ 선생님도….."

말미에 내가 끼어들었습니다.

"그럼 웃는 선생님이 좋아, 잘 웃지 않는 선생님이 좋아?"

"당연히 잘 웃으시는 선생님이 좋구요. 공부도 더 잘돼요."


선생님도, 친구도, 학부모님도 기회만 되면 잘 웃으십시오. 주위 사람들에게 농담도 가끔 하시고요. 아이들을 보면 나는 저절로 웃음이 나옵니다. 하나같이 귀하고 사랑스럽습니다. 재학생 숫자가 해마다 줄어들기 때문에 인연을 맺은 한 명 한 명이 더욱 소중합니다.

'가정에 하나둘밖에 없는 귀한 자녀들이니 너희가 얼마나 소중한 존재인지 아니? 게다가 소중한 너희를 만나는 행운을 누리고 있으니 나는 또 얼마나 행복한 사람인지 모르겠다.'

마음속으로 새기노라면 저절로 웃음이 나옵니다.

일상에서 잘 웃어야 긍정적 마인드가 길러지고, 긍정의 마음은 행복 바이러스로 승화되어 남에게 잘 전파됩니다. 잘 웃어야 잔병도 안 생기고 오래 건강하게 살 수 있습니다. 자녀와 학생과 이웃과 친구들에게 잘 웃는 분이 되시고 존경도 많이 받으십시오.

내일모레는 스승의 날입니다. 자원 빈국이지만 인재 대국인 대한민국에서 나는 인재를 키우는 핵심 교육을 담당한 행운아이고 그래서 스승의 날이 가진 가치를 귀하게 여깁니다.

행복 바이러스, 행복도 전염이 될까?

행복은 모두가 원하는 소망 중 하나입니다. 그 누구도 불행해지길 원하는 사람은 없습니다. 우리 주위를 보면 항상 웃는 사람이 있습니다. 그리고 그 곁에 있으면 나도 모르게 웃게 되고 기분이 좋아집니다. 반대로 늘 우울한 표정으로 원망만 하는 사람 곁에서는 내 감정마저 그렇게 되는 경험을 해보셨을 겁니다.

행복한 사람과 접촉하면 행복한 감정이 스며드는데, 그렇다면 행복도 전염이 될까요? 신기하게 행복도 감기처럼 다른 사람에게 전염된다는 연구결과가 있습니다. 행복한 사람과 접촉하면 행복한 감정이 스며든다는 것입니다. 잘 웃으시고 계절의 여왕 오월을 맞아 행복하십시오.

## 콜롬비아 선생님들이 배우러 오다

5월 18일 오후 1시에 대형버스 한 대가 교문을 들어섰습니다. 전날 입국한 남미의 먼 나라 콜롬비아에서 온 교사 시찰단 스무 분이 타고 온 버스입니다. 시교육청이 초청하여 우리 교육활동의 이모저모와 한류를 비롯한 우리 문화를 보고 배우러 온 중등학교 선생님들이 그 주인공입니다.

손님들은 대기실인 협의회실에 입장하여 학교장의 학교 소개 인사를 들었습니다. 이어서 5교시 수업을 참관했습니다. 절반은 컴퓨터실에서 서원경 선생님의 소프트웨어교육 수업을, 나머지는 유클리드실에서 안영지 선생님의 수학 수업을 참관했습니다.

손님들은 수업 참관이 끝나고 다시 협의회실에 모여 우리가 준비한 다과와 한류 기념 부채 선물을 받고 기뻐했습니다. 콜롬비아도 한류가 유행이라서 한국 문화와 한글 편지 같은 문화 상품에 호기심과 호감을 갖고 있다고 하는데, 화가가 부채마다 직접 그린 그림과 인사말을 펼쳐보면서 일행들은 벌어진 입을 다물지 못했습니다.

이어서 수업을 진행한 두 선생님, 동석한 교무부장, 연구부장, 교감 선생님이 한 자리에서 질의응답 시간을 가졌습니다. 시간을 제한하여 5명 정도의 질문을 받을 예정이었지만 너도나도 궁금증을 참지 못하여 질문이 끝없이 이어졌습니다. 질문 가운데는 우리의 교과목과 주당 수업시간 수, 소프트웨어교육을 학생들이 잘 따라오는지, 어떤 프로그래밍을 실습하는지, 그리고 학급별 남녀 편성 비율 등에 대한 것도 있었습니다.

두 시간에 걸친 방문과 참관 후 서구 가정동에 있는 콜롬비아 6·25전쟁 참전 기념 공원을 둘러보기 위해서 아쉬운 발걸음을 돌려 버스에 승차했습니다. 때마침 귀가하던 여러 학생이 외국 손님이 신기하여 일부는 버스에 올라가서 금세 배운 '아디오스'로 인사하기도 했습니다.

## 교사 전문적 학습공동체, 특별한 공부를 하다

9월 13일 오후 3시에 도서관 모둠학습실에서 특강이 열렸습니다. 매주 수요일 오후에 전문적 학습공동체를 개강하여 교사들이 시대 흐름을 잘 읽고 앞서가는 교육 전문가가 되도록 다양한 연수와 공부를 하고 있습니다.

이번에는 와이즈멘토 컨설팅 회사를 경영하는 조진표 강사를 초청한 특강이었습니다. 주제는 '제4차 산업혁명 시대, 소프트웨어와 진로 교육의 방향'이었습니다.

- AI(인공지능) 시대, 왜 소프트웨어 교육인가?
- 대학 전공의 경제적 가치
- 미래 사회에 필요한 3대 인재 역량
- S/W와 적성(S/W 관련 주적성과 부적성 개발을 통한 성공적인 진로 개발 사례)
- S/W 적성 개발을 통한 진로 교육 로드맵, 그리고 Q&A

이 강사님은 1학기에 이미 우리 학부모를 대상으로 특강을 한 바 있는데 그때 큰 반향을 주었다는 소문을 들었습니다. 그래서 이번에는 교직원 전체와 특강을 원하는 다른 학교 선생님들의 수강 신청을 함께 받아서 연수를 한 것입니다.

참석한 수강생은 우리 학교 40명, 다른 학교 13명 등 53명으로 강의실이 가득 찼습니다. 청중들은 좋은 정보에 빠져서 두 시간이 어떻게 지나갔는지 모르겠다며 매우 만족해했습니다. 강사님은 특히 우리 학교가 소프트웨어교육 연구학교를 운영하고 있다는 점을 높이 평가하고 우리의 역량과 미래를 대비하는 능력이 탁월하다고 크게 칭찬해 주었습니다.

## 등굣길에 영상 촬영팀이 등장하다

10월 23일 아침, 조금 쌀쌀해진 날씨에 등굣길이 분주해졌습니다. 거대한 영화 촬영용 카메라가 난데없이 등장했습니다. 시교육청이 우리 학교를 추천하여 인천 혁신 교육 사례와 학교가 어떻게 변화하고 있는지, 그리고 진정한 스승상은 어떤 것인지를 종합적으로 보여주는 단편 영화 스타일의 영상을 촬영하러 전문 촬영팀 10여 명이 온 것입니다.

촬영의 시작은 등교하는 학생들의 모습을 담는 데서부터 시작하였습니다. 우리 학교는 일 년 내내 등교맞이를 여러 가지 형태로 하고 있습니다. 마침 이번 주에는 학부모회와 아버지회의 합동 자원봉사 일정과 맞아떨어졌고, 덕택에 학부모 대표들이 등교하는 학생들에게 물과 주먹밥을 나눠주는 모습을 영상에 담을 수 있었습니다. 십여 명 학부모 자원봉사자들이 김치김밥과 참치주먹밥을 등교하는 학생들에게 일일이 나눠주었습니다.

교문 앞에서는 학교장과 지킴이 선생님이 등교하는 학생들과 인사 나누고 안전을 지키는 모습을, 횡단보도에서는 교통안전 봉사하는 지도교사와 학생들의 모습을 촬영했고, 1교시 수업이 시작되면서 교실과 복도 풍경, 선생님들의 협의회와 수업, 상담 장면도 촬영하였습니다. 학교의 변화상과 혁신 노력에 대한 평가와 민주적 학교 운영 등에 대한 학생과 교사 의견 인터뷰도 진행했습니다. 드라마 형식이다 보니 서사구조를 갖춘 시나리오를 바탕으로 연출의 완성도와 높은 품질을 위하여 어색하거나 서툰 장면은 하루 종일 수없이 반복 촬영하였습니다.

이야기 속 주인공은 1학년 남학생인데 장차 연기자를 꿈꾸는 학생이었기에 더욱 열정적으로 연기했고, 덕택에 자신의 꿈을 더 명확히 하는 다시없는 기회가 되었고 합니다. 반복 촬영 등 힘든 과정을 거치느라 지칠 만도 하건만 퇴근 시간 이후 어두워질 때까지 출연하느라 애쓴 임진아 선생님을 비롯하여 인터뷰한 선생님과 학생들의 노고를 칭찬합니다. 또, 행정과 진행 책임을 맡아 고생한 홍지영 선생님을 비롯한 여러분의 수고를 칭찬합니다. 촬영에 우리 학교가 추천된 것은 그만큼 우리가 인천 혁신 교육의 리더인 때문이며 안팎으로 인정받고 있는 우리 학교의 위상이 반영된 성과 때문이라고 생각합니다.

완성된 영상은 11월 4일 인천대학교에서 열리는 인천 혁신교육 한마당 행사에서 처음 공개될 예정이며 유튜브 공개 등 앞으로 상당 기간 인천 혁신교육을 알리고 자랑하는 데 두루 사용될 것입니다.

## 원더풀 컬러풀! 구성원들이 함께한 남한산성 역사 기행

10월 28일 토요일 아침 8시 반, 정문에 대형 관광버스 한 대가 도착했습니다. 남녀 학생들, 학부모들과 가족 단위 참가자들이 잇따라 도착했습니다. 행복배움학교, 계양교육혁신지구, 학부모회, 아버지회, 대안학급 그리고 다문화 가족 구성원들과 지도교사로 남한산성 역사 기행에 참여할 45명의 주인공이었습니다.

'3주체가 함께한 남한산성 역사 기행' 프로그램 진행을 위해서 학교에서는 관광버스를 대절하고 김밥을 비롯해 간식과 점심 식사 등 준비물 일체를 마련하였습니다. 최근 동명의 영화 개봉 덕택에 한결 유명해진 역사의 현장을 다양한 구성원들이 가족 단위로 함께 답사하며 친목도 다지고 애교심도 기르는 기회가 되어서 의미 깊었습니다. 마침 10월 마지막 주가 단풍철 피크인데다 유독 남한산성의 단풍은 아름답기로 소문난 곳이니만큼 참석자들에게는 시의적절한 나들이였습니다. 미세먼지 걱정 없이 청명한 늦가을을 함께한 일행들은 빼어난 자연 경치 속에서 가슴 아픈 역사도 함께 배웠습니다. 한남루를 입장할 때는 조선 시대 군관 복장을 한 관리인에게서 스탬프를 받았고, 주요 요소마다 확인 도장을 찍어가면서 1코스와 3코스를 완주한 학생에게는 5천 원 상당의 문화상품권을 나눠주고 치하했습니다.

## 행복배움학교 중간 평가단의 칭찬이 우리를 춤추게 합니다

12월 14일 오후 2시에 귀한 손님이 찾아왔습니다. 우리가 인천형 혁신학교인 행복배움학교의 길을 선택한 지 3년이 되었는데, 그동안의 성과를 점검하고 평가받을 차례가 되어 평가위원단이 성과를 평가하러 온 것입니다. 평가 결과에 따라 낙제점을 받으면 지정이 취소되거나 운영지원금이 삭감되는 등 페널티가 주어지며 우수 사례는 인천 혁신교육의 성공 사례로 전파됩니다.

평가를 대비해 우리는 이미 여러 가지 방법으로 자체평가를 했습니다. 먼저, 시교육청에서 제공한 평가 도구를 이용하여 학생, 교직원, 학부모 대상 온라인 설문을 했습니다. 그리고 평가 결과를 시교육청을 통해서 받았습니다. 결과를 보면 교직원은 높은 만족도, 학생과 학부모는 상대적으로 낮은 만족도가 나왔습니다. 그리고 학교 자체평가위원회가 조직되어 내부적으로 자체 평가를 이미 몇 차례 했습니다. 영역별로 위원회의 평가 결과를 가지고 의견을 조율했으며, 13일 오후 전문적 학습 공동체 연수 때 결과를 평가하고 정보를 공유했습니다.

외부 평가위원들은 교장실에서 교장·교감과 면담했고, 장소를 옮겨 평가장에서 교사 대표, 학부모 대표, 학생 대표들과 차례로 면담했습니다. 오후 2시까지 이어진 면담 결과, 평가위원들은 민주적 학교 운영에 가장 높은 평가점을 주었고, 전문적 학습 공동체의 성과와 수업 개선 의지 등에서 특히 높은 점수를 주었습니다.

## 온종일 학교가 분주했습니다

오늘 EBS와 지역 방송국 두 군데서 동시에 취재를 나와 많은 손님이 학교에 다녀갔습니다. 소프트웨어 교육 현장을 살펴보는 EBS 교육방송과 교육 활동의 이모저모를 보러온 지역 방송국 등 두 방송사에서 촬영했습니다.

양사 모두 4월 중 방송할 프로그램을 제작하고 있다고 하며, 특히 EBS 에서는 오늘 찍어간 로봇 동아리와 정보 소프트웨어 교육자료를 바탕으로 우리 학생들과 지도교사가 방송국 스튜디오에 출연하여 교육 활동 이모저모를 토크쇼로 소개할 계획입니다. 지역 방송사에서는 우리 학교의 혁신 교육 덕택에 학생들이 얼마나 행복한 교육을 받고 있는지 알릴 예정이라고 합니다. 오늘은 마침 창제 동아리 활동과 자치 활동, 토론 활동이 함께 이루어지는 날이었습니다. 교실마다 학년 반을 떠나 모인 학생들이 각자 좋아하는 영역을 찾아서 선후배가 함께 공부하며 즐거워하였고, 5교시에는 2학년 전체 학생들이 모여서 학급 자치 활동 서클 모임에서 이끌어낸 행복한 학교생활을 위한 과제를 학급별로 발표했습니다.

자신들의 의견이 반영된 토론 결과물이 발표될 때마다 연예인 공연 때 터지는 것 같은 함성이 다목적실을 흔들어 놓았습니다. 오늘 온종일 학교가 정말 분주했습니다만 학교장은 기분이 매우 좋았습니다. 학생들이 모두 오늘의 주인공이었고 다 함께 행복했기 때문입니다.

●

# 미래 역량을 기르는
# 인재 키우기

## 신뢰 서클 운영법과 리더십을 배우다

학생회 임원들과 새로 선출된 반장, 부반장 등 리더 학생 80명이 함께하는 프로그램을 진행했습니다. 행복 성장 리더십 캠프가 바로 그것입니다.

학년도 말에 학생회장을 비롯한 학생 자치회 임원을 선거로 뽑고 학급 회의 임원인 반장, 부반장은 3월 둘째 주에 학급별 직접선거로 선출합니다. 민주주의 사회에서는 주권자가 직접 선출한 대표자를 통해 대의민주주의를 시행하는 것이 원칙입니다. 학교도 민주주의를 배우고 실험하고 실천해 보는, 작지만 가장 기초가 되는 건강한 조직입니다.

학생 자치 역량 강화를 가장 중요한 교육목표로 삼고 있기 때문에 학생 자치 활동을 전폭 지원하고 있습니다. 오늘 캠프도 새 학년도를 맞아 새롭게 출범한 학생 자치 조직에 활기를 불어넣고 리더십을 기르도록 강화 청소년수련원에 1박 2일 일정으로 입소하였습니다.

일행은 개영식에 이어 신뢰 서클 활동을 하였고, 민주적 회의 진행법을 함께 배웠으며 사람들과 소통하는 방법을 사례와 실습 중심으로 경험했습니다. 수련원에서 마련한 저녁식사 후 즐거운 레크리에이션과 함께 친교 하는 기회를 즐긴 다음 밤늦게 잠자리에 들었습니다. 짧은 기간이지만 합숙하면서 친교하고, 그들이 새롭게 배운 리더십과 회의 진행법, 상호 신뢰를 얻는 방법을 터득해 민주적 리더로서 한 해 동안 학급과 학생회 자치 조직을 잘 이끌어갈 것이며 장차 세상을 이끌어갈 주역이 될 것이라고 믿습니다.

## 진로 개척에 열심인 학생이 있습니다

지난주 어느 날 오후, 한 학생이 수첩과 필기구를 들고 교장실에 왔습니다. 인터뷰하겠다는 사전 약속이 있었기 때문입니다. 여러 개 질문을 준비해 왔는데, 여러 답변을 아주 빠르게 수첩에 받아적는 것을 보고 깜짝 놀랐습니다. 아무리 빨리 적는다 해도 말하는 것을 글로 다 담기가 쉽지 않은데, 오늘자 학교 홈페이지 홍보란에 올라온 학생 기자단 '소나기'소속 이 학생이 작성한 기사를 살펴보니 내가 말한 것을 거의 그대로 옮겨 적었다는 것을 알게 되었습니다.

이 학생의 놀라운 메모 솜씨에 감탄했습니다. 기자로서 멋진 아이템을 생각해 내고 취재를 실천에 옮겨 멋진 기사로 담아냈다는 점이 놀랍습니다. 거의 신문 기자 수준이더군요. 그렇습니다. 학생 여러분은 자신이 잘 하는 무언가 있게 마련입니다. 누구든 자신이 잘하는 재능을 키우도록 노력하기 바랍니다.

주인공은 3학년 김하늘 학생입니다. 이 학생은 취재와 글쓰기 같은 기자 직종에 재능이 있음이 틀림없고 진로 개척에 열심히 노력하는 학생임에도 틀림없습니다. 노력하는 자만이 성과를 거둔다고 합니다. 누구든 자신이 관심 있고 잘하는 부문에 시간과 노력을 투자하여 열심히 해 보세요.

지난주, 커리어존에서 방과 후 2회 4시간 동안 진로 탐색 프로그램 '자기소개서 & 면접 특강'을 운영했는데 고입을 앞둔 3학년 학생 중 특목고, 자사고, 특성화고 특별전형 희망 학생과 진로 동아리 '드림나비'학생들이 앞으로 자신의 진로진학 로드맵을 작성하는 기회로 삼았습니다.

일반고 진학 희망자들도 최근 대학 입학 전형 방법과 기업의 인재 선발 과정이 단순히 학습 능력이 높은 사람이 아니라 자신만의 스토리와 적극적이고 유연한 사고를 가진 미래형 인재를 요구한다는 시대적 요구를 잘 알고 미리 준비하고 싶다며 여럿이 함께 참여했습니다.

1강은 자소서 바로 알기 활동인데 학생들이 자기소개서를 작성해 보고 부족하거나 새로 알게 된 부분을 추가 작성했습니다. 2강 면접 특강에서는 미리 '자소서 피드백'을 받고 실전 면접 연습을 해보았습니다. 학생들은 자신의 눈높이로 상호 피드백을 주고받으며 도움을 주고받았습니다. 프로그램에 참여한 학생들은 막연했던 '자기소개서와 면접'에 대해 구체적으로 알게 되었고 자신만의 스토리를 담은 자소서를 완성할 수 있었다고 이구동성으로 자랑했습니다.

누구나 오늘과 같은 수련 과정을 거쳐서 점진적으로 성장하는 것입니다.

## 직업 세계의 생생한 목소리가 들려요

진로진학상담부에서 지도하는 '나만의 진로 포트폴리오'금년 치를 학생들이 잘 완성해가는군요. 그중에서 지도교사가 한 번 눈여겨보라고 추천해 준 1학년 두 명의 솜씨를 보았습니다. 여기에는 포함되지 않았지만 다른 학생도 자신의 개성과 특성이 드러난 자진만의 포트폴리오를 준비하고 있다고 합니다. 앨범 한 권 분량의 자료집을 살펴보노라니 1학년이라고는 믿기지 않을 만큼 의젓하고 잘 축적된 자료가 페이지마다 담겨 있어서 한 편으로는 흐뭇하고 한편으로는 이 한 권이 만들어지기까지 장본인과 학부모님이 얼마나 많은 고심과 노력을 했을지 짐작되어 가슴 떨리는 감동을 받았습니다.

이주헌 학생의 자료집을 살펴보니 부제목이 '꿈을 향한 힘찬 비상'입니다.

잘 정리된 목차를 살펴보니,

* 꿈 찾기 활동

* 진로 검사 결과

* 나에 대해서 알아보기

* 나의 관심 직업 탐구

* 나의 롤 모델 찾기

* 나의 수상 실적 및 학교생활

* 독서 활동

* 나의 진학 계획

* 생애 로드맵 작성

* 포트폴리오를 마치며

이렇게 구성되었는데 과거와 현재, 미래가 한눈에 일목요연하여 쉽게 이 학생을 이해할 수 있었습니다.

홍채의 학생 자료는 두 권인데 1권의 내용만 해도 아래와 같이 화려합니다.

*어릴 적 나의 꿈, 꿈의 변천사*

*6년간의 모든 생활 기록*

*초등학교의 금장 퍼레이드*

*독서와 관련된 상*

*학교 대표로 나간 줄넘기 대회*

*꿈을 바꾸게 한 과학 대회*

*꿈을 향한 다양한 문화 체험*

*깊은 지식을 얻은 영재 교육*

*자격증 인증 시험*


누구나 미래의 꿈을 꿉니다. 우리 모든 재학생이 이들처럼 자신의 미래를 꿈꾸고 실천을 위해 노력한다면 밝은 미래가 오겠지요. 모든 학생의 꿈을 응원합니다.


## 세상의 변화와 고민들

세상의 큰 변화 앞에서 학교와 부모, 학생 모두 큰 고민을 하고 있는 게 요즘의 현실입니다. 사라지는 전통 직업들, 그리고 머잖아 등장하게 될, 지금은 존재하지 않는 미래의 직업들을 학생들에게 어떻게 알리고 미래를 대비하도록 가르칠 지에 대한 고민이 바로 그것입니다.

초중등교육에 절대적 영향을 미치는 대학 입시에도 큰 방향 전환이 일어나고 있다는 것을 우리는 잘 알고 있습니다. 대입 수능고사는 일부 특목고 학생들과 재수생들이 주로 선택하는 입시 방법이며, 대세는 수시입학전형 형태입니다. 게다가 학교생활기록부 종합전형, 줄여서 학종 대학 신입생 선발이 대세라는 것도 주지의 사실입니다. 고교의 문·이과 구분이 사라지고 기업이나 공무원 채용에서도 출신 학교나 외모, 나이 등을 일체 따지지 않는 블라인드 채용이 대세가 되고 있다는 소식도 듣고 있습니다.

최근 '어떤 학부모의 불만'이란 제목의 에피소드가 회자된 적 있습니다. 얼마 전 유명한 공기업에 입사지원서를 낸 후보자의 엄마가 회사에 강력히 항의한 민원 글이라며 화제에 올랐던 이야기입니다.

"왜 해외 유명 대학에 유학하였고 어학 실력도 뛰어난 우리 아이를 1차 서류전형에서 탈락시켰나요? 도대체 응시자들은 내 아들보다 몇 배나 더 유명한 대학과 유학 경험을 가졌단 말입니까? 분명히 답변해 주세요."

그 기업 담당자의 답은 간단했습니다.

"우리는 출신 대학을 묻지 않습니다."


지난주, 진로진학실 커리어존에서 방과 후 2회 4시간 동안 학생 선택 진로탐색프로그램 '자기소개서와 면접 특강'을 진행했는데, 고등학교도 아닌 중학교에서 이런 프로그램을 운영한다는 발상 자체가 놀라운 일입니다.

이 행사에 고입을 앞둔 3학년 학생 중 특목고, 자사고, 특성화고 특별 전형 희망자와 진로 동아리 '드림나비'학생들이 참석하여 향후 자신의 진로진학 로드맵을 그려보았습니다. 또 자소서나 면접 과정이 없는 일반고 진학 희망 학생들도 최근 대학 입학 전형 방법이나 기업의 인재 선발 과정에서 단순 학습 능력이 아니라 자신만의 스토리를 가진 적극적이고 유연한 미래형 인재를 요구한다는 사실을 알고 미리 준비한다는 각오로 참여하였습니다.

'미리 써보는 자소서'로 신청 양식을 제출한 학생들은 1강 자소서 바로 알기 활동을 통해 자기소개서를 작성하면서 부족하거나 새로 알게 된 부분을 추가하여 작성했습니다. 2강 면접 특강 전 미리 자소서 피드백을 받고, 실전 면접 연습을 할 수 있었던 것이지요. 실전 면접 연습 때는 함께 참여한 학생들도 모두 자신들의 눈높이로 나름 상호 피드백을 주고받으며 활기찬 분위기로 서로 도움을 주고받을 수 있었고요.

이 경험을 통해 학생들은 막막했던 자기소개서 쓰기와 면접에 대해 구체적으로 알게 된 계기가 되었습니다. 당장 고입 면접을 앞둔 학생들은 자신만의 스토리가 있는 매력적인 자소서를 완성할 수 있다며 뿌듯해 했고, 일반고 진학 예정 학생들도 자소서를 작성해 면접에 응하면서 장차 학교생활을 충실히 해야겠다는 다짐을 하며 자신만의 진로진학 로드맵이 우선되어야 더 적극적으로 미래를 대비할 수 있다는 것을 배웠습니다.

## 어우러지기 교실도 개강했어요

어우러지기 교실 개강식이 도서관 모둠학습실에서 열렸습니다.

정규 교과 수업에 더하여 기초 학습과 학습 흥미도를 높이는 컨설팅 프로그램, 그리고 건강한 신체활동을 장려하여 멋진 청년으로 길러줄 체육 프로그램도 함께 제공할 예정입니다.

2학년과 3학년 남학생 10여 명으로 이루어진 어우러지기 교실은 특별히 더 돌봐주면 학교생활과 교육과정에 낙오하지 않고 적응할 것으로 예상되고, 아울러 학업 성적도 향상될 것으로 기대되는 학생들로 구성하였습니다. 담임 선생님들이 추천해준 학생들만 특별히 선발한 대안교실 프로그램입니다.

선후배가 함께 공부하는 특별한 기회를 제공할 뿐만 아니라 볼링, 헬스 등 일반 학생들에게는 제공하지 않는 특별한 프로그램과 학교 밖 체험도 있어 서로 끈끈한 유대관계를 맺는 기회도 될 것이라고 기대합니다. 특히 학교생활의 추억과 애교심, 자부심을 길러주기 위해 특별한 외부 강사들의 특강도 제공할 준비를 하고 있습니다. 이 학생들이 어우러지기 교실에서 특별한 체험을 하며 함께 학창시절의 추억을 쌓아 남과 잘 어울리며 이웃을 배려하는 멋진 청년으로 자라나기를 기대합니다.

## 미래 교육 박람회에 참가했습니다

일산 킨텍스에서 11월 23일부터 3일간 교육부가 주관하는 미래 교육 박람회에 작년에 이어서 연2회 참가했습니다. 작년에는 소프트웨어교육 선도학교 자격으로 부스를 운영했습니다. 개막식 날 대통령이 우리 부스를 찾아와 교육 활동을 살펴보고 아낌없는 칭찬을 해주는 바람에 다른 이의 부러움을 사기도 했습니다. 올해는 이현주 부장선생님이 주관한 교내 대안교실 운영 주제로 참여하여 우리 대안교육 현장을 자랑스럽게 소개하였습니다.

개인 형편이나 가정 사정을 막론하고 위기에 처한 다수의 청소년을 어떤 이유로도 낙오시키지 않고 대한민국의 건강한 시민으로 키우기 위한 교육적 헌신이 바로 대안교육입니다. 우리는 교내에서 위기 학생들을 따뜻하게 끌어안아 건강한 시민으로 길러내는 역할을 교내 대안학급 운영을 통해서 다하고 있습니다. 제멋대로 굴고 교사를 힘들게 하는 녀석들도 많지만 끊임없는 노력과 인내로 위기 학생들을 위해 우리만큼 최선을 다하는 학교도 없다는 점을 자랑스럽게 생각합니다. 그 활동 결과를 대한민국 모든 이에게 공개하고 자랑한 이번 박람회에 많은 참관자가 방문하여 궁금증을 풀고 가는 자리가 되었습니다. 부스에서는 학생 생활안전부와 위클래스가 하고 있는 정서와 인성 안정을 위한 여러 프로그램을 소개하여 방문객들의 눈길을 끌었습니다.

EV-3 로봇으로 만든 사탕 뽑기 체험도 한몫했고, 걱정인형 만들기 시연, 향수 테라피, 음식 테라피 등 마음을 다스리는 프로그램 등 위클래스와 협조하여 마련한 내용물들로 구경꾼들이 인산인해를 이루었습니다.

이번 행사에 도우미로 참여한 남녀 학생들은 자신의 맡은 바 임무에 너무나도 의젓하고 친절하게 책임을 다하여 보기에 참 좋았습니다. 지난해에 이어 2회 연속 교육 박람회 행사에 부스 운영 주체로 참여하면서 전국적으로 존재를 인정받았음을 자랑스럽게 생각합니다.

## 신나는 행복배움학교

### 생활하복 입고 시원한 멋쟁이가 되세요

생활안전부에서는 올봄부터 6월 25일까지 장장 3개월간 여름철에 편리하고 시원하게 입고 생활할 수 있도록 생활하복 제정을 위한 디자인 작업을 했습니다. 그 덕택에 6월 26일부터 생활하복을 입을 수 있게 되었습니다. 생활복 제정을 위해서 학생, 학부모, 교사가 함께하는 추진위원회가 여러 차례 회의를 가졌고, 디자인 시안에 대한 의견 수렴, 수요자 투표 절차를 거친 다음, 6월 24일에 디자인선정위원회에서 의견을 모았고, 다시 그 다음날 학운위의 최종 결정 과정을 거쳤습니다.

발 빠르게 옷을 구입한 학생들은 하복에 비하여 더 시원하고 값도 저렴해서 매우 만족한다고 착용 소감을 말합니다. 덕택에 올여름 무더위 속에 우리 학생들이 더 시원하게 학교생활 할 수 있어서 만족도가 높아질 것을 기대합니다. 그동안 교복 디자인 확정 작업을 위해 불철주야 수고하신 담당 선생님의 노고를 칭찬합니다. 학생 여러분! 덕택에 시원한 여름 보내세요.

## 곳곳에, 그리고 패션에도 화려한 색깔을 허하라

경기도 남양주에 소재한 어느 혁신 학교를 다녀왔습니다. 그 학교 교장 선생님이 미술 전공인데다 공간 배치 이론 분야에서 실제로 유명한 분이라서 그런지 학교 공간마다 과감하고 인상적인 색채와 예술적인 장치의 배치가 돋보였습니다. 곳곳마다 섬세하고 감수성 넘치는 디테일이 살아있었으며, 구성원들을 고루 배려한 친절한 디자인이 맘에 쏙 들었습니다. 한편으로는 몰개성적인 대다수 일반 학교들의 평범한 공간 구성과 색상에 대해서도 반성하는 마음으로 다시 생각해 보는 기회가 되었습니다.

전통적으로 우리는 공공장소나 학교의 공간을 만들 때 개성이나 독자적인 모양보다는 무난한 색상을 선택하는 경향이 있습니다. 튀는 색은 이내 싫증나거나 학생 정서와 면학 분위기 조성에 나쁜 영향을 끼칠 거라는 선입견을 갖고 있기 때문입니다. 그래서 다수의 주변 공간에는 무채색이 많이 사용되어 시간이 흘러 먼지라도 낄 양이면 온통 칙칙해 보이기 마련입니다.

승용차는 개인의 재산이면서 동시에 이동과 거주 공간 역할까지 하는 특성상 소유자의 개성이 잘 반영된다면 정말 다양한 색상으로 표현될 법한데 길거리에 보이는 낡은 차는 물론 최신 승용차까지도 검정색과 흰색, 은회색 같은 종류가 태반을 차지합니다. 미국의 오랜 봉쇄와 억압 정책 때문에 경제적으로 큰 고통을 겪어온 쿠바의 고물 자동차들이 가진 화려한 색상과는 대조적입니다.

몇 해 전 방문해 둘러보았던 영국 중등학교의 실내외 디자인이나 교재·교구들은 우리의 눈으로 보자면 매우 튀는 색상이 많았습니다. 흐린 날씨가 대부분인 그 나라의 기후 조건을 고려한 선택이라는 설명이었지만 오히려 세련된 색상의 배치는 학생들의 색채감과 눈썰미를 높여주는 데 이롭지 않을까 생각했습니다.

학생 교복도 마찬가지입니다. 영화 '말죽거리 잔혹사'에 등장하는 70~80년대 세대들의 교복 예를 들지 않더라도 과거 기성세대의 교복이라고 하면 몰개성적이고 천편일률적인 데다가 칙칙한 흑백이었습니다. 그 시절의 교복 착용이 청소년기를 지나는 젊은 세대들의 색채나 패션 감각을 빼앗아버린 잔혹한 처사는 아니었을까 생각합니다. 하긴 그때는 장기 일인 독재 치하였고, 장발이나 미니스커트마저도 용납하지 못할 만큼 사고방식도 고루하였기 때문에 자유분방함이나 민주적 가치, 양성평등이나 개성이라는 가치가 전혀 존재하지 않는 흑백의 시대, 흑백논리의 시대였습니다.

나는 개인적으로 젊은 시절부터 청소년들에게서 교복일랑 벗겨버리고 자유복과 화려한 색깔을 허하라는 신념을 갖고 있었으며 그 생각은 여전합니다. 민주주의가 성숙하고 국민소득이 3만 달러를 넘어선 지금, K팝 주자 방탄소년단이 세계를 휩쓸면서 그 공로 덕택인지 국민의 의식도 놀랍게 진화하고 있습니다. 하지만 경제적 문화적으로 선진국에 자리매김한 오늘날에도 여전히 교복 착용이 국민적 공감대를 갖고 있는 것은 엄연히 존재하는 빈부격차를 가리고 학부모의 옷값 부담을 덜어야 한다는 당위를 국민 다수가 여전히 지지하고 있기 때문입니다. 그럼에도 불구하고 우리 청소년들이 저마다 다양하고 화려한 옷을 입고, 화사하고 밝은 환경 속에 자라면서 자유분방한 생각을 펼칠 수 있을 때 개성에서 비롯된 무지개 같은 색칠이 가능하지 않을까요?

2006년에 개봉한 헐리웃 영화 『악마는 프라다를 입는다』에서 등장하는 화려한 색상의 패션들을 좋아합니다. 물론 두 주인공 메릴 스트립과 앤 해서웨이를 개인적으로 무척 좋아하기 때문이기도 하지만 유명한 패션 잡지 편집장과 비서의 활동 공간이라는 영화 속 장면마다 등장하는 화려한 색감과 패션 세계에 반했기 때문이기도 합니다. 영화 『맘마미아』의 주인공 메릴 스트립도 무척 좋아합니다. 그의 연기에서 때때로 차갑게 번쩍이는 지성을 느끼기 때문입니다.

영화 속 주인공이 출근길에 세련된 스타일로 거리를 걸어갈 때 옷이 화려하게 바뀌는 모습, 노란 택시의 물결 사이로 보이는 뉴요커들의 각양각색 패션이 몽타주 기법으로 처리되는 장면이 특히 인상적이라는 평론가들의 주장에 공감하고, 그래서 그 장면을 특히 좋아합니다.


나는 부임하면서부터 우리 학생들의 교복 착용에 대해 매우 느슨하고 자유로운 기준과 학생 선택권이란 입장을 강력하게 지켜오고 있습니다. 네 계절별로 구성된 교복의 착용법은 여러 가지 경우의 수로 조합할 수 있습니다. 사람에게 사상체질이 있기 때문에 계절에 옷을 맞출 게 아니라 개인별 체질에 맞추어야 한다고 생각합니다. 따라서 교복의 계절별 착용 시기를 특정하지 않습니다. 극단적으로는 여름에 동복을 입거나 겨울에 하복을 입고 다니는 경우도 있을 수 있고, 적절한 사복을 함께 착용하는 콤비네이션도 환영합니다. 실제로 우리 학생들의 교복 입은 모습에서 언제나 네 계절이 혼재해 있음을 볼 수 있습니다.

어떤 경우에도 학생들의 복장과 차림새는 존중받아야 합니다. 일상생활 속에서 더 화려한 복장을 스스로 잘 갖추어 입고 세련된 차림새를 스스로 꾸릴 수 있는 사람으로 자랐으면 좋겠습니다. 또 그들이 학교 곳곳에서 칙칙하지 않고 더 밝은 색상의 포인트들로 자리 잡았으면 좋겠습니다. 왜냐면 그들 덕택에 세상이 더 아름다워지기 때문입니다.

## 상상력의 날개, 도미노 게임

5월 31일 오후에 수학 교과실에서 이색 행사가 열렸습니다. 바로 도미노 대회. 수학과에서 마련한 도미노 쌓기 대회에 남녀 단체팀 여럿이 참가했습니다.

도미노(domino) 이론이 있습니다. 18세기 이탈리아에서 시작된 도미노 카드놀이에서 유래하는데, 도미노 카드놀이는 상아로 만든 도미노 패 가운데 세워놓은 한 개 패를 쓰러뜨리면 잇따라 다른 골패들이 차례로 쓰러지게 되는 놀이였습니다. 이러한 놀이 형식을 띤 도미노 이론은 다시 도미노 현상으로 발전해 사용되었습니다. 즉 어떤 하나의 사태가 원인이 되어 주변에 잇따라 비슷한 사태를 불러일으키며 확산하는 현상을 도미노 현상이라고 합니다. 역(逆) 도미노 이론도 있는데 '한 나라가 민주화되면 인접한 나라들도 민주화되어 공산 세력을 봉쇄할 수 있다'는 이론, 즉 도미노 이론의 반대 개념입니다.

도미노는 쌓은 도미노 조각들이 연쇄적으로 넘어지면서 아름다운 도형을 만들어내기 때문에 놀이 재미와 함께 도형과 공간을 이해할 수 있는 좋은 수학 교재이기도 합니다. 학생들이 아름다운 도형을 만들고 팀별 협동 정신도 함께 즐길 수 있는 좋은 기회였습니다. 이 활동을 통해서 협동의 경험을 하고 수학적 사고력과 상상력을 넓히도록 관심을 가져봅시다.

우리는 수학과에 많은 돈을 투자하여 도미노 교재를 넉넉하게 샀습니다. 이 교재를 애용하여 대회 때는 물론 평소에도 상상력을 키우기 바랍니다. 언제든지 수학과 선생님께 요청하면 도구를 빌려줄 것입니다. 행사에 참여한 학생들을 칭찬합니다.

●

# 자치활동,
# 최고의 민주 가치 교육

## 학생자치 역량 강화, 첫걸음 내딛다

학급별 반장 부반장 선거가 성공리에 마무리되어 어제 임명장을 수여했습니다. 이는 새로 선출된 자치회의 대표 학생으로서 공식 활동 개시를 알리는 행사입니다. 작년 말에 선출된 학생자치회 대표, 학생회장과 부회장 2명도 함께 했습니다.

행복배움학교 2년 차를 맞아 우리는 올해 학생 자치 역량 강화를 가장 중요한 교육목표로 설정하고 지원을 아끼지 않고 있습니다. 임명장을 받은 학생들은 학급을 대표하여 앞으로 여러 자치 활동, 봉사 활동, 체험과 참여, 나눔 활동에 적극 참여할 것입니다.

이번 주 토요일에는 하루 종일 다목적실에서 학생자치회 임원 학생 80명을 대상으로 리더십 캠프를 열 예정입니다. 캠프에서는 외부 강사의 민주주의 이해 특강과 신뢰 서클 활동, 친교 활동 참여를 통해 민주적이고 자치 역량이 뛰어난 인재로 자라는 데 도움 되는 프로그램을 알차게 준비했습니다. 자치 역량 강화는 민주주의 국가의 시민이자 리더로 잘 자라서 장차 대한민국의 내일을 책임질 수 있는 인재로 키우는 데 필수입니다.

자치회는 이미 입학식 날 한몫했으며 3월 14일에 파이데이 행사를 개최했고 다음 달에는 세월호 희생자 추모 행사를 기획하는 등 정기적으로 의미 있는 행사를 자율적으로 추진한다고 하니 더욱 기대가 큽니다.

자치회 사업 가운데 눈길 가는 게 생일축하위원단 활동입니다. 매월 정기적으로 친구들 생일을 축하해 주는 행사를 통해 학생 하나하나가 소중한 존재라는 사실을 인식하고 자존감을 높일 수 있도록 할 것입니다.

학생 자치 역량 강화, 개인과 시민 모두의 미래를 위해 소중합니다.


## 주말 밤, 북적이는 학생과 학부모로 행복했네

6월 마지막 금요일 밤, 1박 2일의 근사한 행사가 열렸습니다. 선생님들도 동참한 '가족사랑 행복캠프'가 그것입니다. 학생 120명, 학부모 30명, 지도교사 10여 명 등 160명이 캠프에 참가했습니다. 이현주 선생님이 주관하지만 학교의 자랑인 아버지회와 학부모회가 함께했기 때문에 자리가 더욱 빛나고 안전하고 즐거웠습니다.

학생들이 모두 귀가한 오후 5시경에 아버지회원들이 제일 먼저 모였고, 이어서 학부모회 어머니들이 텐트를 치고 고기를 굽는 봉사 활동을 해주었습니다. 물론 이날 행사에 들어간 고깃값을 비롯한 재료비 일체는 학교에서 마련하였고 학부모님들은 자원봉사를 해주신 것입니다.

다목적실에서 개영식을 했습니다. 학교장은 행사가 안전하고 즐겁게 진행되기를 바라는 당부 인사를 했고, 아버지회 회장도 자랑스러운 야영 행사가 아름다운 전통이 되도록 적극 지원하겠다는 격려 말씀을 해주셨습니다.

이어서 모둠별 밥 해먹기가 진행되었습니다. 잘 만든 음식 선발전에서는 2개 조가 입상했습니다. 밤 8시부터 두 시간 동안 레크리에이션 전문 강사를 초빙하여 신나는 오락시간을 가졌고, 밤 10시부터는 남녀 학생들이 나뉘어 교실에서 모둠별 텐트를 치고 야영체험을 했습니다. 다음 날 아침 7시에 기상한 학생들은 다시 모둠별로 아침 식사를 직접 준비하였고, 흐트러진 장내 정리와 쓰레기 처리를 잘 마치고 오전 9시에 귀가했습니다.

우리는 해마다 7월 초에 학년별, 동아리별, 또는 리더십 캠프 등 특색에 맞는 야영캠프 행사를 진행해 왔습니다. 이 활동에서 서로를 배려하는 경험을 쌓고, 또 직접 밥을 지어보면서 부모님의 노고를 이해하는 배움 활동이 자연스럽게 일어납니다. 내년도에는 어떤 테마로 야영행사가 진행될지 벌써부터 궁금합니다.

수고한 학부모와 지도교사는 물론 즐겁게 참여한 모든 학생을 칭찬합니다.


### 건의가 활발한 학교, 민주주의 교육의 시작입니다

어제 점심시간에 한 학생이 건의했습니다. 잔반을 비우고 식기 반납할 때 사용자의 동선을 고려하여 식판과 수저, 젓가락 반납대 위치를 바꾸면 더 좋겠다고.

오늘 점심시간에는 2학년 9반 학생 둘이 교장실에 들렀습니다. 평소에도 교내에서 만나면 인사 잘하고 성실하여 얼굴을 잘 익힌 그들이 일부러 시간을 내서 건의하러 왔다고 합니다. 2학년에서 '명현방 선도 프로그램'에 가야 할 학생 기록을 학급에서 자율적으로 하고 있는데 이름 적힌 학생들이 맘대로 자신의 기록사항을 삭제하고 의무와 책임을 깔아뭉개고 있다는 것입니다. 그래서 차라리 교사들이 컴퓨터 메신저로 기록을 관리하여 학생들이 농간을 부리지 못하게 하면 좋겠다는 의견이었습니다.

나는 그들에게 제물포고등학교의 오랜 전통이자 교육의 모범 사례로 전국에 잘 알려진 무감독 고사 사례를 들려주었습니다. 그 학교의 무감독 고사는 구성원들의 양심과 자존심을 지켜주는 유명한 사례로서 누구도 감시하지 않지만 단 한 번도 규칙을 어긴 사람이 없었기 때문에 구성원들의 양심과 자부심의 상징이 되고 있습니다.

매일 점심식사 때 학생 식당에서는 잔반을 안 남긴 학생들이 스스로 자신의 이름을 기록하고 상점 포인트를 얻는 '지구를 구한 사람들'캠페인이 연중 진행되고 있습니다. 이것도 양심을 바탕으로 한 행위이며 거짓으로 상점을 받으려고 허위로 기록하는 학생이 있다면 개인적으로는 조금 이득이 될지라도 자랑스럽지 않은 행위라는 것을 설명해 주었습니다. 정직한 사람이 손해 본다는 생각도 들겠지만 가르침과 설명을 통해서 누가 보지 않더라도 양심 지키는 일의 소중함과 명예의 무게를 인지하도록 지속적으로 교육하겠습니다.


건의가 활발해야 건강한 학교입니다. 마침 학교 홈페이지 자유게시판에 올라온 3월 27일 자 한 학생의 건의에 다음처럼 답을 했습니다.

첫째, 교내 매점 운영을 하면 좋겠다고요?

학생 입장에서는 매점이 있다면 간식 등 음식물이나 학용품을 쉽게 구입할 수 있어서 편리할 것으로 생각됩니다. 요즘 협동조합형 매점을 운영하는 사례가 있긴 하지만 부정적 문제가 있어서 매점을 운영하던 학교도 거의 없었습니다. 먼저, 학생 건강에 나쁜 영향이 있습니다. 청량음료나 단 과자류를 많이 소비하기 때문에 열량 과다 섭취로 인한 과체중과 비만의 원인이 됩니다. 또 쓰레기가 많이 발생합니다. 간식을 먹으면 학교 급식을 잘 안 먹거나 덜 먹게 되어 급식 잔반이 아주 많이 증가하고 급식 만족도도 떨어집니다. 매점 이용을 핑계 삼아 지각, 결과 등 근태 상황에도 나쁜 문제가 생깁니다. 힘센 아이들이 약한 이에게 돈을 빌리거나 갈취하고 사달라고 하여 학교 폭력 문제가 발생하기도 합니다.

매점 운영을 학교가 직접 할 수 없기 때문에 외부인에게 위탁하게 되는데, 위탁운영자는 이윤을 남기려고 무리하다가 학교와 마찰을 빚기도 합니다. 또 일단 매점 운영을 시작했다 하면 주인은 몇 년이고 계속하려 하기 때문에 중간에 매점을 없애기 어려울 수 있습니다. 게다가 학교 주변의 인근 가게, 분식점, 문구점, 편의점 사장님들이 자신들의 이익을 침해당했다고 문제를 제기하면 학교 처지가 난처해집니다.

둘째, 교실 컴퓨터가 안 좋다고요?

우리 학교는 전국에서도 가장 좋은 최신형 컴퓨터를 갖췄습니다. 2014년부터 교육부 지정 소프트웨어 교육 선도학교와 연구학교를 줄곧 운영해 오면서 지속적으로 컴퓨터와 로봇, 드론, 탭, 3D 프린터 등 IT 기기를 지원받아 왔고, 또 학교 자체적으로도 해마다 최신형 제품을 지속적으로 구입해 교체해 왔습니다.

교실의 PC가 느리거나 운영하는 데 어려움이 있다면 시스템이 낡은 게 아니라 소프트웨어적인 문제일 것입니다. 첨단기기라고 해도 사용을 함부로 하게 되면 쓰레기 파일이 대량 만들어지고 컴퓨터 시스템이 느려진다는 사실은 여러분도 잘 알고 있겠죠? 또, 바이러스가 침투했거나 학생이 임의로 다른 프로그램을 까는 경우도 마찬가지입니다.

우리는 컴퓨터 유지보수 전문업체와 계약을 맺고 주 2회씩 전문가가 컴퓨터를 최신 상태로 유지 관리하고 있습니다. 혹시 교실 PC에 문제가 있다고 생각하면 교육정보부 선생님께 수리를 요청하세요. 접수되면 이내 원상복구해 줄 것입니다.

셋째, 교실 책걸상이 낡았다고요?

낡고 망가진 책걸상은 1층 창고에서 교환해 줍니다. 담임 선생님께 신청하면 됩니다. 남학생 책걸상이 여학생 것보다 상태가 안 좋다고요? 당연합니다. 남학생들이 여학생들보다 학교 기물과 교구를 거칠게 사용하기 때문에 빨리 파손됩니다. 여학생들만 새것을 줬다고요? 아닙니다. 똑같이 배부하고 관리합니다. 그런데도 남학생 책걸상 상태가 안 좋다면 사용자 자신이 반성해야 합니다. 게다가 칼자국까지 냈다면 더 반성해야 합니다. 학교의 교구와 각종 시설물은 모두 국민이 낸 세금으로 구입해서 제공받은 국가 재산이자 여러분 부모님의 재산입니다. 여러분이 망가뜨리면 부모님이 세금을 더 내서 수리하거나 새로 구입해야 합니다. 책걸상을 아껴 주세요. 여러분만 쓸 게 아니라 후배인 여러분의 동생들이 내년도에 또 사용할 것입니다.

이번에 책걸상을 몇 백 조 구입할 예정이라 파손 정도를 살펴서 교체하겠습니다. 책걸상 사용이 많이 불편하다면 지금 당장이라도 담임 선생님 도움을 받아서 교환하고, 상태가 심하지 않다면 새로 구입할 책걸상이 올 때까지 조금 기다려 주세요.

넷째, 사물함이 작아서 불편하다고요?

사물함 작은 것도 규격품이기 때문에 큰 사물함만 부러워하지 말고 사물함을 적절하게 활용할 수 있는 방법을 스스로 찾아보기 바랍니다. 사물함 구입 계획은 아직 없으나 기회 있을 때 교육청에 건의하여 교체용 사물함을 확보할 수 있도록 노력하겠습니다. 아 참, 사물함 큰 것을 여학생들이 사용하는 것은 자연스럽습니다. 일반적으로 여학생들이 소지하는 물건들이 더 많기 때문임을 이해해 주기 바랍니다.

다섯째, 학교에서 쓸데없는 방송을 한다고요?

학교 방송 가운데 쓸모없는 것은 없습니다. 그리고 수업시간을 뺏어서 방송하는 게 아니라 교육과정상 편성하게 되어 있는 자율활동 시간에 진행하는 것이고 그 시간도 중요한 교육과정의 일부입니다. 상장과 임명장 받는 학생들을 칭찬하고 일반 학생들에게 알리는 것은 그 학생들만을 위한 것이 아니라 모든 이에게 의미 있는 일입니다. 잘한 일이 있거나 특별한 임무를 맡은 사람을 다 함께 칭찬해 주고 격려하고 얼굴을 알리는 것이야말로 교육이 해야 할 일입니다. 또, 남을 축하해 주는 것은 아름다운 일입니다.

공부 잘하는 학생들만을 위해서가 아니라 자신의 재능, 관심 있는 분야가 공부와 관련 없더라도 상 받을 기회를 학교에서는 많이 마련해 놓고 있습니다. 학생이 잘하는 영역의 어떤 것이라도 관심을 갖고 열심히 노력하고 교육활동에 잘 참여하다 보면 상 받을 기회가 많이 생길 것입니다. 남이 상 받는 것을 시기하거나 부러워만 말고 각종 활동에 열심히 참여해 보세요. 그리고 여기저기 게시판에 붙어있는 대회 안내나 모집 활동을 눈여겨 살펴보고 참여하다 보면 여러분에게도 기회가 올 것입니다.

## 학생회장 선거, 함께한 모든 학생을 칭찬합니다

11월 27일에 내년도 학생자치회를 이끌어갈 학생회장단 선거가 있었습니다. 주권자인 학생들의 직접 선거로 1인 1표의 무기명 비밀, 인터넷 전자투표의 원칙 아래 선거운동과 투표가 아무 문제 없이 잘 진행되었습니다. 회장 1명과 부회장 2명을 뽑는 이번 선거에 회장 후보 4명, 부회장 후보 2명이 입후보했습니다.

선거 일정은 선거관리위원회에서 학급 대의원의 협조를 받아 명부를 작성하는 데서부터 시작되고 교실에서 전자투표로 이루어집니다. 인터넷 투표 프로그램을 이용하기 때문에 개표 결과는 투표 마감 직후 금세 알 수 있습니다. 선거 운동 기간에 후보자별 선거 운동이 있었습니다. 교내 게시판에는 후보자별 사진과 기발한 아이디어가 반영된 공약 알림 포스터가 게시되었습니다.

이번 선거에서 3명의 당선인과 3명의 낙선자가 생겼습니다. 당선인과 낙선자들을 교장실로 불러 축하와 위로를 해주고 당선 여부에 상관없이 모든 후보들의 공약을 잘 살펴 수렴하겠으며, 학생 자치 활동을 적극 지원하겠다고 약속했습니다. 공약에는 당락에 상관없이 학생들의 요청과 요구 사항이 들어있기 때문입니다. 당선한 주인공보다도 낙선한 3명이 아주 담담하게 결과에 승복하는 아름다운 모습을 보여주어 감동적이었습니다. 당선된 학생에게는 축하의 박수를, 안타깝게 낙선한 후보들에게는 위로와 격려를 보냅니다. 이번 선거가 아름다운 이유는 모두가 선거 결과에 승복하는 아름다운 모습을 보여주었다는 점 때문입니다. 모두가 함께 민주주의를 직접 체험했습니다.

학교는 누구 것도 아닌 학생 여러분의 것입니다. 그래서 이번 선거가 구성원들 모두가 함께 즐기는 아름다운 이벤트였다는 점, 또 결과가 아름다웠다는 말을 하고 싶습니다. 그 가운데 여러분이 주인공입니다. 선거에 출마한 입후보자 모두와 함께 즐긴 학생들 모두를 칭찬합니다.

**민주 시민이 되는 방법을 배우다**

\* 학급에서 자유롭고 안전하게 이야기할 수 있는 문화를 만들 수 있다.

\* 찬반 토론에 의한 다수결보다는 서클 프로세스를 통해 소수 의견도 존중하고 자율과 책임을 공유할 수 있다.

\* 학생 모두가 학급 자치에 참여하는 동등하고 수평적인 관계를 가질 수 있다.

이런 목표를 가진 교육 활동이라면 우리 제자들을 잘 키울 수 있겠죠?

실제로 아주 의미 있고 민주적이고 배려하는 인간으로 키우기 위한 프로그램이 1학년 학생들을 대상으로 오전 4시간 동안 진행되었습니다. 1반은 오헨리실에서, 2반은 미술실에서, 3반은 도서관, 4반은 헤밍웨이실, 5반은 칸토어실, 6반은 디오판토스실, 7반은 과학실, 8반은 음악실, 9반은 다목적실에 모여서 자치 서클 워크숍을 진행했습니다. 프로그램 운영을 위해 특별히 모셔온 비폭력 평화 물결 전문 강사 아홉 분이 교실별로 지도해 주셨습니다.

학생들은 둥글게 서로를 보고 앉아서 전문 강사의 지도로 민주적 의사 결정을 위한 회의 방법을 익히고 학급 자치의 기초를 배웠습니다. 협력하여 대화해 서로 좋은 관계를 만들고 존중하며 자신의 의견을 동등하게 말할 수 있게 되었습니다. 이 활동을 통해서 서로를 존중하는 문화가 평화로운 학급을 만들게 하며 덩달아 학교 폭력도 함께 예방할 수 있는데 도움 될 것이라 믿습니다.

●

# 모두를
# 사랑하는 방법

## 세월호 추모 행사

오늘 점심시간에 학생식당으로 연결되는 예지관 연결 통로가 학생들로 붐볐습니다. 세월호 침몰 사건 3주기를 맞아 학생자치회에서 주관하는 추모 행사가 열렸기 때문입니다. 연결 통로 복도에서 많은 학생들이 자발적으로 이 행사에 참여하였습니다. 벽에 붙은 추모 포스터 보기, 리본 매달기, 포스트잇에 추모의 마음을 담은 글 써서 붙이기를 학생자치회에서 준비했다는데, 내용도 형식도 모두가 학생들 스스로 의견을 모으고 준비한 것이라는 데 큰 의미가 있습니다.

올해 4월 16일에 참사 3주기를 맞으므로 여러 가지로 새겨야 할 의미가 있습니다. 우리 조상들은 세상을 떠난 이를 극진하게 추모했습니다. 가족들은 상복을 입었고 3년간의 애도 기간이 지나야 비로소 상복을 벗었습니다. 기간이 지나면 슬픔도 어느 정도 진정되게 마련이고 고인의 영혼도 편하게 저승으로 떠난다는 믿음이 있기 때문입니다. 3년간 입었던 상복을 벗는 것을 탈상이라 합니다. 이번에 온 국민이 마음으로 탈상하는 셈입니다.

게다가 얼마 전에 세월호가 인양되어 목포항의 육지로 올라왔습니다. 하지만 여전히 수습하지 못한 9명의 희생자는 가족들의 품으로 돌아오지 못했습니다.

세월호 희생자를 추모하는 것은 누구를 원망하거나 비난하기 위함이 아닙니다. 이웃이나 어쩌면 우리들이 그 사건의 희생자가 될 수도 있었던 만큼, 남의 개인적 불행으로 보지 말고 우리 모두가 함께 책임감을 느끼고 세상이 더 안전해지도록 노력하는 계기로 삼아야 할 것입니다. 불행을 반면교사 삼고 힘을 모아 더 안전한 세상을 만들어야 하며 이웃의 슬픔에 공감하면서 함께 이웃사랑을 실천하는 기회가 되어야 한다고 알려야 합니다.

우리는 행복하려고 세상에 태어났습니다. 자신과 부모 형제, 친구와 이웃, 지역사회, 그리고 나라를 사랑하면 저절로 행복해집니다. 세월호 사건 때문에 모두가 불행했지만 함께 슬픔을 나눌 줄 아는 우리 덕택에 살아남은 사람들과 후손들이 행복해진다면 그분들의 희생이 헛되지 않을 것입니다.

오늘 학생회 주관 추모 행사와 함께 점심시간에는 각 교실과 현관, 학생 식당 등 곳곳의 모니터 화면에 방송부에서 준비한 추모 영상과 뮤직비디오가 상영되었고, 숙연한 가운데 함께 슬픔을 기억하고 추모하였습니다. 학생자치회의 수고 덕택에 오늘 하루의 의미가 깊었습니다.

## '뿌리들의 이야기' 발간에 함께한 모든 이를 칭찬합니다

교육청에서 사업비를 지원받은 덕택에 국어과 이현주 선생님이 한 해 동안 꾸준히 지도한 뿌리 찾기 사업이 성공리에 완수되었고, 자랑스럽고 빛나는 결과물인 '우리를 존재하게 하는 뿌리들의 이야기'책자가 학년 말에 맞추어 발간되었습니다. 책 쓰기 동아리 '낙서(樂書)'가 발간한 이 책자는 열아홉 참가 학생들이 자신의 부모와 조부모, 외조부모의 살아오신 인생을 탐구하는 인터뷰어가 되어 직접 듣고, 재구성하고, 정리하여 글로 쓴 자서전과 전기문입니다.

책에 담긴 열아홉 편은 학생들이 자신의 뿌리들이 살아오신 삶의 역정을 감동과 사랑으로 엮어놓은 보물들입니다. 마치 몇 년 전 히트한 영화 '국제시장'을 보는 듯 일제강점기와 6·25전쟁, 월남 파병, 그리고 60~70년대 현대화 산업화 시대를 헤쳐 온 주인공들의 파란만장한 삶이 생생하게 담겨있습니다. 무엇보다도 가족 사랑의 삶이 녹아들어 있기 때문에 우리 학생들이 동아리 활동을 하면서 가족과 자신의 뿌리를 재발견하는 소중한 기회가 되었으며, 이 책을 받게 된 어르신들은 자신의 지나온 인생이 소중한 보물로 깜짝 변신하는 기적을 보았습니다.

글쓴이들이 '자신의 뿌리인 부모님과 조부모님들이 어려운 환경 속에서도 좌절하지 않고 열심히 살아온 삶의 자취에 감동하게 되었다'고 한결같이 말하는 것으로 보아 이 책자의 발간이 학생들의 자부심과 자존감을 크게 높인 인성 교육 프로그램이 아니었나 생각합니다. 이 소중한 작업을 일 년 동안 꾸준히 이끌어 오신 선생님의 수고를 치하하고 아름다운 보물을 건지게 된 학생들을 칭찬합니다.


### 비타오백스럽다

'비타오백스럽다''수지스럽다'?

세상에 없는 말입니다. 하지만 비타오백스럽고 수지스런 현상은 있습니다. 귀엽고 신선하고 청순한 이미지 하면 바로 떠오르는 게 있죠? 네, 바로 그것입니다. 베프와 함께 하면 기분 좋고, 사랑에 빠졌을 땐 좋아하는 그 사람을 떠올리기만 해도 행복합니다. 연애 감정과 상관없이 만나면 기분이 좋아지고 하루가 즐거운 경험이 누구에게나 있게 마련입니다.

텔레비전에서 하루에도 여러 번 만나는 광고 가운데 하나가 '비타오백'입니다. '마셔요 거꾸로 나이를', 귀에 못이 박힐 지경입니다. 주변에서 유독 생각이 젊고, 잘 소통하고, 건강도 잘 유지하는 사람을 보면 '나이를 거꾸로 먹는다.'고 말하는데, 거기서 아이디어를 가져왔을 것으로 짐작합니다. 여러분도 가끔 비타오백 마시죠?

CF 속에서 벌써 5년째 주인공으로 롱런하고 있는 가수 겸 배우, 모델 수지는 영상에서 그림을 거꾸로 그리고, 잡지를 뒤집어 읽고, 러닝머신을 뒤돌아 뛰는 등 일상에서 거꾸로 생활하는 깜찍한 모습으로 시청자들을 유혹합니다. 그만의 전매특허처럼 보이는 특유의 발랄함과 청순함은 다른 누구도 따라잡을 사람이 없을 듯 보입니다. 비타오백과 경쟁하는 게 또 있습니다. 우리나라에서 가장 오래된 원조 음료 가운데 하나인 '박카스'가 그것입니다. 로마 신화의 바쿠스(Bacchus, 포도주의 신)에서 따온 상표인데 카페인이 들어있어 중독성 때문에 경계하기도 하지만 많은 어른이 박카스를 즐겨 마셔왔답니다. 기운이 바로 나고 피로 회복 된다나요. 하지만 시대는 박카스가 아니라 비타오백이 대세인 듯.

사람이 살다 보면 평생에 여러 번 좋은 일로 고무되기도 하고, 안 좋은 일에 좌절도 하듯, 우리 일상생활에도 끊임없이 행불행이 교차하게 마련입니다. 그래서 사람들은 종교에 기대거나 점집에 가거나 그날의 행운을 화투장으로 점쳐보기도 합니다. 어떤 사람을 만나면 행운이 온다 하고,

어떤 사람은 그 반대로 "오늘 재수 없겠다" 투덜거리는 경우도 있지요. 그래서 옛날에 광산이나 어업 같은 위험한 일에 종사하는 곳에서는 금기(禁忌: 마음에 꺼려서 싫어하거나 금함. 어떤 사회에서 부정[不淨]한 것이라고 생각되는 것에 대한 접촉을 신앙적인 차원에서 금하는 풍습)가 참 많았답니다. 시험을 앞두고 미역국을 안 먹는다든가, 이가 빠지는 꿈을 꾸면 사람이 죽는다든가, 꿈에 똥을 밟으면 재수가 좋다 같은 믿음이 그것입니다. 돼지꿈이나 네잎 클로버처럼 행운의 상징이나 징조로 여겨진 것들도 마찬가지로 사람들에게 오랫동안 삶의 희망을 주어왔답니다.

여러분은 곁의 사람에게 어떤 존재인가요? 비타오백스러운가요?


아침 출근길에 효성프라자를 지나 우회전하노라면 신호등 없는 횡단보도라서 항상 보행자가 신경 쓰입니다. 특히 학생이나 노인들 통행이 빈번한 곳이라 특별히 유의해야 합니다. 횡단보도 시작머리 건너편에서 한 할머니가 성큼성큼 걸어오시기에 우회전 신호 넣고 느긋하게 기다리고 있었더니 오히려 차더러 먼저 가라고 쿨하게 손을 저어주십니다. 서로에 대한 양보와 배려가 가져온 따뜻한 풍경이 아닐까 생각하니 참 기분 좋은 오늘 아침이었습니다.

나는 매일 아침 교문에서 학생맞이를 합니다. 차도와 인접한 교문 형편 때문에 교통안전을 위하여 지킴이 선생님과 교통 봉사 학생 4명, 그리고 지도교사와 함께 학생들을 맞이합니다. 우리 학생들은 물론, 이웃 고교에 진학한 졸업생, 그리고 인근 초등학교에 가는 예비 중학생들과도 함께 인사 나누다 보니 만나면 모든 이들이 사랑스럽습니다. 수지 같은 미모는 아닐지라도. 특수반 학생들과는 각별히 친한 인사를 나눕니다. 짧은 인사지만 그들에게 중요한 교육이라고 생각하기 때문입니다. 눈길을 잘 주지 않던 그들이지만 교문에서 만나 아침마다 눈을 맞추는 날짜가 쌓이다 보니 조금씩이나마 의미 있게 일어나는 그들의 성장과 변화를 목격합니다. 특히 갓 입학할 즈음만 해도 홀로는 거동이 어려워 누군가 부축해주어야 했던 학생이 일 년 만에 꼿꼿한 허리로 걸어 들어서는 모습을 보는 것은 감동 그 자체였습니다. 장애인 교육의 궁극적 가치는 통합교육이라고 합니다만 통합교육의 살아있는 성공 사례라서 더욱 감동적입니다.

매일 시간을 가리지 않고 불시에 교장실에 쳐들어오는 학생들이 반갑습니다. 문턱 없는 교장실에 누구든 편하게 들렀다 가기를 염원하는 이정표가 붙은 덕택일까요? 테이블에 두둑이 담아놓은 사탕 봉지에 눈독 들이며 "당 떨어졌어요." 망설임 없이 들어서는 학생의 모습이 서로 익숙합니다. 언제나 교장실은 문이 열려 있고, 누구든 마음대로 들어올 수 있다는 것을 학생들은 이미 잘 알고 있습니다. 문 앞에서 빼꼼히 고개를 들이밀고 인사합니다. 보건실 가는 길에 들렀다고도 하고, 불쑥 들어와서 얼음을 꺼내 입에 물거나 냉수를 마시고 갑니다. 어떤 남학생은 최신 게임 소식이나 무기 같은 군사 정보를 묻기도 합니다. 그런 질문에는 나도 답변이 궁합니다만 앞으로 대화가 가능하도록 관련 동영상이라도 보고 대비해야겠습니다.

며칠 전, 학교 폭력 사안으로 처분을 받은 학생 두 명이 왔습니다.

"정오까지 복지 시설에 가야 하는데 점심은 어떻게 해요?"

점심 식사를 해결해 달라는 주문입니다.

"그래? 그럼 나랑 같이 교직원 식당에 가서 함께 밥 먹자."

4교시 시작종이 울리자마자 그들을 데려가서 셋이 함께 밥 먹고 봉사 활동 무사히 다녀오라고 교문에까지 따라 나가 배웅해 주었습니다.

"우리 학교의 간판을 등에 달고 가는 것인 만큼 정성을 다하고 오너라."

부탁의 말도 곁들었습니다. 처분을 받아서 타의로 가는 봉사 활동이 신날 리 없겠지만 복지 시설과 불우 이웃을 만나서 대화라도 한 마디 나누고 온다면 의미 있는 무언가 하나쯤 얻어 오리라 생각하고 그들을 믿어봅니다. 문턱을 낮춘 교장실을 무상출입하게 된 이들과 아주 친해진 덕분에 소통이 잘 됩니다. 그들이 식당에서건 아침 등굣길 교문에서건 만나면 한층 반갑게 인사합니다.

올해 무상급식이 시작되었습니다. 재벌 집 손자나 필부필부의 자녀라도 구분 없이 즐겁게 점심밥을 먹습니다. 학생 식당은 오로지 학생 급식만을 위한 성역입니다. 급식 소요 시간에 어떤 제약도 두지 않고 재촉하지 않습니다. 그래서일까요? 들뜬 학생들의 목소리로 인해서 식당은 항상 왁자지껄 소란합니다. 우리 급식 맛있는 것은 자타가 인정하는 사실이거든요. 특히 올해 신입생들의 밥 먹는 풍경이 보기 좋습니다. 후다닥 먹어치우고 운동장으로 달려가거나 동아리 활동하러 가는 선배들과 달리 느긋하게 밥을 먹고 더 달라고 해서 먹습니다.

"1학년 학생들이 밥을 많이 먹어요. 더 먹고 또 먹는 아이들도 많아요."

영양사 선생님의 관찰 말씀입니다. 나는 매일 변함없이 학생 식당에서 그들이 잔반을 잘 비우도록 지켜보고 있습니다. 잔반을 잘 비우고 잘 먹었다고 감사 인사를 하고 가는 학생들과 눈 맞추는 것은 큰 기쁨입니다. 실제로 아침 먹지 않고 등교하는 학생, 하루 한 끼 학교 급식 빼고는 정크 푸드로 대신하는 학생도 많기 때문에 학교 급식은 더욱 중요합니다. 교감 선생님과 함께 매일 낮 12시 25분부터 꼬박 한 시간 동안 학생 식당을 지켜보고 있는데 품질 좋은 학교 급식을 제공하는 일은 그들에게 최고의 선물을 주는 것이기 때문에 이보다 행복할 수 없습니다.

어제는 다문화예비학교 위원인 교사 20여 명과 함께 다문화 교육에 대한 인식도를 높이고 정보를 교환하는 워크숍을 진행하였습니다. 행사 후 저녁 식사를 함께하고 관련 정보도 나누었습니다. 우리 학교에는 국내 출생한 국제결혼 가정 자녀는 물론, 중도 입국자와 외국인 가정 자녀 등 스펙트럼이 다양한 학생들이 다수 재학하고 있습니다. 이들이 우리 사회에 성공적으로 정착하고 보통교육을 잘 받도록 모든 교직원이 따뜻한 가슴으로 적극 지원하고 있습니다. 이런 노력이 알려지면서 아직 일반 학교에서는 전·입학을 꺼려하여 어려운 상황에 처한 학생들이 우리 학교의 문을 두드리고 있습니다.

6월 28일에는 '선생님과 함께 저녁 먹고 영화 보기'교육 복지 사업이 진행되었습니다. 학부모회 어머니들의 손으로 정성껏 만들어 편부모가정이나 조손가정에 기부하는 반찬 봉사, 추석과 김장철에 하는 명절 반찬과 김장 나누기, 독거노인 돕기 자선 행사, 동전 모아서 지역사회에 기부하는 사업이 모두 우리 학교의 간판 교육사업이지만 더 중요한 것이 바로 사제동행 영화 관람입니다. 어제는 많은 학생과 교사가 함께 손꼽아 기다린 날입니다. 초청된 학생은 40명, 기꺼이 이들과 동행하여 저녁 식사를 함께하고 영화를 관람한 다음, 귀가까지 교사가 책임지는 이 행사가 밤 9시까지 청천동 복합영화관에서 열렸습니다. 교사와 결연 학생들은 짜장면, 탕수육, 짬뽕 등 푸짐한 중화요리로 식사를 함께했고, 최신 영화 3편 중 1편씩을 골라 즐기도록 콜라와 팝콘까지 하나씩 손에 들려주었습니다. 교사 학생 다 함께 행복하고 못 잊을 추억을 만들어준 인기 높은 활동입니다.

　매일 출근하여 얼굴만 보아도 기분 좋은 선생님이 있습니다. 물론, 얼굴만 봐도 저절로 미소를 짓게 하는 학생도 있습니다. 이런 좋은 인간관계가 서로 연결되고 네트워크화하면서 배움에 행복을 더하는 우리 학교가 만들어집니다. 그분들이 바로 비타오백이고 수지입니다. 오늘도 은근히 그 인물들을 언제 볼 수 있을까 기대하고, 그래서 학교생활이 매일 즐겁습니다.

●

# 소수 약자를
# 더 잘 돌보는 것이 정의 실현이다

### 감동, 장애 이해 교육

오늘 1교시에 1, 2학년 3개 학급이 다목적실에 모였고, 나머지 모든 학급에는 영상으로 장애 이해 교육을 했습니다. 특별한 선생님들이 오셨습니다.

1교시 초대 강사는 국립재활원 이경석 선생님입니다. 보건소에서 강사님을 보내주셨습니다. 장애인으로서 휠체어를 타는 불편함에도 불구하고 전교생을 대상으로 장애 이해 교육을 당당하게 해주셨습니다.

2교시에는 특수반 학생들을 대상으로 통합교육지원실에서 초대 강사 최남숙 선생님의 특강이 있었습니다. 선생님도 장애인으로 불편한 몸이지만 현대 민화(재현 민화) 작가로 유명한 분입니다. 15살에 시작된 류머티즘 관절염 때문에 손발이 변형되고 장애인이 되었지만 좌절하지 않고 그림과 민화 그리기에 노력한 결과, 국전에 입선하는 등 수상 실적도 많은 화가이며 아들을 두 명 둔 어머니이기도 합니다. 선생님은 '장애는 불편한 것이

만 당당히 자신의 삶을 꾸려나갈 권리와 책임이 있는 만큼 자신의 삶에 책임감과 자신감을 갖고 최선을 다해 행복한 삶을 누리기를 기원한다'는 말로 특강을 마무리했습니다. 강사님은 물론이고 참관 온 보건소 직원들도 우리 학생들의 진지하고 바른 수강 태도에 감명 받았다고 입에 침이 마르도록 칭찬해 주셨습니다.

우리 학교는 장애인을 포함한 소수 약자를 특별히 보호합니다. 학생들도 장애를 깊이 이해하고 있으며 특수 학급 학생을 돕는 도우미 활동에 경쟁이 치열합니다. 점심시간에는 통합교육지원실에 학생들이 많이 놀러와 서로 잘 어울리는 등 우애도 좋아 통합교육의 모범이 되는 행복한 학교입니다.


## 명현 패럴림픽이 열렸습니다

이번 주에는 매일 점심시간의 자투리 시간인 오후 1시부터 30분간 다목적실에서 왁자지껄한 환성이 들려왔습니다. 특수 학급 학생들이 주인공인 장애인 볼링 패럴림픽이 일주일 내내 열렸고, 참여하는 특수 학급 학생들은 물론, 잘 조직된 응원단과 진행 학생들은 특별한 즐거움을 누렸습니다.

월요일부터 수요일까지는 장애인 학생들의 개인 대항전이, 목요일에는 단체전이 열렸고, 오늘은 대회 마지막 날로 학년별 단체전이 열렸습니다. 특수 학급 전원이 단체전에 출전하였고, 그 결과를 합산하여 최종 순위를 냈는데, 1등은 3학년이, 2등은 1학년이, 3등은 2학년이 차지했습니다.

체육과 유청 선생님이 이 행사를 기획하고 특수 학급 모든 식구들이 참여했습니다. 오늘 마지막 경기는 마치 작은 운동회처럼 열렸습니다. 특수 학생 모두와 선생님들 여럿도 점심 식사를 마치자마자 모여들었습니다.

특히 응원단으로 참여한 비장애인 학생들은 특수 학생들이 내던지는 공이 목표를 맞추건 못 맞추건 개의치 않고 힘찬 응원으로 모두를 기쁘고 신나게 했습니다.

마침 오늘은 장애인의 날입니다.

장애인은 비장애인을 포함한 모든 사람과 함께 가야 할 삶의 동반자이자 친구고 이웃입니다. 장애인 10명 중 9명은 후천성이라고 합니다. 비장애인들도 누구나 장애인이 될 수 있다는 말이지요. 오늘 아침 등교 이후 특수 학급을 둘러보고 학생들도 만나보았습니다. 표정이 그보다 밝을 수 없습니다. 특수교사를 비롯한 모든 구성원이 잘 돌보고 있기 때문일 겁니다. 1학년 김현* 학생의 얼굴을 들여다보면 남금옥 선생님을 절대 신뢰하는 낯빛을 읽을 수 있습니다. 선생님 얼굴만 뚫어져라 쳐다보고 머리도 기대는 등 애정을 표현합니다. 신뢰가 없으면 절대 볼 수 없는 아름다운 풍경입니다. 특수 학급 모든 학생이 오늘처럼만 나날이 행복하고 삶의 주인공이 되기를 기원해 봅니다.

## 너무나 아름다운 예술 작품을 맛보다

특수 학급이 관리하는 텃밭에 봄부터 오이, 고추, 가지, 상추, 들깨, 호박을 농사짓느라고 분주하더니 어느새 여름이 왔고 벌써 수확 했습니다. 덕택에 오늘 수확한 재료를 가지고 만든 부침개 한 장을 받았습니다.

3학년 소연이가 1학년 학생과 함께 앞치마 예쁘게 매고 쟁반 다소곳이 받쳐 들고 오더니 부침개의 사연을 또박또박 설명하며 드셔 보라고 합니다. 함께 온 1학년이 말없이 그냥 나가니 밖에 따라가서 "맛있게 잡수세요." 인사말 빠뜨린 것을 가르치자 1학년 후배가 다시 들어와서 그 말을 전하고 갑니다.

"소연이가 누나 노릇 제대로 하는구나."대답했더니 헤헤 기분 좋게 웃으면서 발걸음도 가볍게 두 학생이 떠나갔습니다.

학생들은 학교에서 행복할 권리가 있습니다. 특히 특수 학급 친구들은 도움을 받아야 하기에 비장애인 학생보다 두 배는 더 행복해야 합니다. 학교에서 행복한 사람이 졸업한 뒤에도 행복할 수 있습니다.

학생들의 정성을 생각하면서 마침 학교에 자주 들르고 여러 가지로 도움 주시는 귀한 손님이 오셨기에 맛있게 나눠 먹었습니다. 지금껏 내가 세상에서 먹어본 부침개 중에서 오늘 것이 제일 맛있었습니다.


내일부터 추석 연휴가 시작되고 모레는 한가위 추석날입니다. 햇곡식, 햇과일을 수확한 다음 조상님들께 바치며 음덕에 감사하고 가족끼리 친목을 다지는 것이 추석 명절의 의미입니다. 이 계절에는 이미 여름이 지났고 곡식은 수확이 시작되며 날씨도 선선해 밤에 보는 대보름달이 휘황찬란하기 때문에 모든 사람의 마음을 넉넉하고 훈훈하게 만들어줍니다.

오늘, 마음이 저절로 훈훈해지는 선물을 받았습니다. 특수 학생들과 지도교사가 힘을 합쳐 예쁜 송편 만들기 실습을 했다고 한 접시 가져왔습니다. 송편에 새긴 무늬에는 풀과 꽃도 있고 판다와 허수아비도 있는데 색색으로 물들인 떡 장식을 섬세하고 예쁘게 새긴 솜씨가 보통을 뛰어넘는 재주를 부렸습니다. 도저히 그냥 먹어치울 수 없을 만큼 솜씨와 정성이 놀라워 곁에 두고 보려 마음먹었습니다. 이 아름다운 송편에는 특수 학생들의 천사 같은 마음씨가 들어있습니다. 또 이 예술 같은 작품을 만드느라 온갖 정성을 다해 주신 지도교사 네 분의 도움이 없었다면 역시 불가능했을 것입니다.

추석을 앞두고 세상에서 가장 아름다운 선물을 받아서 기분이 마냥 흐뭇합니다. 여러분이 만든 송편이 세상에서 가장 멋진 예술 작품이에요. 원더풀!

**특수 학급의 김장 준비 학습은 유쾌했습니다.**

오늘 아침에 특수 학급 학생들이 텃밭으로 총출동했습니다.

개학한 지 일주일 만에 여름방학 내내 잡초가 우거졌던 텃밭 잡초도 깨끗하게 모두 뽑았고, 잡초 사이에서나마 드문드문 열매 맺은 고추, 방울토마토, 옥수수도 조금씩 수확해서 함께 맛보는 즐거움을 나눠 가졌답니다. 그리고 오늘은 모판에 키워둔 김장배추 모종 오십 포기를 옮겨 심었습니다.

이제 두어 달 자라면 그 배추와 여름 내내 수확한 고추, 그리고 심어둔 쪽파를 수확하여 김장 체험을 할 것입니다. 텃밭이 남향 바른 곳이니 학생들이 열심히 물주고 김매다 보면 서리 내린 다음에 수확하겠지요.

특수 학급 홍일점인 3학년 소연이에게 말했습니다.

"소연아, 가을에 김장하면 교장 선생님께도 김장 김치 맛보게 해줄 거지?"

소연이의 맑고 고운 목소리가 바로 돌아왔습니다.

"네, 그럼요. 교장 선생님께는 아주 많이 드릴게요."

태풍 지나고 갑자기 높아진 가을 하늘 아래 유쾌한 아침입니다.

## 우슈 교실이 열립니다

우슈가 무언지 아나요? 무술(武術)의 중국어 발음입니다. 소림사 무술을 생각하면 됩니다.

소림사는 모두 다 잘 알고 있죠? 스님들이 무술을 연마한다고 해서 유명한 중국의 절입니다. 언젠가 유명 연예인이 이곳에 가서 무술 연마하는 과정을 지켜보는 텔레비전 프로그램을 방영하기도 했습니다. 우리나라에 태권도가 있다면 중국에는 우슈가 있습니다.

매주 월요일 오전이 되면 우슈 사범이 특수 학급에 와서 우슈를 가르칩니다. 일종의 방과 후 프로그램인데, 장애가 있는 우리 학생들이 심신을 단련하도록 건강에 좋은 우슈를 교육기부 받은 것입니다.

오늘 격려차 그곳에 방문해서 수업을 지켜보았습니다. 자폐증을 가진 청년이 무술 시범을 보여주었는데 무시무시한 무술 칼을 이용한 고난도의 멋진 시범을 완벽하게 시연하여 보는 사람들을 깜짝 놀라게 했습니다. 동행한 어머니께서 하시는 말씀이 자폐로 집중하지 못하던 아들이 우슈를 배우면서부터 눈을 맞추게 되고 집중하는 능력이 길러지는 등 큰 변화가 생겨서 너무 좋다고 합니다.

우리 학생들이 장애 때문에 비장애인에 비해 얼마간 뒤떨어지기도 한 심신의 기능을 우슈를 익히면서 다듬는 기회가 될 수 있다면 좀 더 많은 기회를 주어야겠구나 생각하며 참 흐뭇했습니다. 우슈를 체험한 덕택인지 특수 학급 학생들이 다른 때보다 더 의젓해 보였습니다.

## 나도 애슐리에서 근사하게 밥 먹고 싶다

지난 금요일 아침 등교 시각, 특수 학급에는 기대와 긴장이 뒤범벅된 표정의 학생들이 모이면서 약간 어수선했습니다. 가끔 잠이 채 덜 깬 표정으로 등교하는 **도 이날만큼은 초롱초롱한 눈망울이었습니다. 1교시 시작전 교실에 가 보았더니 역시 모두 들뜬 표정입니다. 가만 뒤돌아 생각해보니 지난주 내내 점심시간에 잠깐 들러본 특수 교실에 뭔가 알 수 없지만 들뜬 기분이 가득했었단 느낌이 이제야 구체적으로 떠올랐습니다. 다 함께 영화 관람과 점심 식사 체험 활동을 하러 청천동 복합문화공간으로 간다는 기대감이 넘쳐흘렀던 것입니다. 옛날 어린이들이 명절을 손꼽아 기다리듯 며칠 전부터 애타게 기다렸을 오늘 행사가 바로 영화 관람과 애슐리 식당에서의 점심 식사 체험 활동이었습니다.

　요즘 특수 학급에 노래 연습 붐이 일고 있습니다. 2학기 말에 열릴 예정인 명현제 축제의 노래 경연 본선에 출전하고 싶어 하는 학생들이 벌써 맹렬히 오디션을 준비하고 있습니다. 다목적 강당 명현관이 개관하고 처음 열리는 축제인 만큼 모든 재학생의 기대가 가득하지만 특수 학급 학생들의 기대가 더욱 크다는 것을 알게 되었습니다. 노래 경연에 가장 관심이 많은 학생이 세*, 민*, 경* 학생입니다. 그들은 매일 점심밥을 먹자마자 유튜브 노래 영상을 켜놓고 노래 연습에 몰두합니다.

　"누구에게도 특혜를 주지 않습니다. 공정한 경쟁을 거쳐야 하니 연습 잘하세요."

　음악과 임진아 선생님이 열중하고 있는 학생들에게 따끔한 충고의 말씀을 해주었습니다.

　"당연하죠. 하지만 아직 시간이 충분한 만큼 천 번은 불러보아야 하고, 그리한다면 본선 출전은 '떼놓은 당상'입니다."

　내가 용기를 북돋아 주었습니다. 세* 학생은 선곡이 매일 달라집니다.

결심하고 보니 욕심이 생긴 것입니다. 매일 아침마다 학교장에게 와서 바뀐 곡명을 알려주고 첫 소절을 부르기 시작합니다. 그의 열성으로 미루어 보건대 본선에 나갈 수 있을 것 같습니다.

마침내 오전 10시 정각, 조바심 나서 5분 전에 특수 학급에 달려갔습니다. 수업을 끝낸 학생들이 번개처럼 모여듭니다.

"나도 영화관에서 영화 보고 애슐리에서 멋지게 밥 먹고 싶다. 여러분이 너무너무 부럽다."

간절하게 그들을 부러워하는 학교장의 넋두리 말에 모두가 으쓱합니다. 학교생활 만족도와 행복지수 모두가 높은 그들 모두에게는 오늘이 가슴 설레고, 학교와 친구와 선생님이 고맙고, 행복한 하루가 되리라고 생각합니다. 내일 그들을 만나면 꼭 소감을 물어보겠습니다. 아니, 절대 물어보지 않겠습니다. 학교장은 표정만 봐도 그들의 마음을 헤아릴 수 있기 때문입니다.

●

# 컬러풀 교내대회,
# 빛나는 학창 시절아!

**천체관측대회, 5월 하늘이 열리다**

5월 마지막 주 수요일 오후 3시 반부터 기분 좋은 긴장감 속에 이십여 명 학생들이 모여들었습니다. 교내 천체관측대회가 과학실과 교정에서 밤 10시까지 열렸습니다. 소문을 들은 졸업생 다섯 명이 내교하여 기꺼이 후배들을 위한 멘토가 되어준 덕택에 더욱 화기애애한 가운데 성공적으로 진행되었습니다.

봄만 되면 부쩍 심해지는 미세먼지 때문에 하늘이 제대로 열릴까 걱정이 많았는데 다행스럽게 최근 하늘이 개고 맑은 날이 계속된 데다 때마침 간밤에 내린 소나기 덕택에 공기가 상쾌해지고 하늘이 투명해져 이날 행사를 축복해 주었습니다.

필기시험에 이어서 학교에서 마련한 저녁밥을 함께 먹은 다음, 날이 어두워지자 교정에서 천체 망원경과 육안으로 천체 관측 실습을 하고 시험을 치렀는데, 과학과 선생님들의 노련한 지도와 투명해진 하늘 덕택에 모든 과정을 성공적으로 마칠 수 있었습니다. 참가자들은 모두 육안으로 북두칠성을 볼 수 있었습니다. 예전에는 찾기 쉬웠던 1등성 별들도 최근 미세먼지와 도시의 불빛 광해 때문에 보기 어려워졌습니다만 이날만큼은 누구나 북두칠성을 관찰하고 익히는 행운을 얻었습니다. 천체 망원경으로는 화성과 목성을 비롯한 태양계 행성과 베가성 등 유명한 별들을 모두 관찰할 수 있었습니다.

우리는 땅에 발을 디디고 삽니다. 하지만 눈은 하늘을 향하고, 또 우주를 바라봅니다. 우주에는 인류의 무한한 가능성이 있습니다. 인류의 미래도 우주에 있습니다. 그래서 우리 학생들이 시시때때로 하늘을 가까이하면서 호기심을 키우고 지식의 울타리를 넓혀서 앞날을 멋지게 설계하는 인재로 자랐으면 좋겠습니다.

호기심(好奇心)이란 '새롭거나 신기한 것에 끌리는 마음'으로 인간이 가지고 있는 본능입니다. 자신이 알지 못하는 미지의 존재를 알고 싶어 하는 욕구를 기반으로 한 사고방식입니다. 호기심이 있기 때문에 오늘의 인류 문명이 있습니다. 인류는 지금까지 달을 제외하고는 가장 가깝고 탐사가 가능한 화성에 끊임없이 탐사선을 보내고 있는데 그 가운데 하나가 호기심이라는 이름의 큐리오시티(Curiosity) 탐사선입니다. 2012년 8월에 도착하여 현재까지 훌륭하게 표면 탐사 임무를 수행하고 있습니다. 우리나라도 2030년쯤 화성에 대한민국 우주인을 보낼 계획을 세우고 있습니다. 우리 학생들이 화성 탐사 프로젝트에 참여하는 인물로 자라나기를 기대합니다.

## 와글와글 독서토론대회, 큰 성장을 기대합니다

12월 14일 방과 후에 예지관이 갑자기 분주해졌습니다. 강추위가 맹위를 떨치는 겨울날이지만 여기서는 뜨거운 열기가 넘쳤는데요, '와글와글 독서토론대회'가 열렸기 때문입니다.

오후 4시 20분부터 5시 10분까지 진행된 이 대회는 계양교육혁신지구 사업비를 지원받은 행사로 학생들이 자신의 독서 토론 경험을 서로 나누는 기회가 되었습니다. 주제는 '학생은 바른 언어를 사용해야만 한다'였습니다.

토론은 3개 그룹으로 8명 학생들이 두 팀으로 나뉘어 토론하는 방식이었습니다. 1그룹은 헤밍웨이실에서 이현주, 변명선, 문경자 선생님이 심사했으며, 2그룹은 칸토어실에서 방제식 강사, 유재숙 선생님이, 3그룹은 디오판토스실에서 홍지영, 임진아 선생님이 수고해 주었습니다.

급격한 세상의 변화와 함께 똑똑한 개인보다는 서로 협업하면서 공부할 줄 아는 인재를 세상은 필요로 합니다. 그에 대한 해답은 오로지 독서뿐입니다. 풍부한 독서 활동 경험에다가 토론까지 잘할 수 있는 사람이 바로 지금 세상이 필요로 하는 인재입니다. 행사에 참여한 학생은 물론, 평소 독서에 시간을 투자할 줄 아는 이가 미래형 인재, 바로 그대이며 그래서 여러분의 앞날은 밝습니다.

독서 토론 결승은 며칠 뒤 열릴 예정인데 어떤 결과가 나올지 벌써부터 설렙니다.


## 과학탐구토론대회를 참관했어요

과학실에서 탐구토론대회가 열렸습니다. 13개 팀이 출전한 이번 토론대회는 시 대회 출전을 위한 학교 예선 성격도 갖고 있습니다. 출전한 13

개 팀 남녀 학생들의 진지한 발표를 보면서 그들의 밝은 미래를 점쳐보았습니다. 학생과 학부모의 과학에 대한 관심이 얼마인지가 또 하나 그 학교의 교육 열기와 성공을 재는 바로미터이기 때문입니다. 물론 과목에 서열이 있을 수 없고 모두가 수학 과학을 잘해야 할 이유도 없습니다, 미술실에는 디자이너나 만화가를 꿈꾸는 미술부원이, 음악실에는 로커와 가수를 꿈꾸는 밴드, 뮤지컬, 합창부가, 상담실에는 진로와 인간관계로 고민하는 학생들이 있어야 합니다. 도서실에는 책 읽기에 목말라 하는 학생이, 방송실에는 장차 엔터테이너와 엔지니어가 되려는 소망을 가진 학생이 있고 댄스부의 힘찬 리듬이 울려 퍼져야 하며 운동장에는 땀 뻘뻘 흘리면서 축구공을 쫓는 학생이 있어야 합니다. 그리고 교사와 학교는 학생들이 저마다 가진 특기와 적성, 흥미를 파악하여 그들이 마음껏 자신의 재능을 찾고 발휘하도록 마당을 만들어주고 멍석을 깔아주는 일에 최선을 다해야 합니다.

올해에 교과와 관련 있는 활동, 또는 각종 동아리 활동에 학생이 더 많이 몰리고, 진지하게 접근하는 학생들이 갈수록 늘어나고 있다는 반가운 소식을 자주 듣습니다. 매우 고무적이고 기쁜 일입니다. 특히 과학 교과 관련 활동에 학생들이 더 많이 몰린다는 소식에 고무되는 이유는 자원빈국이지만 인재대국인 우리에게는 자연과학이 우리의 미래를 먹여주고 책임져 줄 중요한 기둥 가운데 하나이기 때문입니다.


이날 발표 주제는 '장애인을 위한 과학'이었습니다. 과학이 장애인을 위해서 봉사한다는 점을 학생들이 잘 인식하고, 또 우리 일상생활에 과학이 얼마나 가까이 있는지를 탐구 과정에서 스스로 알아내고 발표한다는 점이 참 좋다고 생각합니다. 지도교사의 이런 아이디어를 칭찬하고 싶습니다.

우리는 학생들에게 과거와 같은 강의식, 주입식, 일방적 지식 퍼주기 방식의 교육을 더 이상 하지 않습니다. 끊어지지 않는 실타래처럼 끝없이 이어지는 호기심과 학문적 의심, 궁금증으로 학문과 지식의 연결고리를 스스로 탐구하고 구축해 가면서 창의적이고 융합적인 인재로 자라기를 기대합니다. 그러기 위해서는 끊임없는 질문과 발문을 던져야 합니다. 이러한 시대적 흐름을 감안할 때, 탐구토론대회는 과학과의 그저 그런 행사로만 그쳐서는 안 되고 모든 교과가 본뜨고 벤치마킹해야 할 지도 방식 가운데 하나입니다.

초등생 때 읽었던 『톰 소여의 모험』의 에필로그에서 보았던 글쓴이 마크 트웨인의 진술을 나는 아직도 생생하게 기억하고 있습니다. 개구쟁이 톰 소여 일행이 넘치는 호기심과 숨겨진 보물을 찾으려는 욕심과 모험심으로 동굴을 탐험하다가 어둠 속에서 길을 잃고 거의 빈사지경에 이르렀다가 기적적으로 살아나오는데, 그 와중에 동굴에 감춰진 진짜 보물을 발견하여 부자가 됩니다. 그리고 이야기는 거기서 끝납니다. 거기서 끝내는 이유는 모험과 보물 발견을 끝으로 이들이 어른이 되기 때문이라고 작가는 말합니다. 어른은 더 이상 가르칠 수 없습니다. 새순처럼 자라는 우리 학생들의 성장을 지켜보면서 얻는 기쁨이 놀랍고 그들이 잘 성장하도록 도울 수 있다는 점을 나는 교사로서 언제나 감사해 합니다.

발표하는 조별 능력에는 편차가 심했습니다. 깜짝 놀랄 만큼 멋진 팀도 있었고 부족한 팀도 있었지만, 학생이기 때문에 얼마든지 용서받을 수 있습니다. 기회는 몇 번이고 다시 줄 수 있고 당연히 주어야 합니다. 다시 한 번 대회에 참여한 학생들을 칭찬하며 지도교사의 노고에 감사드립니다.

그대들이 있어서 우리 학교의 미래는 밝습니다.

## 정의란 무엇인지 토론 동아리와 해밀동아리는 알고 있습니다

6월 20일 오후 5시, 토론 동아리와 해밀글로벌 인재동아리 연합 미래 역량 토론 교육 수업이 막을 내렸습니다. 행복배움학교 예산과 구청의 지원금을 합쳐 150만 원을 들여 운영한 이 수업을 모두 마치고 교실을 나서는 학생들의 얼굴에서 만족스런 표정을 읽을 수 있었습니다.

'정의로운 사회와 윤리학'이란 주제로 매주 수요일 오후 3시 40분부터 90분씩 진행된 이 프로그램은 모두 10회기로 진행되었습니다. 여기 참여한 학생들은 '정의'라는 가치가 사회에서 어떤 역할을 하는지 고민했고, 자신의 생각을 다른 친구와 어떻게 공유하고 비판할 수 있는지, 그리고 어떻게 하면 의사표현을 바르게 하고 회의를 잘 진행할 수 있는지를 배웠습니다.

1회기는 '정의에 대해 고민해야 하는 이유'를 주제로 각자의 몫을 적절하게 정하는 기준은 무엇인가, 인간의 죄에 대한 정의로운 처벌이란 무엇인가를 생각해 보았습니다.

2회기는 아리스토텔레스의 '각자에게 각자의 몫을 주는 것'을 주제로 자격에 따라 분배한다는 것은 어떤 의미인가, 그 자격에 대한 기준의 설정을 사장과 노동자의 입장에서 토론했습니다.

3회기는 벤담의 '최대 다수의 최대 행복'을 주제로 다수의 행복과 소수의 희생을 모파상의 유명한 소설 『비계 덩어리』 속 인물들의 갈등을 소재로 생각해 보았습니다.

4회기는 롤즈의 '무지의 베일 속에서 정의 원칙을 정하는 것'을 주제로 삶의 출발선은 어떻게 동등해질 수 있는가, "개천에서 용 난다"는 속담은 여전히 유효한가를 토론했습니다.

5회기는 공정한 분배와 민주주의의 관련성을 주제로 마인드맵으로 표현해 보았습니다.

6, 7회기는 함무라비 법전의 '눈에는 눈, 이에는 이'를 전고(典故)로 피해자가 받은 그대로 가해자에게 갚아주는 것이 정의로운지 인간의 생명권과 처벌의 효용성에 대해 토론했습니다.

8회기는 어떻게 처벌하는 것이 정의인가를 주제로 토론했습니다.

9회기는 처벌과 민주주의 관련성을 주제로 모든 사람이 법 앞에서 평등한가를 토론했습니다.

10회기는 마무리 토론으로 '정의로운 사회란 어떤 사회인가'서로 의견을 나누고 마인드맵과 글 그림으로 표현했습니다.


어때요? 이런 수준 높은 토론을 중학생들이 만족스럽고 재미있게, 잘 이해되도록 운영하였다는 말이 납득 되나요? 하지만 사실입니다. 이번 프로그램은 대학에서나 특별한 인재들이 모인 고교에서 진행하는 토론 프로그램에 못지않게 수준이 높았습니다. 실제로 『정의란 무엇인가』는 전 세계에서 많이 팔린 베스트셀러이자 미국 하버드대학교 마이클 샌델 교수의 유명한 강좌명이기도 합니다.

참여한 동아리 학생들은 이번 토론 활동을 통해서 자연스럽게 자신의 생각을 넓히고 의사소통 능력이 향상되는 것을 느꼈다고 스스로 평가를 내리고 있습니다. 당연히 더 논리적으로 생각하고 문제 해결 능력도 성장했을 것입니다. 또 리더십과 자신감이 쑥쑥 자라는 느낌을 받았을 것입니다. 미래 사회는 협업할 줄 알면서도 뛰어난 리더십을 가진 인재를 필요로 합니다. 생각이 한층 깊어진 인재로 자라난 이들 동아리 학생들의 수고를 칭찬하며 좋은 프로그램을 마련해 준 지도교사와 강사, 그리고 구청에도 감사 말씀드립니다.

●

# 체육활동,
# 우리 학교 최고의 브랜드

**스포츠 동아리 활동에서 넘치는 활기를 봅니다**

어떤 원로 교수님께서 이런 말씀을 하셨습니다.

"불행한 청소년이 성장하면 불행한 성인이 될 것이고 그런 사람들로 가득 찬 사회는 불행한 사회일 수밖에 없습니다. 불행한 사회를 만드는 교육은 아무 쓸모가 없을 뿐 아니라 불행한 일입니다. 무엇보다 불필요한 공부의 부담을 덜어내야 합니다. 그 시간에 소설 읽고 공 차게 만드는 게 훨씬 낫지 않습니까? 역설적이게도 창의성은 게으르게 놓아둔 두뇌에서 더욱 활발하게 작동하는 법입니다."

공감합니다. 인간은 누구나 태생적으로 존귀하고 행복할 권리가 있습니다. 하물며 미래의 주인공인 학생들의 행복이 걸린 문제라면 새삼 말해 무엇하겠습니까?

학생들의 행복을 위해서 우리 모두 열심히 봉사하지만 특히 학생 건강을 위한 투자를 우리는 열심히 합니다. 급식 관리를 철저히 하기 때문에 맛있는 점심밥에 만족도가 아주 높고 축구, 핸드볼, 피구, 배드민턴 등 체육 동아리 활동 지원에도 투자를 많이 하고 있습니다. 게다가 종목별로 정성스레 돌봐주는 젊고 헌신적인 체육 교사들이 있습니다.

그 가운데 특히 돋보이는 것이 매주 토요일 오전에 벌어지는 핸드볼과 피구 스포츠 동아리 활동입니다. 최주희 지도교사와 함께 이 활동에 참여하는 학생들의 열기가 뜨겁습니다. 피구부에는 여학생 20명이, 핸드볼부에는 여학생 20명, 남학생 15명이 함께 참여하고 있는데 종목당 1시간 반씩 세 시간 동안 기량을 키우고 있습니다. 전통의 축구 동아리 활동도 빼놓을 수 없습니다.

이런 활기가 우리의 건강성을 나타내는 상장이자 교육 활동에 활력을 높이는 요소로 제 역할을 하고 있는 것이 분명하며, 이는 자존감과 자부심으로 연결되어 전교생의 미래형 학력 향상에도 긍정적으로 영향을 미칠 것이라고 확신합니다.

## 축구 스포츠 동아리 헹가래 치다

체력이 국력이란 구호가 여전히 진실이듯 역시나 체력은 모든 사람에게 삶의 원동력입니다. 건강을 잃으면 모든 것을 다 잃는다는 말이 있듯 체력은 삶의 원천이고 에너지입니다.

운동장은 항상 만원입니다. 명현컵 축구와 피구 대회에 모두의 관심이 온통 쏠려 화제의 중심이 되고 방과 후에도 운동장에는 그들의 땀과 함성이 넘칩니다. 남학생들의 축구, 여학생들의 피구 연습으로 교정이 왁자지껄합니다. 학생들이 건강한 체력을 바탕으로 즐겁게 학교생활을 하면 그게 바로 학교장과 선생님들, 학생들, 그리고 학부모님들의 행복입니다.

한 해 동안의 활동을 마감하는 축구 동아리의 올해 마지막 수업을 1월 29일 방과 후에 운동장에서 유청 지도교사와 함께했습니다. 방학에도 쉬지 않고 이어진 축구 동아리 일 년 활동을 마감하는 자리인지라 동아리 활동에 크게 기여한 서상현 학생을 헹가래 치고 선생님께 마지막 감사를 인사드린 뒤에도 아쉬움 때문인지 한동안 자리를 떠나지 못하고 있었습니다.

3학년 김요엘, 2학년 조유빈(주장), 김찬영, 서상현, 최창현, 1학년 고주현, 한민우 학생이 주축을 이룬 25명 동아리는 방학 기간을 포함해 연간 250시간을 함께 훈련한 덕택에 미들스타 리그 조별 예선 4위, 서부교육지원청 스포츠 클럽 대회 3위의 실적을 거두었습니다.

작년에 선생님이 새로 부임하면서 동아리를 재구성해 출범한 이 클럽은 미들스타 리그에 참여하면서 가능성을 확인하였고, 훈련 강도와 시간을 점점 늘려가면서 두 번째 대회인 서부교육지원청 스포츠 대회에 출전하여 일약 3위에 입상하였습니다. 평소 3학년 학생들이 후배들과 함께 운동하고 개별 지도하는 도제식 훈련으로 후배들의 기량 향상과 팀의 수준을 함께 높이는 데 이바지했습니다.

금년에는 3학년이 졸업한 빈자리에 우수 학생들이 몰려 25명까지 동아리 규모를 확장했고 새롭거나 전략적인 훈련보다 기초 체력과 기능 위주로 훈련을 꾸준히 해 온 덕택에 서로의 관계가 돈독해지면서 강력하고 끈끈한 팀워크가 만들어졌습니다. 팀이 사실상 새로 만들어진 지 얼마 안 되어 참가한 미들스타 대회의 결과는 아쉬웠지만 한 골을 넣었다는 성취감과 함께 내용상으로도 경험이 쌓여서 경기 과정을 논리적으로 분석할 수 있는 역량이 생겼다는 평가를 받았습니다. 또 전년도에는 3학년 중심 조직이었기 때문에 그들이 졸업하면서 생긴 전력 공백을 메꾸는 데 어려움이 있었지만 금년에는 1, 2학년 학생들이 골고루 조직되어 풍부한 경험을 쌓으면서 장기 발전 가능성을 확인한 것이 큰 성과입니다. 내년도 이후에도 축구 동아리의 역량과 전통은 꾸준히 이어질 것이라고 확신합니다.

지도교사의 헌신 덕택에 축구 잘하고 성실한 멋진 청년들을 많이 키워 냈다는 점, 덕택에 축구가 남녀를 불문하고 일 년 내내 학생들에게 가장 인기 있는 스포츠 활동이 되었다는 점, 이 동아리가 없었다면 교문 밖으로 나돌았을지도 모를 학생들을 학교 울타리 안에서 꼭 끌어안고 잘 키워서 학교에 평화를 가져왔다는 점을 높이 삽니다.

지난 두 해의 경험이 축적되어서 새 학년도에는 더 빛나는 성과 거두기를 기대합니다. 모두 수고 많았습니다.


## 체육 수업이 재미없다고요?

그런 학생은 단 한 명도 없습니다. 학교장이 보장합니다. 왜냐면 젊고 혈기왕성한 체육 선생님 네 분이 똘똘 뭉쳐서 남녀 재학생들을 매시간 흥미진진하게 해 주고 있기 때문입니다.

옛날 내가 학교 다니던 시절에는 체육 선생님이 공포의 대상이기 일쑤였습니다. 체육 수업시간에 군대식 제식 훈련도 많이 했는데 자칫하면 회초리가 날아오곤 했었지요. 내가 몸치라서 체육 시간에 회초리깨나 맞았습니다. 그리고 체육 수업이나 체육대회 때면 운동 잘하는 선수들이 무대 주인공이었고, 나는 응원석에 앉아서 응원가나 부르는 게 고작이었습니다.

그런데 이제는 세상이 바뀌었습니다. 체육 수업과 체육대회가 각자의 운동 기능과 상관없이 모든 학생이 함께 참여하며 협동하여 즐기는 형태로 바뀌었고, 그래서 몸치나 운동 기능이 떨어진다고 해서 소외되는 학생이 단 한 명도 없거든요.

여름이 시작되고 무더위가 몰려오자 물총 놀이가 등장했습니다. 요즘은 냉방 잘 된 강당과 다목적실에서 변형 핸드볼과 배드민턴도 함께 즐기고 있습니다. 모두가 함께하도록 체육 수업이 변신하고 있습니다. 학생들과 눈높이를 맞추기 위해 끊임없이 노력하며 기회를 고루 만들어주는 체육 선생님들이 참 존경스럽습니다. 체육 수업이 재미없다는 말은 우리에게 해당 사항이 없습니다.

유난히 힘들었던 폭염이 한 달 이상 계속되는 바람에 8월 16일 개학하고도 2주간 체육 수업을 할 수 없었습니다. 연일 33도에서 36도까지 오르내리는 초고온 현상이 계속되었기 때문에 운동장에 나갔다가는 건강을 해칠 위험 때문입니다.

다행히 27일에 비가 내렸고 기온이 28도 아래로 떨어졌습니다. 그리고 오늘부터 모든 것이 정상화되었습니다. 당연히 1교시부터 운동장에서는 학생들의 함성이 들리고 땀 흘리며 뛰는 모습을 볼 수 있습니다. 운동도 열심히 잘하고, 넘치는 기운으로 공부와 학교생활도 1학기와 똑같은 열정으로 계속 잘해 줄 것이라고 굳게 믿습니다. 연구 결과에 의하면 학생들의 열기와 체력으로 운동장이 얼마나 가득 차는지 여부가 학력이나 성취 수준을 말해준다고 합니다.

체육 선생님들이 넘치는 열정으로 체육 활동 지도에 헌신해 준 덕택에 스포츠 활동으로 축구, 피구, 핸드볼, 배드민턴, 줄넘기 등 학생들이 함께 즐기는 모습을 언제나 볼 수 있어서 학교장으로서 마냥 감사할 따름입니다.

## 체육 수업 줄다리기 행사에 웬 알고리즘?

기말고사가 끝나자마자 점심시간의 자투리 시간을 활용한 줄넘기 대회가 운동장에서 깜짝 열렸습니다. 이름하여 '알고리즘을 이용한 줄넘기 선발전', 지난주부터 대회를 진행했는데 금쪽같은 시간을 잘 활용한 프로그램 기획이 신선했고, 짧은 시간에 참가 학생들로 대회장이 인산인해를 이룬 모습이 마치 거대한 플래시 몹이 열린 느낌이었습니다.

알고리즘이란 컴퓨터 소프트웨어를 공부할 때 쓰는 용어가 아닌가요? 어떻게 체육과 줄넘기에 들어갈 수 있나요?

우리 학교에서는 가능합니다. 체육과만 하는 게 아니라 국어, 영어, 수학, 사회, 과학, 도덕, 보건 교과가 소프트웨어적 사고방식 CT(Computational Thinking)를 학생들에게 열심히 가르치고 있으며, 각 교과에서 더 쉽게 소프트웨어를 이해하고 교과마다 어떻게 접목할 수 있을지 연구하고 있습니다.

우리는 인천광역시교육청 지정 소프트웨어 교육 연구학교를 두 해 운영하였고, 2014년 이래 쭉 선도학교를 운영하고 있습니다. 작년 체육대회 때 소프트웨어의 기본인 이진법 표현하기 학급별 매스 게임으로 언플러그드 교육을 실현한 적 있는데, 올해는 줄넘기 행사에 소프트웨어 알고리즘 이론을 도입하는 실험을 했습니다. 홈페이지 학교 갤러리에 가면 소프트웨어 알고리즘 이론이 줄넘기 대회에 어떻게 적용되었는지 알려주는 순서도, 즉 플로우차트가 탑재되어 있으니 직접 확인해 보기 바랍니다.

우리 학교는 많은 선생님이 이 연구에 참여하고 있으며 특히 시대의 대세인 소프트웨어 교육 방식을 모든 교과에 도입하여 융합 수업의 놀라운 경험을 학생들에게 제공하고 있습니다.

●

# 중학생은 가장 아름다운
# 강을 건넌다

**긴 여름 방학이 끝났습니다**

유례를 찾을 수 없었던 지난여름 혹독했던 더위를 잘 견뎌내고 곧 만날 우리 학생들에게 기대가 큽니다. 방학 동안 학교는 놀랍게 변신했습니다. 다목적 강당 명현관이 완공되어 여러분을 기다리고 있습니다. 또 명현관 1층에 신축 학생식당이 새 단장을 하고 역시 여러분을 기다리고 있습니다. 학교 건물 전체의 천장 텍스를 전부 친환경으로 교체하였고, LED 조명으로 환하게 불을 밝히게 되었습니다. 모든 공간에 최신형 냉난방기가 설치되었고 선풍기도 전부 새것으로 바꿨습니다. 이제 개학하면 쾌적한 환경 속에서 친구들과 즐겁게 공부하고 학교생활을 마음껏 즐기기 바랍니다.

어때요? 개학이 기대되죠?

미국의 전설적인 소설가이자 『톰 소여의 모험』, 『허클베리핀의 모험』 작가로 유명한 마크 트웨인은 멋지고 가슴에 새길 만한 명언을 많이 남긴 것으로도 유명한데, 새 학기 개학을 앞둔 여러분이 귀에 새길 만한 그의 명언 하나를 소개합니다.

'20년쯤 지나면 당신이 한 일보다는 하지 못한 일들 때문에 후회하게 될 것이다. 그러니까 밧줄을 던져라. 항구에서 떠나라. 무역풍을 타고서 탐험하고, 꿈꾸고, 발견하라.'

Twenty years from now you will be more disappointed by the things that you didn't do than by the ones you did do. So throw off the bowlines. Sail away from the safe harbor. Catch the trade winds in your sails. Explore. Dream. Discover.

실제로 작가는 증기선을 타고 미시시피강을 오르내렸던 선원 경험 덕택에 뱃사람 냄새가 나는 명언을 많이 남겼는데, 그가 남긴 수많은 명언 가운데서도 특히 뱃사람 냄새가 확 끼치기 때문에 좋아하는 말입니다.

다큐멘터리 전문 내셔널지오그래픽 채널을 보노라면 다음과 같은 안내 멘트가 나옵니다.

미지의 세계를 향한 호기심(curiosity)은 우리가 가진 본능이자 인류의 미래입니다. 호기심은 우리를 앞으로 나가게 하고 새로운 도전을 하게 합니다. 호기심은 우리를 전진하게 하고 과감히 도전하게 합니다. 한계를 뛰어넘게 하고 미래를 꿈꾸게 하며 영감을 불어넣습니다. 이렇게 세상의 모든 호기심이 모여 인류의 과거와 현재가 되었고 앞으로의 미래가 될 것입니다. 그리고 그것이 인류를 끝없이 나아가게 할 것입니다.

여러분의 앞날과 빛나는 미래, 그리고 행복한 삶을 축원하면서 마크 트웨인의 저 명언과 내셔널지오그래픽 채널의 언급을 여러분에게 추천합니다. 아무것도 하지 않는 사람은 결코 아무것도 얻을 수 없습니다. 실패를 두려워한다면 더욱 그렇습니다. 긍정적인 사람은 한계가 없고 부정적인 사람은 한 게 없다는 말이 있습니다. 호기심 가득하고 초롱초롱한 눈망울로 여러분 모두가 공부면 공부, 동아리 활동이면 동아리 활동, 운동이면 운동을 즐기는 멋진 학생이 되기를 기대해 봅니다.

우리는 중학생 시절에 인생에서 가장 아름다운 강을 건넙니다. 강을 건너다 때로는 여울목도 만나고, 심연 앞에서 두려워하거나 암초를 만나서 좌초도 하지만 그래서 인생은 아름답습니다. 학교장은 호기심이 가득한 학생 여러분을 사랑하고 언제나 응원하겠습니다.


**새 학기에는 보약이 되는 좌우명을 거느려보자**

*앞 강에 살얼음은 언제나 풀릴거나*
*짐 실은 배가 저만큼 새벽안개 헤쳐 왔네*
*연분홍 꽃다발 한 아름 안고서*
*물 건너 우련한 빛을 우련한 빛을 강마을에 내리누나*


살얼음 덮인 개울은 조용하지만 그 아래 흐르는 강물은 다가오는 봄을 품고 있다는 우리에게 낯익은 가곡의 가사입니다. 추웠던 겨울을 넘어서는 이때 가까이 온 봄소식을 기대하는 희망이 저절로 콧노래 되는 봄날입니다. 남녘에서는 벌써 봄소식 꽃소식이 들려옵니다.

새 학년도를 시작하기 전에 지난 학년도를 마감 짓느라 한창 바쁜 2월을 보냈습니다. 제15회 졸업식과 종업 행사를 마치고 나니 근태와 상벌 기록, 졸업과 진급사정회 결과의 후속 처리, 학교생활기록, 건강기록 등 각종 기록 완성과 마무리, 진학 처리와 진급반 편성, 교육시설 재배치 같은 일이 산더미처럼 기다리고 있었습니다. 게다가 인사 발령으로 전근 가고 전입오는 선생님들로 인해 한층 어수선하고 분주했습니다. 도서관에 가보니 사서 선생님은 스캐너 들고 서가에서 책 먼지 뒤집어쓴 채 업무에 열중하고 있습니다. 재고 조사와 서가 정리 업무 중입니다. 제자리를 떠나 잘못 자리 잡은 책들의 위치를 바로잡아주어야 신학년도에 대출 업무가 가능하기 때문입니다. 하지만 들락거리는 학생들이 안 보이니 학교는 얼핏 쥐죽은 듯 조용하지만, 얼음 아래 강물처럼 정중동(靜中動)의 생동하는 흐름이 있다는 것을 학교 식구들은 모두 잘 압니다.

새로 입학하는 신입생 맞이와 교실 재배치, 낡고 고장 난 각종 문틀이며 책상, 사물함 수리를 하고, 페인트 보수 공사, 장애인 경사로 보수와 축구 골대 페인트 도색까지 모두 마치고 나니 어느새 3월입니다.

새 학년도가 시작하고 내일 입학하는 새내기들을 맞이할 생각에 옷깃이 저절로 여며집니다. 이럴 때는 마음을 다잡게 해주는 선인들의 가르침을 떠올려보는 것이 좋습니다. 긴 인류역사만큼 역사 속에 남은 동서고금의 현인들이 남긴 수많은 말씀을 좌우에 붙여두고 새겨보노라면 인격으로나 학문적으로도 성장할 수 있습니다. 그야말로 인생의 항로에 보약이 되는 좌우명은 많이 거느릴수록 인격 수양에 도움이 될 것임이 틀림없습니다.

나는 지난겨울을 나면서 여러 권의 좋은 책을 만났습니다. 둘러보면 팔 닿는 곳에 좋은 책이 있고, 그것들을 항상 가까이 둘 수 있어서 행복합니다. 그 가운데 19세기 후반에 미국인으로 태어나 20세기 격동의 시기를 정확히 백 년간 살았던 인물의 자서전이 있습니다. 가장 위대한 개인적 자유의 수호자로, 미국 자본주의 체제에 근본적 비판을 던진 사회철학자, 자연주의자, 생태론자이며 훌륭한 인물의 전형인 스콧 니어링 자서전을 열심히 읽었습니다. 그는 자본주의 종주국에서 자본주의의 이념에 저항하며 전쟁에 반대한 신념을 굽힌 적 없고, 강연과 저술활동에다 아내 헬렌과 함께한 자연주의적인 삶의 방식 때문에 존경받았습니다. 이들의 삶에 감명을 받은 수천 명의 젊은이가 도시를 떠나 농촌으로 돌아갔다고 합니다.

공부하는 사람은 열심히 노력해야 합니다. 끊임없이 독서하고, 궁금하면 질문하고 답을 찾도록 노력해야 합니다. '왜'를 외쳐야 합니다. 아이가 성장할 때, 특히 유치원 다니는 시기에 질문을 많이 하듯. 긍정적인 사람은 한계가 없고, 부정적인 사람은 한 게 없다고 합니다. 새롭게 시작한 새 학년도 신입생과 재학생 여러분을 응원합니다.

'경제협력개발기구(OECD)'의 '학업성취도국제비교연구기구'PISA(Program for International Student Assessment)는 창의성, 문제 해결력, 비판적 사고력, 협업 능력의 네 가지를 21세기 학습자 역량이라고 설명합니다. 그렇습니다. 이것이 요즘 시대가 인재들에게 요구하는 능력이기 때문에 이 역량을 어떻게 가르칠까가 선생님들과 우리 학교의 고민입니다. 다행히 우리는 소프트웨어 교육을 2014년부터 시작하여 선도학교와 연구학교를 운영한 경험이 쌓여있고, 스마트 교육과 교과 간 융합 교육에도 많은 노력과 투자를 해왔습니다. 스마트 교육이란 단순히 PC와 같은 스마트 기기를 활용하는 것이 아니라 '자기 주도적 학습(self directed), 동기와 흥미(motivated), 개인별 맞춤형 적응형 학습(adaptive), 풍부한 학습 자료(resource enriched), 기술 기반(technology embedded)의 학습지도 능력'

을 기르는 것을 말합니다.

올해부터 1학년은 자유학년제가 시작되어 연중 다양한 체험학습을 하게 됩니다. 학생 자치 활동과 동아리 활동, 체험 활동과 진로진학 교육은 우리 학교가 가장 잘하는 것이어서 학생들이 21세기 학습자 역량을 적극적으로 키우고 진로를 잘 개척해 나가도록 지도할 것입니다.

새롭게 시작하는 신학년도를 많이 기대해주시고, 학교의 교육과정 속에서 모든 학생이 배움에 행복을 더하는 주인공이 되기를 기대합니다. 궁금한 것은 참지 말고 질문해야 하며, 끊임없는 독서와 함께 호기심이 가득한 학생으로 자라나야 합니다. 공부든 놀이든 동아리 활동이든 학교에서 준비한 많은 교육프로그램에 적극적으로 동참하여 자신의 역량을 기르는 데 게으르지 말기 바랍니다. 자꾸 도전하다 보면 어느새 여러분은 역량이 뛰어난 인재로 성장하게 될 것입니다.

●

# 식당 풍경,
# 최고 만족을 향하여

**시험 기간에도 학교 급식은 정상 운영됩니다**

중간고사 기간에는 오전에 시험을 치르고 식사 후 학생들은 귀가합니다. 시험 기간에도 점심 급식을 정상 제공하며 시험 치르느라 진이 빠졌을 그들의 입맛을 돋우는 메뉴를 준비했습니다. 오늘은 감자탕과 떡잡채가 식단으로 나와서 입을 즐겁게 했습니다.

시험공부 하느라 긴장하고 과도한 에너지를 소모했을 그들을 위해 특별히 더 맛있는 요리를 준비하느라 급식실 식구들은 더욱 정성을 다했습니다. 그런데 오늘 일부 학생들이 점심을 먹지 않고 귀가한 것으로 보입니다. 사용하지 않은 식판이 제법 여러 개 남았거든요. 아마도 일찍 나가서 간식이나 군것질로 매식하려는 학생들일 것으로 짐작합니다. 피자나 짜장면, 떡볶이, 라면 등 자신들이 좋아하는 음식을 사 먹겠지요. 하지만 학부모 입장에서 생각해 보면 영양이나 식재료나 위생상으로도 완벽한 학교 급식을 제처놓고 매식하는 것이 불안할 것입니다. 게다가 학부모가 지출하지 않아도 될 돈을 자녀가 낭비해버렸고, 학교에서는 그들 몫으로 남겨진 음식물을 고스란히 쓰레기로 버려야 합니다. 자원 낭비이자 환경 오염이고 처리 비용까지 추가로 지출하여 예산까지 낭비한 삼중 피해가 발생했습니다. 안타깝게 실제로 버려지는 음식과 잔반 처리 비용으로 학교는 연간 육백만 원 정도를 지출하고 있습니다. 그래서 어떤 담임 선생님은 학생들이 결식하고 동네 가게로 달려가지 못하도록 식당에서 학급원들과 점심밥을 함께 드시고, 식사한 학생을 확인한 다음에 귀가시키기도 합니다.

피자나 짜장면이 먹고 싶더라도 학교 급식이 정상 운영되는 날에는 꼭 학교 식당에서 밥 먹고 귀가하세요. 시험 기간에는 여러분의 건강까지 고려한 특별식 메뉴를 준비하려고 더욱 정성을 다하기 때문입니다.

## 식판이 아파요

문턱 없는 교장실이니만큼 많은 학생이 수시로 다녀갑니다. 사탕이 생각나서, 때로는 보건실 지나다가 문득 생각나서 들어왔다고 의자에 앉았다 가기도 하고, 목마르니 물 한 잔 달라고도 합니다. 사시사철, 심지어 추운 겨울에도 냉장고 얼음통은 쉴 틈이 없습니다. 얼음을 쉼 없이 얼리고 냉동실에 가득 채워두지만 언제나 수요가 공급을 초과합니다. 청춘의 젊은 피가 뜨겁다는 말은 사실입니다.

점심시간에 1학년 학생 10여 명이 다녀갔습니다. 사탕도 하나씩 고르고 이런저런 이야기를 나누었습니다. 테이블에 놓여있는 카드에도 관심을 보였습니다. 주로 상담실에서 사용하는 공감 대화 카드인데 하나는 감정 카드이고 또 하나는 바람 카드입니다. 오늘은 감정 카드를 꺼내 들고 하나씩 나누었습니다. 그리고 자신의 카드에 들어있는 감정 단어를 연결하여 이야기를 나누었습니다.

학생들이 자기 카드에 든 감정과 자신의 것을 연결해 한 가지씩 말했습니다. 카드 속의 감정과 자신의 상황을 연결하여 말하는 일종의 재치문답이지만 무척 재미있어 했고, 나름대로 논리적으로 잘 연결했습니다.

학교장에게 온 카드는 '안타깝다'였습니다.

매일 학생들이 밥 잘 먹는지 지켜보는 것이 재미이자 큰 기쁨입니다. 그런데 잔반 비우는 방식이 제각각입니다. 잔반 비우는 곳의 위치와 배치가 학생들의 동선과 유기적 상황을 고려한 것인데 잘 이해하지 못해 잘못 비우는 학생들이 많습니다. 식판을 뒤집어 톡톡 두들겨 잔반을 비우는 학생도 있지만 망치질하듯 잔반통에 식판을 내려치기도 하고, 수저를 사용하는가 하면 젓가락만으로 음식물 잔반을 비우려 하니 잘 되지 않아서 한참을 끙끙대기도 합니다. 보기에 가장 안타까운 것이 식판을 수직으로 세워서 잔반통에 탕탕 내리치는 경우입니다. 그때마다 금속 재질끼리 부딪치는 소음이 귀를 거슬리고 식사 중인 학생들의 즐거움을 방해하는 큰 소음을 만들어냅니다. 오늘 재 본 소음치는 귀가 울리는 음악 감상 수준인 80dB(데시벨)을 넘나듭니다. 80dB 이상의 소음은 난청을 유발할 뿐만 아니라 전신 피로와 수면 장애, 불안감, 소화 장애를 유발한다고 합니다. 게다가 식판의 가장자리가 망가지게 됩니다. 소음을 만드는 학생에게는 잔반비우는 방법을 친절하게 일러줍니다.

"아이야, 그렇게 때리면 식판이 많이 아프단다."

소음이 식판의 비명처럼 들립니다.

우리 모든 학생들, 식판을 아프지 않게 했으면 좋겠습니다.

내가 감정카드를 연결해서 학생들에게 해 준 말은 다음과 같습니다.

"잔반 비우면서 내리쳐 식판을 아프게 하는 학생들을 보면 내 마음이 너무너무 안타깝다."

●

# 사랑도 가르쳐야 한다

**풍성한 결실의 가을, 감을 수확했습니다**

　여름 내내 땡볕을 이겨내고 잘 자란 교정 여기저기 감나무에 단감과 홍시가 주렁주렁 잘 익었기에 오늘 다섯 상자 분량을 거뒀습니다. 농약 치지 않고 유기농 방식으로 기르다 보니 일부는 일찍 떨어져 버렸고, 겉에 상처나 얼룩이 생긴 것을 빼고 나니 얼마 안 됩니다. 상품성이 없는 두 상자 중 하나는 꺼림칙해서 폐기하고 나머지 한 상자는 교직원과 학생들이 맛보도록 했으며 잘 거둔 세 상자는 지역사회에 기부하기로 했습니다.

　지역사회 주민의 안녕을 위해 불철주야 수고하는 인근 지구대 경찰관들에게 위문품으로 한 상자를, 그리고 우리 학생에게 장학금도 주고 예배당 건물과 방송 시설을 학교에 무료 대여해 주는 부평제일교회와 지역 노인 복지시설에 감사하는 마음으로 각각 한 상자씩 기부했습니다.

　지난여름 무더위와 가뭄 때문에 걱정도 많았지만 자연의 은총을 입어 잘 익은 감을 세 상자나 얻었고, 또 지역사회에 기부할 수 있어서 너무나

기쁩니다. 보기에는 거칠고 상품성은 떨어져 보이지만 우리 학생들의 성장과 함께 얻은 결실이기에 더 가치 있고 보람 있습니다. 게다가 누구 하나 허락 없이 감에 손대거나 망가뜨리지 않고 잘 자라게 돌봐준 덕택에 많이 수확하지 않았나 생각하면 학생들의 인격도 저 감만큼이나 무르익지 않았을까 생각합니다. 잘 익을 때까지 인내심 갖고 줄곧 지켜보아 준 모든 식구에게도 감사합니다.

## 기부 천사 졸업생, 가슴 뜨거운 미담

12회 졸업생 박진 학생이 예고도 없이 어머니와 함께 등교했습니다. 그리고 학교 발전 기금으로 장학금을 기부하겠다는 의사를 밝혔습니다. 이 학생이 기부한 장학금은 일백만 원, 가정 형편이 넉넉지 못한 후배 가운데 적절한 대상자에게 장학금으로 써 달라는 가슴 훈훈한 뜻을 전해들은 선생님들은 큰 감동을 받았습니다. 일백만 원은 평소 꾸준히 모아 저축하여 모은 것이고 오늘 통장에서 출금한 따끈따끈한 성금입니다.

그는 입학 때부터 공부와 운동, 봉사활동 등 모든 면에서 발군의 실력으로 학생들의 모범이 되었을 뿐만 아니라 지난해 학생자치회 회장으로서 자치 활동에도 꾸준히 솔선하여 참여하는 등 뛰어난 리더십을 보여 왔습니다. 그리고 이제 세종과학예술영재학교에 입학하여 또 다른 세상을 향한 발걸음을 내딛습니다.

"앞으로 명현중 졸업생으로서 명예를 걸고 꾸준히 학업에 정진하겠지만 후배들에게도 관심을 갖고 학교에도 자주 찾아뵙겠습니다."는 말을 마지막으로 동행한 어머니와 함께 교문을 나섰습니다. 그의 등덜미가 유달리 듬직해서 가슴이 훈훈해졌습니다.

오늘 훈훈한 소식이 또 들려왔습니다. 졸업하면서 후배들을 위해 장학금을 기부했던 박진 학생이 진학한 세종과학예술영재학교에서 동아리를 조직하였고, 동아리 친구들과 의기투합해 만든 아이디어 상품을 판매해 얻은 이익금 일백만 원을 어린이 재활병원 건립을 위한 성금으로 기부했다고 합니다. 대전방송 TJB에서 방송된 영상을 보면 자랑스러운 제자가 동아리 회장으로서 주도적 역할을 한 것을 알 수 있는데, 이는 우리가 평소 꾸준히 기부와 나눔을 가르치고 실천하는 교육을 해왔고, 교직원과 학생들이 함께 눈높이를 맞추어 잘 가르친 결과이겠죠?

우리는 평소 학생들에게 나눔과 배려, 기부의 가치를 꾸준히 가르치고 있습니다. 상반기에는 국제구호기금 동전 모으기와 다양한 교육 복지 사업을 실시하였고, 연 3회 학부모회에서 노력 봉사하는 사랑의 반찬 기부 행사는 큰 자랑거리입니다. 하반기에는 학부모회와 아버지회가 공동으로 김장 행사를 했습니다. 이날 만든 김장 김치는 열 가정 열세 명 학생의 가정에 전달했습니다.

이달 말부터 한 달간 아침 등교 시간 교문과 점심시간 학생식당에서 사랑의 동전 모으기 행사를 합니다. 소액 동전으로만 사랑과 정성을 모으는 이 기부행사에서 모이는 성금은 지역 내 독거노인 댁 연탄 기부와 복지시설 위문에 씁니다.

나는 평소 기부와 봉사 활동의 가치를 가장 중요하게 생각합니다. 학교 경영 이념에도 배려와 나눔, 기부를 중요한 덕목으로 반영하고 실천에 힘쓰고 있습니다. 그동안 학년 당 한 명씩 세 명의 재학생에게 학교장 장학금을 일 년간 각각 육십만 원씩 지급해 왔고, 대한적십자사 기부, 난민 지원 봉사 활동도 꾸준히 하고 있습니다. 학교장의 뜻을 잘 아는 교직원회에서도 사랑의 사도장학금을 매월 모으고 있습니다.

기부는 남들과 함께 좋은 관계를 맺고 지혜를 나누는 행위입니다. 기부에 액수가 많고 적음은 아무 문제가 안 됩니다. 무엇보다도 불행한 타인을 위하여 공감할 수 있는 방법이며 눈물 흘리는 행위입니다. 남을 위하여 눈물 흘릴 줄 아는 사람이라야 세상을 아름답게 바라볼 수 있고, 아름답게 만들 수 있습니다. 무엇보다도 기부하는 사람은 자기 자신이 행복합니다.

자라나는 젊은 세대에게 기부를 가르쳐야 따뜻한 미래가 옵니다. 국정을 농단하여 온 나라 국민을 불행하게 만들거나 부동산을 투기한 이들은 자신만을 사랑하는 이기적인 사람들입니다. 이웃을 생각하고 배려하고 공감하고 나눌 줄 아는 사람이라면 그런 일을 절대 하지 않기 때문입니다.

연말이 멀지 않았습니다. 주변을 둘러봐 주십시오, 그늘 아래 울고 있는 사람은 없는지. 그리고 그냥 버려두었던 동전이나 소액의 돈이라도 좋으니 지체하지 말고 학교 성금함에 넣어주십시오. 사랑이 실현해내는 놀라운 기적을 목격하게 될 것입니다.


## 사랑의 실천, 반찬 나누기 김장 나누기

9월 22일에 주부 9단 학부모회 임원들이 사랑을 실천하는 반찬 나누기 행사를 했습니다. 추석을 앞두고 회원 열아홉 분이 가사실습실에 모여서 사랑의 반찬을 만들었습니다. 메뉴는 무채김치, 동그랑땡과 전, 잡채, 송편 등 명절 음식과 반찬류인데 사랑을 듬뿍 담아 만든 이 음식을 교육 복지 학생 열한 명의 가정에 전달했습니다.

올해로 두 번째인 이 행사는 학교에서 교육 복지 예산을 지원하고 학부모님들께서 노력 봉사하여 맛있는 반찬을 가정에 직접 배달하는, 세상에서 가장 아름다운 교육 복지 사업입니다.

우리는 매년 6월과 9월 한가위, 김장철 등 세 차례 학부모회원들이 계절에 맞는 반찬과 음식을 만들어 돌봄이 필요한 가정에 지원해 왔습니다. 이번에는 추석을 맞아 따뜻한 보살핌이 더 필요한 가정에 명절 음식을 만들어 직접 전달하였습니다.

학부모 어머니들은 아침 9시부터 오후 2시까지 가사실습실에서 명절 음식을 만드느라 진땀을 흘렸습니다. 잡채 같은 음식을 직접 만들고 떡집에서 주문 제작한 송편 등의 음식을 정성스럽게 담아 일부는 어머니들이 가정에 직접 전달하였고, 일부는 교육복지사 선생님이 학생들과 함께 전달했습니다.

세상에서 가장 가치 있는 행위는 바로 사랑의 음식을 함께 나누는 일이라는 데 이의를 제기할 사람은 없을 것입니다. 명절과 연말이면 인정과 사랑이 더욱 그리운 학생 가정을 돕는 손길을 올해도 놓치지 않고 맞잡을 수 있어서 흐뭇합니다.

우리 학부모 네트워크는 강력한 교육 활동 지원의 원동력이며, 우리는 사랑이 넘치는 행복배움학교입니다.


## 사랑의 연탄 배달로 찬 겨울을 데우다

어제 '행복배움 희망나눔 사랑의 줄 잇기 모금 행사'의 마지막 결실인 사랑의 연탄 배달 봉사활동을 했습니다. 12월 1일부터 2주간 실시한 '희망나눔 사랑의 줄 잇기'는 동전과 천 원을 넘지 않는 소액만 모으는 기부 행사로서 모인 38만 5천 원의 절반으로 연탄을 사서 형편이 어려운 동네 노인 두 가구에 200장씩 배달하였습니다. 특히 자원봉사 학생들이 배달에 직접 참여하여 손에 연탄 묻히는 체험을 했습니다. 나머지 잔액도 복지 성금으로 사용할 예정입니다.

이 행사를 주도한 박진 학생회장은 "학생들이 스스로 마련한 성금으로 어려운 이웃과 친구를 돕는 일이 작은 실천에서 시작된다는 것을 배웠다."고 소감을 밝혔습니다. 비록 날씨는 점점 추워지고 있지만 어려운 이웃을 배려하고 나눔을 실천하는 학생들의 마음이 퍼져나가 따뜻한 인정이 넘쳐나는 세상이 되기를 기대합니다.

세상을 따뜻하게 하는 것은 연탄불이기도 하지만 남을 배려하고 돕는 우리들의 따뜻한 마음이야말로 진정한 에너지입니다. 정성껏 성금을 모아 준 기부자들께 감사하고, 행사를 진행한 자치회 학생들과 지도교사에게도 고마운 말씀 드립니다. 사랑의 줄 잇기가 있기 때문에 연말에도 우리 학교는 따뜻합니다.

12월 셋째 토요일 낮 12시, 학교 앞 롯데리아에 삼삼오오 학생 열아홉 명이 모여들기 시작했습니다. 지역사회 사회복지시설 위문과 공연을 가는 길입니다. 학교장을 포함하여 선생님 넷이 함께 어르신들에게 드릴 과일 상자와 떡, 죽을 챙겼습니다. 학부모 두 분도 동행하여 학생, 교사, 학부모가 함께하는 정성 가득한 행사라는 사실을 알렸습니다.

제일 먼저 노인들을 돌보는 수용시설에 갔습니다. 몸이 불편한 어르신들을 돌봐주시는 원장님의 인자한 손길에 사랑이 가득하였습니다. 두 번째로 간 곳은 '더불어 사는 집'이라는 중증 장애인 수용 시설입니다. 근이양증과 루게릭병을 앓고 있는 이십여 명 중증 장애인을 수용하고 있는데 우리 학교 재학생 2명이 이곳에 있기 때문에 더 관심과 애정이 갔습니다. 환자들을 정성껏 돌봐주시는 목사님과 직원들이 천사 같았습니다. 마지막으로 구립 노인복지시설에 갔습니다. 노인들이 편히 쉬는 경로당인데 여기서 남녀 학생들이 준비해 간 춤과 노래를 선보였고, 안마와 가벼운 풍선놀이 운동 프로그램을 함께하면서 어르신들을 즐겁게 해 드렸습니다.

연말입니다. 가난하건 그렇지 않건 사랑을 함께 나누는 일은 누구든 할 수 있고, 함께 나누어야 행복합니다. 함께한 교사, 학생, 학부모 모두 큰 사랑을 실천하였습니다.

### 학부모 교육 기부, 아주 특별한 빵을 만들다

오늘 통합교육지원반에서 특별한 수업이 진행되었습니다. 학부모 제빵사 한 분이 특수 학생들에게 초코 머핀 만들기 실습을 교육 기부해 주셨습니다. 덕택에 전문가가 없어서 방치되었던 가사실습실의 제과 실습용 오븐을 오랜만에 가동하였고 특수반 학생들이 제과 체험을 잘 할 수 있었습니다.

교육 기부한 학부모는 몇 달 전 전학 온 1학년 성** 학생의 아버지입니다. 학부모님은 제과점을 운영하는 제빵 기능인데, 특수 학급 학생들을 위한 제빵 체험 교육 기부를 요청했더니 흔쾌히 승낙하셔서 오늘 일부러 시간을 내 학생들에게 제과 실습을 지도해 주셨습니다. 우리 학생들이 실습 하러 직업센터에 종종 가는데 오늘은 모처럼 학부모 기능인 덕택에 학교 안에서 의미 있는 활동을 할 수 있었습니다. 땀 흘려 만들고 맛있게 먹은 우리 학생들이 사랑스럽고, 바쁜 시간을 쪼개 교육 기부해주신 학부모님의 고마운 뜻에 심심한 감사 말씀드립니다.

●

# 행복한 또 다른 학교,
# 방과 후 학교

## 행복한 토르티야를 맛보다

매주 금요일 방과 후에는 교내 여기저기서 방과 후 학교가 열립니다. 컴퓨터실에서는 로봇 동아리가, 운동장에서는 축구와 핸드볼, 피구, 야구부가, 강당에서는 배드민턴부가, 가사실습실에서는 생활요리부가 방과 후 활동을 하느라 곳곳에서 활기가 넘칩니다.

퇴근 시각 즈음에 1학년 여학생 두 명이 교장실 밖에서 서성이고 있기에 불러서 용건을 물어보니, 손에 토르티야를 들고 교장 선생님에게 드리러 왔다 합니다.

"옳거니, 오늘 생활요리반 방과 후 수업 결과물이구나. 근데, 만드느라고 수고했는데 너희들이 먹어야지. 여기까지 가져오면 어떻게 해?"내가 물었습니다. 그래도 교장 선생님께서 드셔야 한다고 수줍게 말하고 돌아서는 학생들에게 고맙다 인사하고 기쁘게 받았습니다.

생활요리부에서 만든 요리는 자신들이 다 먹고 나서 귀가하거든요. 그럼에도 불구하고 어른에게 자랑하고 칭찬도 받고 싶은 마음이 있었겠지요. 퇴근길에 생활요리부 방과 후 수업을 지도한 임지현 지도교사를 만났더니 상황을 설명해 주었습니다.

"학생들이 꼭 교장 선생님께 드리겠다고 자신들이 자청해서 가져다 드린 것이랍니다."

자기 자신만 아는 게 아니라 어른을 생각할 줄 아는 고운 마음씨가 행복배움학교 학생다운 심성이 아닐까 생각하면서 참 행복한 토르티야를 맛보았습니다.


## 방학에도 교실은 북적북적

7월 20일에 방학했습니다. 개학이 8월 15일이라 고작 28일간의 짧은 기간입니다. 하지만 평소에 하고 싶어도 시간 없어서 못 했던 공부나 일, 여행, 개인 프로젝트 활동을 할 수 있는 소중한 기회입니다. 이 좋은 기회에 늦잠 자고 게임하느라 시간을 헛되이 보내면 안 됩니다.

방학 첫날인 오늘 오전 9시부터 각 교실에서 여러 방과 후 프로그램이 시작되었습니다.

영어반에서는 꼭 필요한 영어 학습 요소를 간추려주는 수업이 진행됩니다. 지도 선생님은 영어가 현대인의 필수 무기 아이템이라는 재미있는 말로 공부의 흥미를 북돋웠습니다.

일본어반에서는 박사 학위 과정을 마친 강사가 생활일본어를 가르치고 있습니다. 일본어반은 1학기에 이미 개강하여 수업이 진행되어 왔으며 방학 기간에도 계속됩니다.

중국어반에서는 중국인 원어민 선생님이 1학기부터 계속 기초 중국어와 중국 문화를 가르치고 있습니다. 이 선생님은 현재 인천대학교에서 한국어 박사 과정을 이수하고 있는 훌륭한 분이며, 중국인이지만 한국을 사랑하고 우리말과 우리 문화에도 아주 익숙합니다.

역사탐구반은 역사와 전통이 있는 반으로 방학 때마다 강의가 계속되었는데 우리 학교에서 최고로 인기 있는 방과 후 학급입니다. 박성희 지도교사는 평소에도 학생들에게 엄청난 인기를 한몸에 받고 있으며 가장 존경받는 선생님 가운데 한 분입니다. 특이하고 재미있는 사실은 교실에 가득한 역사탐구반 수강생이 전원 여학생이라는 점입니다. 이 밖에도 로봇동아리, 드론 동아리가 실력을 기르고 있습니다.

그 옆에는 기초국어능력쑥쑥반이 개강하였습니다. 눈이 반짝거리는 남녀 수강생들이 재미있는 수업을 듣는지 재미있고 익살스러운 표정들입니다.

4층 유클리드실에 가 보았더니 젊은 대학생 자원봉사자 대여섯 명이 있습니다. 오늘부터 시작한 영재 학급 캠프의 첫 강좌로 인하대 계산통계학과 3학년 학생들이 영재 학급 학생들에게 게임으로 익히는 통계수학 강좌를 진행하고 있습니다. 오후에는 안영지 선생님 인솔로 부천에 체험학습 간다고 합니다.

교과교실에서는 국제이해토론반의 토론 수업이 학년별로 열리고 있습니다. 이현주 지도교사와 외부 초청 전문가 선생님이 토론을 진행하고 있습니다. 도서관에는 도서부원들이 도서관을 운영하고 있습니다. 구석에서는 헌법 토론 전국대회에 출전하는 학생들이 토론에 열중하고 있습니다. 운동장에서는 축구부 방과후반이 축구공을 뻥뻥 날리고 있습니다. 검게 그을린 팔뚝과 장딴지에서 건강한 젊음을 봅니다.

수학학력반과 과학실험반 방과 후 학교도 해당 교과실에서 운영되고 있습니다. 평소와는 다른 분위기 속에서 신나는 방과 후 학교에 참가한 학생들이 이구동성으로 즐겁고 재미있는 수업이라며 참가한 것을 무척 좋아합니다.

아참, 아침 일찍부터 봉사활동 온 3학년들이 학교 곳곳을 청소하느라고 분주하네요. 방학은 했지만 학교는 살아 숨 쉬고 있답니다.

## 매주 금요일 오후는 끼발날

금요일 일과가 끝난 뒤 오후 4시부터 학교 건물을 쭈욱 둘러보았습니다.

1층 기술가정실에 가 보았습니다. 15명 남녀 학생들이 요리 실습을 하고 있습니다. 오늘 메뉴는 제육덮밥입니다. 어떤 팀은 양념을 돼지고기에 비비고 있고 다른 팀은 도마 위에서 열심히 채소를 손질하고 있습니다. 한편에서는 프라이팬에 불을 달구고 있습니다. 지도교사가 분주하게 테이블마다 순회하면서 조리 지도를 합니다. 요리에 남녀 구분이 없다는 사실을 새삼 확인하는 중이라고 선생님이 소감을 말합니다. 성별 고정관념을 깨고 일상의 평등을 배우고 실천하는 교육이 자연스럽게 진행되고 있습니다. 과학실 옆을 지날 때는 실험 준비에 여념이 없는 선생님과 학생들에게 혹여 방해될까 봐 고양이처럼 살금살금 지나갔습니다.

2층에 올라갔습니다. 음악실에서는 피아노마다 두 명씩 학생들이 함께 건반을 두드리고, 옆 교실에서는 난타 재미에 빠진 학생들이 지도교사와 함께 흥겨운 시간을 보내고 있습니다. 밴드부실에 가보니 악기 연습하는 학생들이 교장이 왔는지 관심도 없이 열중하고 있으며 후관 교실에서는 댄스부의 힘찬 기합 소리가 들립니다.

매주 금요일은 동아리 활동과 방과 후 수업이 열려 저마다 자신이 좋아하는 활동을 즐깁니다. 마음껏 끼를 발산하는 날입니다. 자신이 좋아하는 취미를 살려 활동하면서 진로를 개척하고 학교생활에 즐거움을 더하다 보면 자신의 미래가 자연스럽게 열릴 것입니다.

매주 금요일 오후는 끼발날입니다. 끼를 발산하는 모든 이를 칭찬합니다.

●

# 다문화 교육,
# 거부할 수 있니?

**다문화예비학교를 배우러 손님이 다녀갔습니다**

귀한 손님들이 방문했습니다. 교육부 연구사와 인천시교육청 장학사, 그리고 국가평생교육진흥원에서 오신 두 분을 합쳐서 네 분입니다.

우리 학교가 다문화예비학교로 지정받은 지 어언 2년째, 다문화 학생들을 여러 가지 방법으로 교육하는 프로그램을 운영해 왔고, 또 일반 학생들과 함께 국제화와 제4차 산업혁명 시대에 어울리는 국제 이해 프로그램을 진행해 왔습니다. 이는 국제화 개방화 시대에 좁은 국내에만 머물 게 아니라 세계를 무대로 자신의 능력을 발휘하여 MS의 빌 게이츠나 소프트뱅크 손정의, 페이스북의 저커버그 같은 국제적 IT 인재로 자라기를 바라는 마음을 학생들에게 전하는 미래형 교육 방향이라고 생각합니다.

우리는 지속적으로 일본어, 중국어, 한국어 등 어학 교육을 열심히 해 왔습니다. 더 많은 학생이 원어민 선생님에게서 외국어와 외국 문화를 배우고 익혀 장차 세계를 아우르는 글로벌 인재로 성장하도록 바라기 때문입니다.

그동안 여러 프로그램을 묶은 징검다리문화학교와 깨알캠프를 운영하면서 다문화 교육의 폭을 넓혀왔습니다. 학생들은 일본어, 중국어를 원어민에게 무료로 수강하였고, 숲 체험 활동, 드론 교육, 천체 관측 교육, 일본 문화 체험, 도자기 공예 체험, 한국 문화 체험 프로그램에도 참여했습니다.

다문화 학생을 포함한 우리 학생들은 국제 이해 수준과 자아존중감을 높이면서 폭넓은 진로계획을 세울 수 있는 역량을 길러왔고, 다문화 다양성과 감수성을 크게 높여왔습니다. 일련의 다문화 프로그램을 다양하게 준비하고 진행해 온 김경숙, 임진아, 이현주 선생님의 노고를 칭찬합니다.

## 원어민에게서 중국어와 일본어를 배우다

우리가 두 해째 인천광역시교육청 지정 다문화예비학교란 사실을 알고 있나요? 다문화예비학교란 학생은 물론 학부모와 교직원들에게 다문화를 바르게 알려 이해의 폭을 넓히고, 현재 재학하고 있는 다문화 학생들에게 당당한 대한민국 국민으로서 의무와 권리를 제대로 알려 함께 사는 멋진 이웃이 되게 가르치도록 시교육청이 지정한 학교입니다. 다문화예비학교로 지정된 초등학교는 여럿 있지만 중학교는 우리가 유일합니다.

우리 학교에는 가정환경이나 학업 성적, 또 다른 어떤 이유라도 차별이 없습니다. 양성평등 실천은 물론, 장애인과 함께 협동하고 배려하는 아름다운 학교입니다. 실제로 중국인 원어민 선생님과 일본어 원어민 선생님이 매주 학교에 출근하여 외국어를 가르치고 있는데 놀랍게도 수강생 가운데는 학생뿐 아니라 교직원과 학부모도 있습니다. 물론, 수강생은 무료로 중국어와 일본어 회화, 그리고 문화를 원어민에게서 배우고 있습니다.

중국어는 매주 월요일 방과 후에 90분씩 2차시를 학생 23명과 교사 5명이 수강하고 있으며 일본어도 같은 시간만큼 학생 20명과 교사 1명이 수강하고 있습니다. 화요일에는 방과 후에 90분간 학생 26명이, 금요일 방과 후에는 학생 12명과 교사 1명이 함께 공부하고 있습니다. 교사들만을 위한 일본어 강의가 별도로 있는데, 매주 금요일 5, 6교시에 8명이 수강하고 있습니다. 일본어 학부모반도 개강했습니다. 매주 월요일 5, 6교시에 3명의 학부모가 일본어를 배웁니다.

원어민 선생님들은 다문화 강사로도 활동하고 있는데 학교 내 대안학급 학생들에게 4시간씩 일본과 중국 문화를 주당 14시간씩 가르치고 있습니다.

어때요? 우리 학교가 글로벌 스탠다드(Global Standard)로 인재를 키우고 있음을 알 수 있죠? 단위 학교 영재 학급 운영, 최신 시설로 단장하였고 전문 사서가 있는 도서관, 진로진학 정보를 체계적으로 제공하는 커리어 존도 국제화 교육 인프라로서 우리 학교의 자랑거리들입니다.

우리는 학생 개개인에게 맞춤형 학습 지도를 통해서 미래형 인재를 키웁니다. 규격에 꽉 짜인 틀 안에서 강요된 공부에 찌들어가던 옛날 학생들과는 많이 다른 우리 학교의 풍경이 바로 국제화 시대 다문화 교육의 지향점이 아닐까요?

### 징검다리 문화학교 입교 학생들을 칭찬합니다

6월 11일 토요일에 다문화 징검다리 문화학교가 우리나라 역사와 문화를 더 알려고 '서울 시간 여행'을 운영하였습니다. 용산 전쟁기념관과 남산골 한옥마을을 둘러보았습니다.

아침 9시에 교문에서 모여 인원 점검 뒤 오늘 활동 일정을 안내하고 안전사고 예방교육까지 마친 다음, 전세버스를 타고 용산 전쟁기념관으로 이동했습니다. 짧은 이동거리이지만 버스 안에서는 역사 퀴즈가 진지하게 진행되었습니다. 전쟁기념관에서는 한국전쟁실 자원봉사 해설사의 친절한 설명 덕택에 학습이 제대로 이루어졌습니다.

박물관 카페에서 점심밥을 먹고 다시 남산골 한옥마을로 이동하여 오후 체험을 했습니다. 여기서도 한옥마을 해설사의 도움을 받았고, 태권도 시범단의 멋진 공연도 관람했습니다. 징검다리 문화학교에 입소한 사십여 명 학생들은 주말에 좋은 체험학습을 잘하고 왔습니다. 이런 체험들이 차곡차곡 쌓이면 우리 문화에 대한 감수성이 한층 더 높아지고, 자존감 높은 한국인으로 성장하는 밑거름이 될 것이라고 학교장은 믿고 있습니다.

## 원어민과 함께하는 일본문화 체험이 풍성했습니다

4월 마지막 토요일에 일본 문화를 공부하고, 체험해 보고, 일본어도 함께 배우는 '원어민과 함께하는 일본문화 체험 행사'가 예지관 가사실과 교과교실에서 열렸는데요, 일본인 이마무라 선생님의 지도로 음식 만들기와 놀이 체험을 하면서 일본어와 일본문화를 체험하며 다문화를 깊게 이해한 특별한 경험이었습니다.

현재 일본어를 배우고 있거나 일본문화에 관심이 많은 남녀 학생 수십 명이 참가하여 체험장으로 꾸민 헤밍웨이실과 가사실에서 함께 활동했습니다.

음식 만들기는 일본식 부침개인 오코노미야끼 만들기를, 놀이로는 일본 전통놀이인 켄다마와 다루마오토시를 체험했습니다. 오코노미야끼는 해물과 채소를 밀가루와 잘 버무려서 구워내는 일본식 부침개인데, 일본 요리에 항상 들어가는 가쓰오부시(참치양념채)와 소스를 발라 만드는 일본 음식입니다. 학생들은 가사실에서 오징어 썰기와 재료 준비하기는 물론, 부쳐내는 과정을 원어민 선생님과 함께하면서 대표 일본 음식을 제대로 배우는 기회라고 아주 좋아했습니다.

다루마오토시는 달마 그림이 그려져 있는 일본 전통놀이 기구인데 여섯 개 색상의 나무막대를 쌓아놓고 망치를 이용해 중간 것을 하나씩 쳐서 무너뜨리지 않고 빼내는 놀이이고, 켄다마는 본체와 공이 줄로 이어져 있는 장난감을 요요처럼 당겨서 양옆 받침대 혹은 위쪽 뾰족한 곳에 끼워 넣는 전통놀이로 집중력과 순발력 향상에 도움이 된다고 합니다.

주말에도 쉬지 않고 일본 문화를 배운 학생들을 칭찬하고, 준비해 준 원어민 선생님과 김경숙 선생님의 노고에 감사합니다.

●

# 향토사랑,
# 자연과 함께

### 두드림학교, 광릉 수목원에 가다

7월 둘째 토요일 오전 9시에 남녀 학생 30명이 학교에 모여들었습니다. 어제 방학하자마자 맞은 오늘이 두드림학교에서 경기도 포천시 소재 유네스코 환경 보호 지구인 국립 수목원과 세계 문화유산 광릉에 체험학습 가는 날입니다. 두드림학교란 학업 수행에 조금 더 도움이 필요한 학생들을 위한 학력 향상 프로그램입니다.

최신 관광버스에 탄 30명 남녀 학생들과 지도교사 4명, 그리고 행정실 지원 인력 2명까지 모두 36명이 한 팀을 이루어 현장에 달려갔습니다. 어제까지 퍼붓던 집중호우가 오늘 아침에는 말끔히 갰고, 고속도로에 오르자 햇살까지 환하게 비춰주었습니다. 장마철이지만 지난주 3일간 체험학습 가던 기간에는 날씨가 멀쩡해 무슨 일을 하더라도 하늘이 도와주더니 오늘도 예외 없이 청명한 여름 날씨를 보여주었습니다.

현지에 도착한 시각이 10시 30분, 숲 해설사 선생님이 안내하여 수목원의 온갖 나무를 만나고 공부하며 숲의 생태를 배웠습니다. 한국 토종 바나나로 불리는 으름나무와 그 열매를 직접 눈으로 확인했으며, 나무 조각을 이용한 공작 만들기는 기념품으로 간직하기에 좋은 이벤트였습니다. 도시락으로 점심을 먹고 세계 문화유산인 조선왕조 세조릉과 부인 정희왕후릉을 둘러보았습니다. 세심하고 꼼꼼한 해설사의 친절한 해설이 큰 도움되었습니다.

오늘 우리 학생들은 세계 어디에 내놔도 자랑스러운 역사와 문화가 스며있는 아름다운 숲이 있다는 사실을 확인하고 뿌듯해 했으며, 조선 왕릉이 가진 조형미의 아름다움을 직접 확인하는 소중한 기회였습니다.


### '자연애(愛)끌림 숲 생태 체험'마을공동체학교 운영

'계양 사랑, 마을에서 함께 놀자'프로그램이 6월 2, 3주 토요일에 학교부터 천마산 일원까지 둘러보는 '자연애(愛) 끌림 숲 생태 체험'이름을 내걸고 진행되었습니다. 계양 교육혁신지구 마을공동체 사업으로 지역사회와 함께하는 이 프로그램은 변명선, 이현주 선생님이 주관하고 동네 지킴이 조현재(효성 마을공동체 대표), 신만덕(생태 강사), 조은래, 덕자맘 등 자원봉사 해설가들이 함께 참여했습니다. 등산 동아리와 효성사랑생태체험 동아리로 나눈 28명 두 팀입니다.

이 프로그램을 통해 우리 마을 효성동을 문화적 역사적으로 이해하고 자연환경의 특징을 배우면서 마을의 소중함을 깨닫고, 어울려 살아야 한다는 가치를 함께 배웠습니다. 참여자들은 마을 생태 지도 그리기를 통해 마을의 특징을 이해하고 마을 공동체가 교육의 장이 될 수 있는 환경에 대해 생각해 보았습니다.

이 사업은 올해 2학년 특색사업인데 변명선 학년부장 선생님과 2학년 담임 선생님들의 아이디어로 태동하여 마을 생태 체험 교육 프로그램으로 진화한 것입니다. 마을 생태 체험 활동을 통해 학생들은 자신이 사는 우리 동네를 유기적으로 더 잘 이해할 수 있게 될 것이고, 마을 생태 지도를 만들면서 자연스레 애향심을 기르게 될 것입니다. 발을 디디며 직접 답사한 경험을 통해서 우리 동네를 가슴으로 이해하는 효과도 기대됩니다.

학생들은 부평과 계양의 역사와 효성동의 지명 유래를 배웠고 유적(영신 군 이이의 묘)과 우리 마을 둘러보기, 천마산 생태 체험하기, 마을 특성 알기 활동을 생태 도우미들과 처음부터 끝까지 함께했습니다.

갑자기 시작된 이른 무더위 때문에 조금 힘들기는 했지만 토요일의 안락한 휴식 대신 선택한 이 프로그램 덕택에 시원한 산바람과 나무그늘이 함께했고, 프로그램을 마친 뒤에는 학교에서 마련한 맛있는 닭갈비 덕택에 피로를 풀면서 해피엔딩으로 끝을 맺었습니다.

우리 고장의 진산인 천마산을 등반하고 생태 지도를 그려봄으로써 자연의 소중함을 아는 데서 그치지 않고, 자연을 즐기고 사랑하게 되어 마음이 넓어지고 남을 배려하는 건강한 청소년으로 자라는 계기가 되었다고 생각합니다.


### 교장실의 용도는?

교장실에서 졸업을 코앞에 둔 3학년 학생들과 특강 수업을 함께하고 있습니다. 월요일부터 5일간 3학년 8개 학급을 초대하여 한 시간씩 진행 중입니다. 교과 담임 선생님의 수업 시간을 할애 받아 하는 수업이니만큼 졸업을 앞둔 그들에게 미래의 직업 전망을 소개하고, 특히 세계화 시대에 지구촌을 앞마당 삼아 살아갈 미래의 주인공들이 할 만한 직업 세계를 열두 가지씩 추천하면서 전망도 함께 해보았습니다.

자신의 장점을 스스로 찾아 급우들 앞에서 발표하도록 하여 자신이 삶의 주인공이라는 사실을 확인하게 하고, 4차 산업혁명 시대 디지털 세대로서 자존감을 높여 삶에 긍정적 에너지를 충전할 수 있는 방법을 안내해 주었습니다.

마지막으로 '명현의 추억'이라는 주제로 학교생활 중 기억나는 여러 가지를 떠올리고, 그것을 다함께 회상하면서 역시 이 활동이 긍정적 에너지로 연결되기를 기원했습니다.

함께 했던 작성 항목은 다음 여섯 가지입니다.

1. 나의 중학생 시절을 한 마디로 표현하면?

2. 가장 기억하고 싶은 학교생활 추억이 있다면?

3. 학교생활 중 기억하고 싶지 않은 실패담은?

4. 다시 중학생이 된다면 이것만은 놓치고 싶지 않다고 후배들에게 당부하고 싶은 말은?

5. 내년 스승의 날에 제일 먼저 인사드리고 싶은 분과 그 이유는?

6. 20년 후 내 모습은?


교장실 문턱을 없애고 일 년 내내 개방했지만 재학 중 오늘 처음 들어온 사람을 확인해 보니 학급당 5명 내외였습니다. 앞으로는 교장실 문을 더욱 활짝 열어두려 합니다. 교장실은 일반 교실 한 칸 넓이인데 현재 사용자는 학교장 1인입니다. 하지만 혼자 사용하기에는 너무 넓은 공간입니다.

해마다 신입생이 입학하면 낯선 학교생활에 빨리 적응하라고 신입생 적응 교육 주간을 운영해 왔습니다. 오리엔테이션을 학교 강당과 교실, 특별실, 그리고 교장실에서 진행합니다. 교장실에 초청한 모든 학생에게는 자존감을 함께 측정해 보고 자신의 장점을 찾게 합니다.

교장실은 학교를 방문하는 많은 손님과 학부모, 그리고 학부모 대표인 학교운영위원회 위원, 학부모회와 아버지회 임원들이 수시로 출입하는 곳입니다. 재학생들도 수시로 들락거릴 수 있도록 항상 문을 열어둡니다. 쉬는 시간과 점심시간이면 주로 1,2학년 학생들이 단체로 몰려옵니다. 과자와 얼음도 먹을 수 있고, 학교장과 대화를 나누려는 학생도 있지만 자기들끼리 모여서 긴급회의도 하고 그냥 앉아서 쉬기도 합니다.

오늘은 모한결, 김성현 두 학생이 영어 참고서를 가지고 이마 맞대고 공부하다 갔습니다. 푹신한 소파가 편하다나요. 점심시간인데 쉬지도 않고 교장실에서 이마를 맞대고 하나씩 문제를 풀어나가는 모습이 보기에 좋았습니다. 우정도 나누고 공부도 하고 사탕도 하나씩 받고, 이런 걸 꿩 먹고 알 먹는다고 하지요.

교장실은 누구든지 출입할 수 있는 곳이자 쉬었다 가는 곳이며, 회의를 할 수도 있고, 학교장에게 학교생활 불편이나 불만, 감사의 말을 할 수 있는 자유 공간이자 친구들과 함께 편안한 소파에 앉아 토의하거나 문제풀이도 마음껏 할 수 있는 곳입니다. 의자와 공간이 필요하다면 언제든지 이용하세요.

●

# 소프트웨어 교육,
# 내가 제일 잘 나가!

### 짱 동아리는?

우리 학교에 많은 동아리가 있습니다. 그 중 어느 동아리가 짱인지 물어보면 답변하기 곤란합니다. 모두가 하나같이 소중하고 훌륭하거든요. 학교장은 모든 학생들이 1인 1개 이상 동아리에 참가하여 자신의 특기를 기를 수 있도록 각별히 배려하고 있습니다.

자랑스러운 서른일곱 개 교내 동아리 가운데 어제는 유비쿼터스 동아리가 단연 빛났습니다. 소프트웨어교육과 앱 개발을 목표로 똘똘 뭉쳐 공부하느라 항상 바쁜 이 동아리가 정말 수고 많았습니다. 미래창조과학부 최양희 장관을 학교로 부른 당사자들이기도 합니다. 우리는 2014년부터 소프트웨어 교육 시범학교, 선도학교로 지정받은 이래 소프트웨어 교육을 열심히 이어온 덕택에 많은 실적을 거두었고, 그 사실이 소문나면서 장관을 학교에 모실 수 있었습니다.

어제 장관님과 많은 손님이 지켜보는 가운데 로봇팀 셋과 앱 개발팀이 너무나도 의젓하게 학습 활동 결과를 발표하여 칭찬을 받았습니다. 덕택에 공개수업도 성공적으로 끝났습니다. 장관님은 방문 선물로 3D 프린터 한 대를 기증했습니다. 이 프린터는 교육 실습용으로 잘 쓰겠습니다. 우리 학교 유비쿼터스 동아리 짱입니다.

## CT를 아시나요

CT는 병원에 가면 볼 수 있는 의료 장비입니다만 우리 학교에는 또 다른 CT가 있습니다. 바로 Computational Thinking 즉 컴퓨터식 사고방식, 또는 컴퓨터에 익숙한 생각 등 컴퓨터를 자유자재로 활용할 수 있는 능력을 가진 사람을 일컫는 말입니다.

오늘 올 한 해 동안 미래창조과학부 지정 '소프트웨어 교육 선도학교'활동을 마무리하고 활발히 참여한 학생에게 학교장이 공식 인증하는 'CT 인증서'를 교부하는 행사를 열었습니다. 그동안 컴퓨터 활용 능력 향상에 애쓴 학생들에게는 능력에 따라 금장, 은장, 동장을 수여하고 결과를 학생부에 기록했습니다. 지난 5월에 우리의 소프트웨어 교육 활동을 높이 평가한 미래창조과학부 장관이 소프트웨어 교육 현장인 우리 학교를 직접 다녀가셨습니다만 한 해 동안 로봇 동아리와 유비쿼터스 동아리를 중심으로 소프트웨어 교육 활동에서 수많은 수상 실적을 거두었습니다. 실제로 네이버에 접속해 보면 '소프트웨어야 놀자'방에 우리 학교의 활동 실적과 지도교사 수기가 실려 있는 것을 확인할 수 있습니다.

오늘 행사에 참여한 학생들은 개인 인증서를 받았습니다. 앱을 개발해 상 받은 3학년 학생 두 명의 발표도 이어졌습니다. 물론 참가한 모든 학생에게는 다과를 주고 칭찬했습니다.

## 로봇 동아리 활동 개시

우리 학교는 행복배움학교이자 자율학교입니다. 우리 모두의 자랑이죠. 학생의 행복을 위해서 언제나 함께 고민하고 교육과정 편성과 운영에도 상당한 자율권이 있는 만큼 학생의 이익을 최우선으로 학교를 운영합니다. 그래서 학생이 주인 되는 학교입니다.

또 하나 자랑거리가 있습니다. 바로 미래창조과학부와 한국창의과학재단 지정 소프트웨어 교육 선도학교라는 사실입니다. 2018학년도부터 모든 학교에서 소프트웨어 교육이 필수 교육과정이 되었습니다. 소프트웨어 교육이 중요시되는 이유는 그것이 미래의 먹거리이기 때문입니다. 마이크로소프트의 윈도우, 애플의 IOS, 구글 안드로이드가 지금 세상을 지배하는 대표적인 소프트웨어라는 사실을 잘 알고 계시죠? 최근 짧은 세월 동안에 이것들이 세상을 통째로 바꿔버렸다는데 이의를 제기할 사람은 없을 것입니다. 세계 1위 부자 구글이나 아마존, 페이스북, 국내의 네이버, 카카오는 공장 없는 소프트웨어 기업이자 국내외에서 엄청난 자산 가치를 가진 재벌급 기업들입니다. 삼성전자에 입사하여 소프트웨어와 앱을 개발하는 엔지니어나 프로그래머가 되는 것이 이 땅 정보 영재들의 꿈인 이유는 이 기업들이 소프트웨어로 세계를 지배하고 있기 때문이며, 이런 추세는 날이 갈수록 더해 갈 것입니다.

마침 3월 29일에 EBS 교육방송에서 소프트웨어 교육 현장을 탐방하고 취재하러 우리 학교에 옵니다. 우리가 소프트웨어 교육을 아주 잘한다고 소문났기 때문입니다. 로봇 동아리가 요즘 활발히 움직이는 이유입니다. 교육방송에서 취재해 가니 방송될 날을 기다리면 되겠지요.

네이버에 '소프트웨어야 놀자' 사이트가 있습니다. 소프트웨어가 시대적 대세라는 것을 알고 있나요? 그곳에 접속하면 소프트웨어 교육 페스티벌 SEF 2015 대회 대상(미래창조과학부 장관상) 수상자인 서원경 선생님의 보고서 '아두이노와 함께 하는 실생활 문제 해결'보고서를 열람해 보실 수 있습니다. 우리 학교를 전국에서 가장 유명하게 만들었고 소프트웨어 교육의 선두 학교로 만든 선생님의 만화를 곁들인 로봇 교육 보고서를 찾아보고 로봇 동아리의 활동 이모저모를 직접 확인해 보기 바랍니다. 며칠 전 네이버에서 선생님의 수상 소식과 관련해 우리 학교를 방문하여 관련 로봇 수업 장면을 촬영해 갔답니다.

### 온디맨드 시대, 이제 익숙해요?

'온디맨드(on-demand)'란 유튜브나 영상 비디오처럼 필요할 때 언제든지 수요자가 원하는 물품이나 서비스 등 각종 콘텐츠를 즉시 공급하는 비즈니스 모델을 말합니다. '온디맨드 시대'란 스마트폰 앱에 접속하여 원하는 음식을 즉시 주문하여 먹고, 시내버스의 움직임을 실시간으로 확인하여 편리하게 이용하며, 국내외의 항공, 열차, 고속버스표는 물론, 해외 숙박권 구매와 영화, 음악 등 공연 관람권 티켓을 아무런 제약 없이 언제 어디서나 구입할 수 있는 시대를 말합니다. 현대의 편리함을 상징하는 용어이며 우리는 이미 앱을 활용하여 편리한 생활을 누리고 있습니다.

온디맨드 시대에는 직장이 아니라 직업을 가져야 한다고 합니다. 정규고용이 줄어들고 해고가 자유로워지는 미국식 고용 구조가 고착화하면 전문성 높은 자격증과 실력을 두 가지 이상 갖추고 언제든지 직장을 옮길 준비를 해야 합니다.

올해 진로진학상담부는 엄청 바빴습니다. 전용 공간 '커리어 존'을 만들었고 여러 행사를 진행했는데, 지금껏 세상 많은 이들이 가진 고정관념, '상위권 학생은 특목고 가고 다음 수준 학생은 일반고에 간다'는 생각을 깨버린 금년 3학년의 진학 실적을 보면서 '진로교육의 성과가 가시화되는구나.'라고 생각하였습니다. 진로진학상담부에 들렀다가 산더미처럼 쌓인 학생들의 보고서를 보고 깜짝 놀랐습니다. 보고서에는 학년이나 나이를 가리지 않고 장차 자신이 어떤 직업을 가지고 행복한 삶과 성취를 이룰지 다양한 고민이 담겨있었습니다.

시대 트렌드에 둔감하면 안 되는 이유는 교사 자신은 물론 제자인 학생들에게도 미칠 영향이 매우 크기 때문입니다. 관련 도서 한 권을 추천합니다. 『10년 후 세계사』란 책입니다.

　* 우리의 삶은 어떻게 바뀔까
　* 우리의 세계는 어떻게 나갈까
　* 우리는 어떻게 살아야 할까

이 책을 읽으면서 세상의 변화가 얼마나 빠른지 실감하게 되어 두려워졌습니다.


### 대통령께 칭찬받은 교육 박람회 참가

로봇 동아리와 유비쿼터스 동아리 중심으로 참가한 교육부 주최 2016 대한민국 행복교육박람회가 일산 킨텍스에서 10월 20일부터 3일간 열렸습니다.

개막 날 오전 10시에 3학년 홍지우 학생과 함께 대통령이 참석하는 개막식에 초대받아 갔는데 대통령 바로 뒤쪽에 앉았습니다. 개막식 뒤 곧바로 이어진 시범 관람 행사에서는 우리 학교 로봇 동아리가 대통령께 로봇 미션을 시연하였고, 대표 김우진 학생이 칭찬을 들었습니다. 미래 교육관에서 디지털 교과서와 함께 준비된 우리 학교팀의 로봇은 쓰레기 줍는 로봇이 돌아다니다 목표물을 인식하면 주워서 쓰레기통에 비우는 과제를 완벽하게 수행하여 대통령께서 활짝 웃으며 기뻐하셨습니다.

오후부터 시작된 일반 관람 행사에서 우리 학교는 소프트웨어 교육 특별관에서 부스를 운영했습니다. 우리가 준비한 콘텐츠는 EV-3 조립 로봇이 수행하는 사탕 뽑기 기계 체험하기, LED로 무드등 만들기, 선풍기 조립하기였습니다. 이 프로그램은 장난감 단순 조립이 아니라 소프트웨어를 이용하여 구현하는 소프트웨어 체험하기입니다.

소프트웨어 체험관을 운영한 다섯 학교 중에서도 우리 부스가 가장 인기라서 북적거리는 관람객들로 혼잡이 빚어지기도 했습니다. 대통령께 칭찬 받은 덕택에 박람회 기간 중 교육부장관을 비롯하여 우리 교육청의 교육장님 등 많은 고위 인사들도 많이 다녀가셨고 각별한 관심과 함께 칭찬을 해주셨습니다.

●

# 빅 데이터에 주목하라,
# 앞날이 열릴 것이다

**빅 데이터를 다루는 사람이 미래를 잡는다**

11월 셋째 주말 아침 8시부터 컴퓨터실이 젊은이들의 열기로 가득 찼습니다. 인하대학교 통계학과 재능기부팀이 영재 학급 학생들에게 최신 지식을 전달하러 통계캠프에 왔기 때문입니다. 우리 학생들이 대학생들에게서 젊은 기운과 새로운 트렌드를 배우려고 모인 것입니다.

가까운 미래에는 빅 데이터를 누가 얼마나 갖고 있느냐, 그리고 그 빅 데이터를 얼마나 잘 가공하여 유의미하게 산출해 내느냐 여부가 그 사람이나 그 나라, 지역의 재화를 결정짓는다고 합니다. 그만큼 정보 통신 시대의 특징은 빅 데이터로 대변할 수 있습니다.

이번 특강은 아주 시의적절한 테마였습니다. 특히 공부깨나 한다는 영재 학급 학생들이니만큼 이들에게 학습 의욕과 성취동기를 부여하는데 크게 기여할 것으로 생각합니다. 주말임에도 불구하고 이 기회를 마련해 준 안영지 선생님의 노고에 존경과 감사의 마음을 전합니다.

이날따라 공교롭게 컴퓨터실 옥상에서 방수공사를 하느라 소음이 제법 났지만 쌀쌀해진 날씨에도 불구하고 컴퓨터실에서 빅 데이터를 다루는 열기가 뜨거워서 고맙고도 미안했습니다. 학생들은 대학생들의 도움을 받아 워드 클라우드 실습을 하고 자신이 관심을 가진 분야별로 어떤 단어가 가장 많이 언급되는지 직접 조사 분석하는 작업을 하면서 자신의 미래를 예측해 보는 활동을 하였습니다.

미래에 전망이 가장 좋은 직업 분야가 바로 통계학과 수학과 쪽입니다. 빅 데이터 관련 수학과 통계학 분야에 관심 갖기 바랍니다. 수학이 어려워서 싫다고요? 그래도 관심 가지고 발을 담그다 보면 길이 보일 것입니다. 여러분이 좋아하는 컴퓨터나 앱, 게임, 스마트폰, 그리고 모든 디지털 관련 콘텐츠는 예외 없이 수학을 기반으로 하고 있습니다. 수학 없는 세상은 상상도 할 수 없지요.

앞으로 우리 학생들이 빅 데이터를 더 많이 이해할 수 있도록 인하대 통계학과와 MOU를 체결하고 지속적으로 도움을 받아 우리 학생들이 수학과 친해지는 계기를 마련하려고 합니다. 통계캠프에 참가한 여러분은 행운아들입니다.

# 과학교육 성공이
# 우리의 미래

## 영재 학급이 개강했습니다

4월의 첫날 오후, 정규 수업이 끝나고 학교가 갑자기 분주해졌습니다. 학급별로 청소며 종례를 하느라 시끌벅적했지만, 사실은 짧은 청소 시간에 이어서 방과 후 학교와 영재 학급 개강식이 동시에 열렸기 때문입니다.

제일 먼저 과학실에 달려갔습니다. 우리는 교육청의 허가를 받아 단위 학교 영재 학급을 운영해 왔습니다. 수학, 과학과 특별 강좌를 개설하고 수강을 희망하는 학생을 선발하여 1년 동안 100여 시간 가까운 특별 수업을 실시하고 미래형 인재로 키우는 과정이 일반적인 영재 학급입니다.

우리는 수학과, 과학과 특별 수업에다 정보 컴퓨터, 소프트웨어 교육을 더하는 교육 과정을 무학년제로 운영하고 있습니다. 선발된 20명 학생들은 올 한 해 주 2회씩 영재 수업을 받게 되는데 지도교사는 수학과, 과학과, 정보과 교사 중 영재 교육 지도 방법을 익히고 이수한 베테랑 선생님들이 담당합니다.

개강식에서 영재 학급 개설의 의의를 설명하고 수강생들이 특별히 노력하여 장차 대한민국 미래의 먹거리를 책임질 인재로 자라나기를 바라는 마음을 전달했습니다.

"여기 모인 여러분이 대한민국의 내일을 책임질 사람들입니다. 여러분이 자랑스럽습니다."

### 과학실에는 밥 먹는 시간이 따로 없군요

오늘 점심시간에 과학실에 들렀습니다. 언제나 학생들이 바글바글하고 지도교사들이 밤늦게까지 무언가를 하고 계시는 곳입니다. 세 분이 상주하는 과학과 교무실이 있고, 그 좌우에 과학 실험실과 교재 보관실로 이루어져 있는데 장차 과학자의 꿈을 꾸는 학생들이 끊임없이 들락거리면서 과제하고 실험하고 토론하고 보고서 쓰느라 분주합니다. 상설 SM 과학실험 동아리와 천체 관측 GM 동아리 학생들이 그 주인공이죠. 학구열에 충만한 학생들이 들락거리면서 내일의 아인슈타인을 꿈꾸는 모습을 보면 항상 마음이 흐뭇하고 또 그래서 더 잘 도와야겠다고 마음을 다지게 됩니다.

오늘 점심시간 과학 실험실에서는 김경숙, 최미례 부장님이 학생들의 과제를 돕고 계셨습니다. 점심밥도 굶은 채 도대체 뭐 하는지 궁금해서 물어보았지요. 그랬더니 오늘 모인 남녀 학생들은 수행평가 미제출자이거나 부실 제출자라서 다시 이 시간을 이용해 과제하고 학습도 하도록 지도하고 있다는 것입니다. 수행평가에서 한 점이라도 더 받을 수 있도록 점심시간의 짧은 휴식까지 포기하고 학생들을 지도하고 계신 거였어요.

대단합니다. 과학 동아리가 전통 있고 유명한 줄 다 알고 있지만 안 보이는 곳에서 선생님들의 이런 노고가 있기 때문이라는 것을 다시 알게 되었습니다.

## 단위학교 영재 학급 과정을 수료한 학생들을 칭찬합니다

어제 단위학교 영재 학급이 올해 60시간의 장정을 끝내고 마침내 종강했습니다.

수학과는 올해의 수학교사상을 받은 안영지 선생님, 그리고 과학과 모든 선생님들이 함께 참여하여 실험과 개념 이해 중심으로 수업을 이끌어주셨습니다. 지도교사들은 정말 성실하고 책임감이 강한 분들입니다. 이렇게 훌륭한 지도교사와 함께할 수 있었던 영재 학급 학생들은 정말 행운이라고 하지 않을 수 없습니다. 지도해 주신 선생님들, 감사합니다.

우리의 미래는 소프트 파워인 과학 인재에 달렸다고 하죠? 일본에 노벨상 수상자가 25명대가 되도록 우리나라는 뭐 하고 있는 걸까요? 과학 영재인 과학고 졸업생의 80~90%가 의사가 된다는 사실이 너무 화납니다. 과학 투자가 많아야 대한민국의 미래가 있습니다. 설령 우리 영재 학급 학생들이 나중에 그 길을 걷게 되지 않더라도 과학을 사랑하는 인재로 자라날 수만 있다면 성공이라고 믿습니다. 50년 만에 떴다는 간밤의 슈퍼 문처럼 이 학생들을 포함한 우리 학생들이 잘 성장하여 부모를 기쁘게 하고 나라에 큰 도움 되는 인재로 자라기를 기원합니다.

관내 초등학교와 초등생 학부모들이 내년에도 우리 영재 학급이 운영되는지를 자주 문의합니다. 누구도 차별하지 않는 교육이 우리 학교의 목표이지만 학생 개개인이 가진 다 다른 희망과 진로를 잘 돌보기 위해서는 더 다양한 프로그램이 있어야 한다고 믿습니다. 그래서 내년도 영재 학급은 현재의 수학·과학과 교육과정에다 정보, 인문학, 세계시민교육 프로그램을 더해서 융복합 시대에 맞는 방향으로 발전시킬 계획입니다.

## 인천 과학 대제전에 참가한 모든 이를 칭찬합니다

11월 18일부터 이틀간 송도 컨벤시아에서 인천 과학 대제전이 열렸습니다. 우리 학교는 소프트웨어교육 우수교이자 선도학교 자격으로 부스를 운영했습니다. 유비쿼터스 동아리 학생들이 운영위원으로 참석한 이번 행사 개막에 전혜진 학운위원장과 채진희 학운위원이 참석하여 격려해 주셨습니다.

과학 교육 잘되고 있는 우수 학교들이 참가한 이번 행사는 과학의 소중함과 친근함을 직접 확인해 볼 수 있는 기회였습니다. 실제로 토요일을 맞아 어린 자녀의 손을 이끌고 과학 체험을 하러 온 부모님들이 눈에 많이 띄었고, 버스를 전세 내 단체로 온 팀들도 보였습니다.

우리 부스는 지난달 일산 킨텍스에서 열린 행복교육박람회에서 큰 인기를 끈 로봇으로 만든 크레인 체험을 중심으로 LED 무드 등 만들기, 알라딘 퀴즈 등을 전시했는데, 관람객들이 인산인해를 이루었습니다. 교육장님을 비롯하여 국장, 과장, 장학사님들이 우리 부스를 다녀가시고 칭찬 말씀해 주셨습니다.

부스를 운영해주신 서원경 선생님과 동아리 친구들, 그리고 학생을 인솔해서 다녀가신 김경숙 선생님과 학생들에게 감사 인사드립니다.

## 한국 정보올림피아드 전국 본선 출전하는 우리 학교 팀

자랑스럽습니다.

한국정보올림피아드 본선 대회가 서울 한국정보화진흥원에서 열립니다. 이루리 학생을 비롯한 3명의 학생들이 Play play coloring이란 앱을 가지고 출전합니다. 선전을 기대합니다.

전국 대회에 출전하려면 시도 단위 올림피아드에 출전하여 대표로 선발되어야 합니다. 우리 학교 팀도 위 주제로 출전하여 인천 대표로 선발되었습니다. 인천에서 선발된 8개 중고등학교 팀이 전국 대회에 출전했는데 우리 학교팀만 유일하게 전국 대회 본선을 통과하여 내일 최종 심사 절차만 남겨두었습니다. 특히 이 결과가 아름답고 자랑스러운 이유는 참가 선수들이 정보화 부문에서 재능이 뛰어났거나 일찍부터 많은 성과를 거둔 정보 영재가 아니라는 사실입니다. 그림과 디자인 재능이 지도교사 눈에 띄어 발굴했는데 최근 추세인 융합적 사고와 주제를 연결하는데 놀라운 창의성을 보여주었다는 지도교사의 평가가 돋보입니다.

요즘 세상은 두뇌가 뛰어난 영재보다는 융합적 사고방식으로 협업하고 통합하는 지혜를 가진 인재를 기다린다고 합니다. 그런 점에서 정보 영재가 아닌 이 학생들이 정보올림피아드에서 좋은 성적을 거두었다는 것은 특별한 의미가 있습니다. 물론, 이들의 놀라운 재능을 알아봐 주고 키우도록 이끌어주신 지도교사의 능력이 결정적 요소임에 틀림없습니다. 내일 전국대회에서 이 선수들, 위축되지 않고 자신의 능력을 마음껏 발휘해서 좋은 빛깔의 메달까지 받아왔으면 더욱 좋겠습니다.

# 창의적 교육과정 운영,
# 행복 배움의 큰 길

## 3학년 기말고사, 끝까지 포기하지 말자

3학년 2학기 기말고사가 내일까지 계속됩니다. 중학교 과정에서 치르는 마지막 필기시험입니다. 학생들 입장에서는 시원섭섭하겠지요. 이번 시험 결과를 합산하여 내신 성적을 산출하고, 그 결과에 따라 일반계와 특성화 고교를 구분하여 지원하는 등 진학의 길을 밟게 됩니다.

3학년 모 여학생이 손바닥에 오늘 시험 본 득점 상황을 적어 와서 조심스럽게 보여줍니다. 자신이 진학하려는 고교 입시에 실패하지 않으려고 내신 성적을 잘 받고자 열심히 노력한 결과를 인정받고 싶어서입니다. 미래에 대해 아무 생각도 하지 않거나, 생각이 아예 없거나, 애써 외면하거나, 학교생활 자체에 흥미를 잃어버린 학생도 상당수 있는 게 사실이지만 이 학생은 고교 진학에서 결코 실패하지 않겠다는 강한 목표 의식을 갖고 있기 때문에 목표를 반드시 이룰 것이라고 확신합니다.

잘 대비해야 행복한 미래를 맞을 수 있습니다. 늦었다고 생각할 때가 가장 빠른 때입니다. 미래를 위해 고민하고 선생님과 상담하면서 열심히 준비하는 그의 모습에서 가슴 벅찬 희망과 가능성을 봅니다.

내일 하루 남은 기말고사에서 단 하나도 포기하지 않는 학생이 되기 바랍니다.


## 수업 시간이 이렇게 재미있구나!

오늘 2학년 3반 교실에서는 신명분 선생님의 기술가정과, 2학년 4반에서는 안영지 선생님의 수학과 수업 연구가 있었습니다. 두 수업 모두 흥미 만점에 익사이팅(exciting)하고, 오섬(awesome)할 뿐만 아니라 원더풀(wonderful) 했다고 평점을 매깁니다.

일반적으로 수업 연구라고 하면 잘 계획된 수업 과정안을 사전에 준비하고, 잘 짜인 순서에 의거 한 치 오차도 없이 진행되는 시나리오 같은 느낌에다 학생들은 외부 손님들이 지켜보고 있다는 긴장감 때문에 기침 소리도 맘대로 내지 못하는 경우가 예전에는 무척 많았습니다. 하지만 이제는 교실 풍경이 많이 다릅니다. 자유분방한 분위기 속에서 자기주도적 학습 태도로 협동 학습과 프로젝트 학습을 위한 협력 활동 중심으로 진행되다 보니 왁자지껄한 토의와 논의가 이어지고, 모둠별로 모였다가 헤치느라 책걸상이 들썩거리거나 서로 이마를 맞대고 학습지를 풀어가는 정다운 모습도 자연스레 지켜보게 됩니다.

두 수업 연구도 마찬가지였습니다. 기술가정과는 각 가정에서 각자 지참해 온 마트 전단지와 가위, 풀 등을 펼쳐놓고 식품 영양소 자전거를 만들어 발표하는 수업이 진행되었습니다. 수학과 수업에서는 산가지 놀이라는 전통놀이를 한참 신나게 즐긴 다음, 자신이 얻은 산가지를 헤아리고 정리하여 연립방정식을 만들고 문제를 해결해 가는 아주 멋진 과정을 보여주었습니다. 학생들의 흥미 가득하고 행복해하는 모습을 보며 어려운 수학 수업을 이처럼 재미있게 진행할 수 있구나, 또 기술가정과가 일상생활에 얼마나 깊은 관련을 맺고 있는 중요한 과목인가를 느끼게 한 훌륭한 시간이었습니다.

역량이 뛰어난 선생님들이 우리 학교에 재직하고 있다는 것이 이렇게 행복한 것이구나 느낍니다. 학생들의 행복한 학교생활을 만들어주려고 애쓰는 모든 선생님의 노고에 다시 한 번 감사했습니다.

### '명현 TMC' 활동을 아시나요?

1월 24일 오전, 2학년 학생들이 다 함께 교실을 순회하며 체험하는 명현 TMC(Team Mission Clear) 활동을 실시했습니다. 쾌적한 교육 환경을 만드는 대대적인 시설공사 덕택에 지난 여름방학이 길었고 대신 겨울방학은 없습니다. 그래서 1월 내내 등교하느라 지친 재학생들의 기운을 북돋아 줄 톡톡 튀는 아이디어를 끌어내느라 선생님들이 수고를 많이 하였습니다. 오늘 이 행사도 선생님들이 아이디어를 내서 기획하고 학생들이 함께 참여하여 팀별 학습체험을 하는 기회를 제공하려고 한 달 전부터 준비한 것입니다.

우리가 사는 세상에는 이미 4차 산업혁명이 진행되고 있으며 사회는 상상력이 풍부하고 창의적 사고력을 가진 인재를 필요로 합니다. 창의적 사고력을 요구하는 것은 시대적 트렌드이며 학교는 이를 키우는 교육을 하지 않으면 안 됩니다. 다행스럽게도 우리 학교는 행복배움학교의 길을 걸으면서 시대를 앞서가는 교육, 창의적이고 자기 주도 학습 능력이 강한 인재를 기르는 교육을 지향하여 일찍부터 많은 노력과 투자를 해 왔습니다.

요즘 학생들은 예능 TV 프로그램에 관심과 흥미가 높습니다. 요즘 한참 인기 높은 예능 프로그램의 포맷을 이용하여 교과 수업과 연결한다면 참여도를 높일 수 있고 성취도도 높일 수 있으리라 판단하여 학년협의회에서 이 프로그램을 마련한 것입니다.

학생들은 팀별로 교실을 찾아서 교과별 체험을 하고, 미션을 마치면 인증을 받게 됩니다. 각 교실에서는 지도교사가 준비한 교과별 학습 교재와 학습지를 준비하여 방문한 학생들에게 과제를 부여하였습니다. 각 교과별 주제는 다음과 같은데 교실마다 순회하는 학생들의 발걸음이 내내 분주했습니다.

- 역사 교실 – 힌트 메시지를 해석하여 보물찾기
- 기술가정 교실 – 샌드위치에 사용된 소스류 맞추기
- 영어 교실 – Wingo 게임을 체험하면서 영어 단어 맞추기
- 수학 교실 – 배수 게임하기
- 도덕 교실 – 제시된 미션 수행하기
- 미술 교실 – 그림으로 제시된 단어 맞추기
- 과학 교실 – 공전과자 잡기 (이론 설명)
- 음악 교실 – 팀별 노래 미션 완수하기
- 체육 교실 – 해당 점수 맞추기
- 국어, 한문 교실 – 고요 속의 외침(사자성어, 속담)

오늘 미션에 잘 참여한 학생들을 칭찬합니다. 하지만 이 프로그램을 기획하고 성공적으로 운영해 낸 변명선 학년부장님을 비롯한 모든 선생님의

노고를 칭찬하지 않을 수 없습니다. 시키지 않아도 스스로 아이디어를 내고 전에 없던 프로그램을 새로 만들어 운영할 수 있는 능력이야말로 오늘날과 같은 4차 산업혁명 시대를 살아가는 사람들의 것입니다.

●

# 인성 교육을 잘해야

**이렇게 정직한 학생이 있다니**

내가 초등학생 시절, 도덕 교과서에는 이런 내용이 있었습니다.

영국의 어느 공원에서 한 어린이가 울고 있었습니다. 곁을 지나가던 신사가 아이에게 물었습니다.

"너는 여기서 왜 울고 있니?"

아이가 대답했습니다.

"공놀이를 하고 있었는데 공원 안 잔디밭으로 공이 굴러갔어요. 그런데 잔디밭이 출입금지잖아요."

출입금지 표지판을 보고 울고 있는 아이를 위해 신사는 자신이 들고 있던 지팡이로 공을 꺼내서 아이에게 돌려주었습니다. 규칙을 철두철미하게 지키는 선진국 사람들의 이야기를 통해서 법과 규칙, 도덕을 지켜야 한다는 가르침을 주는 이야기였습니다.

어제 점심시간에 교장실에 놀러온 1학년 남학생들과 소파에 앉아서 담소를 나누고 있었습니다. 그런데 갑자기 '쿵'소리가 나면서 창문틀이 흔들렸습니다. 얼떨떨했다가 정신 차려 보니 운동장에서 축구공을 차던 학생의 공이 교장실로 날아와 부딪힌 것이었습니다. 학생이 일부러 겨냥해서 찬 것도 아니고 불행 중 다행으로 창문틀에 맞았기 때문에 유리창이 파손되지 않아 해피엔딩으로 끝난 사건이었습니다.

그런데 잠시 후 교장실 창밖에 남학생 한 명이 서서 연신 고개를 수그리며 공을 찬 사람이 자신이라면서 "정말 죄송합니다."라고 사과하고 있었습니다. 아무 피해도 없었고 당사자가 누군지 알려고 하지도 않았으며 잊어버리고 있었는데도 불구하고 자신의 잘못이라고 사과하는 학생에게 "넌 아무 잘못 하지 않았어. 오히려 그 먼 운동장에서 여기까지 힘차게 공을 찼고, 건물이 울릴 정도로 강한 오른발을 가졌으니 넌 행운아야!"라고 칭찬해 주었습니다.

이렇게 정직한 우리 학생들입니다. 학교장으로 부임하여 4년을 넘겼지만 우리 학생들 때문에 힘든 적도 없었고, 단 한 명도 미워할 수 없었습니다. 우리 학생들은 예외 없이 모두가 정직하고 성실합니다.


## 어버이와 스승을 위해 꽃바구니를 만든 학생들

5월 7일 오후 4시에 위클래스에서 뜻깊은 수업이 진행되었습니다. 이름하여 '풀놀이야' 행복 원예 힐링 프로그램. 작년에 이어 두 번째 진행한 좋은 프로그램입니다.

올해 교육 복지 사업비를 지원받게 되면서 비용 부담 없이 16명의 남녀 학생들이 질 높은 프로그램에 함께 참여할 수 있었습니다. 전문 강사를 초빙하고 재료도 학교에서 무료로 제공한 이 프로그램은 학생들의 인성

계발과 정서 순화에 큰 도움이 되었습니다.

　개강할 때 학생들을 격려하러 교실에 들어서는 순간 놀라운 풍경을 보게 됩니다. 참석한 16명 학생 표정이 모두 그렇게 밝고 고울 수가 없었습니다. 얼굴에 '나는 행복하다'는 표정이 그대로 드러나 보였습니다. '행복'과 '원예'와 '힐링'이라는 제목에 학생들 표정과 마음이 다 들어 있는 것을 단숨에 읽을 수 있었습니다.

　이 프로그램에 참여하면서 학생들의 마음이 따뜻해지고 더 착해지고 친구들과 관계도 점점 좋아지는 것이 보인다고 지도교사가 칭찬했습니다. 강사 선생님도 학생들이 정말 예쁘다며 꽃과 원예 재료를 아낌없이 듬뿍 가져오고, 더해서 간식도 매번 사오고 있다 합니다. 학생들뿐만 아니라 지도교사까지 신나는 프로그램입니다.

　지난주에는 어버이날을 맞아 카네이션 꽃바구니를 만들어 부모님께 드렸고 일부는 덤으로 스승의 날을 기념하여 평소에 존경하는 선생님께도 전달한다고 합니다. 프로그램 끝나고 교장실로 찾아온 3학년 학생이 교장을 위해 만든 꽃바구니와 편지를 주고 가는 바람에 스승의 날을 미리 축하받았습니다.

　6월 18일 오후 4시에 위클래스에 또 초대받아 갔습니다. '풀놀이야'행복 원예 힐링 수업, 그 열 번째 수업과 수료식이 있기 때문입니다. 학생들이 꽃과 식물을 만져보고 조형물을 만들어보는 수업, 이 원예 활동을 통해 자신의 몸과 마음을 긍정적으로 이해하고 이웃과 함께 사는 행복과 즐거움을 얻는 데 도움을 준 프로그램인데 벌써 수료라며 아쉬워하기도 했지만 성과에 대한 믿음도 컸습니다.

생명 있는 모든 존재는 위대합니다. 그래서 생명 있는 식물과 함께 한 짧지 않았던 이 수업이 아주 보람차고 흥미로웠다는 점은 누구도 부인할 수 없을 것입니다. 모둠활동을 하면서 협동심과 책임감, 궁극적으로는 건강한 대인관계 능력을 길러 원만한 교우 관계를 맺게 되었고, 학교생활 만족도를 높이는데도 큰 성과가 있었다고 평가합니다. 이 프로그램을 준비해 준 전문 상담 선생님, 그리고 강사 선생님께 감사하고 즐겁게 참여하여 수료증 받은 모든 이를 칭찬합니다. 참석한 모든 학생이 바로 천사들입니다. 세상에서 가장 아름다운.

수료 행사에서는 학생들이 직접 만든 카나페 등의 간식과 미국의 유명한 소설가 헤밍웨이가 쿠바에서 즐겨 마셨다는 음료 모히또를 학생, 교사들과 함께 나누었습니다. 모히또는 쿠바의 국민 칵테일이라고 부를 만큼 세계적으로 유명한 음료인데 어떤 영화에서 '모히또에 가서 몰디브 한잔하자.'는 대사 덕택에 유명해지기도 했죠.

### 선생님과 함께하는 사제동행 영화 관람 행사

어제는 많은 학생과 교사들이 함께 손꼽아 기다린 날입니다. 전문 상담 선생님이 관장하는 여러 사업 가운데 하나인 사제동행 영화 관람 행사가 어제 오후 3시 반부터 있었습니다. 학년별로 추천된 학생 40명과 동행해 저녁 식사를 함께 하고 영화도 본 다음, 귀가까지 교사가 책임지는 이 행사를 밤 9시까지 청천동 복합영화관 건물에서 진행했습니다. 5명씩 결연 맺은 학생과 지도교사가 그들이 제일 기대하는 중국 음식으로 저녁 식사를 하고, 최신 개봉 영화 3편 중 1편을 골라서 감상합니다. 영화관에 입장할 때는 콜라와 팝콘 선물을 하나씩 손에 들려주었습니다.

해마다 두 차례씩 진행하는 이 행사에서 학생들은 평소 좋아하는 선생님과 함께 속엣말을 나누고, 맛있는 저녁 식사도 하며, 영화도 함께 보면서 행복감을 얻게 됩니다. 열한 분 자원 선생님과 결연 맺은 학생들이 함께한 이 자리에 학교장을 끼워준 덕택에 일행과 함께할 수 있었습니다. 덕택에 결연 학생들과 동행하여 짬뽕도 먹고 최신 개봉영화까지 함께 보면서 호사를 누렸습니다.

이 행사에 동참하겠다는 학생 신청자가 늘어나서 담당 교사가 즐거운 비명을 질렀답니다. 나는 3학년 8반 3명과 결연을 맺었고 학교 출발부터 중화요리집까지, 그리고 영화 감상 뒤 귀가까지 패키지로 함께 책임지는 운전사 겸 보호자 역할을 해냈습니다. 함께하면서 서로 가까이서 체온을 느끼고, 평소에는 가까이하지 못해 털어놓지 못하던 속엣말까지 허심탄회하게 나눌 수 있어서 매우 좋았다는 학생들의 행복한 소감을 들을 수 있어서 행복했습니다.

식사 메뉴는 짜장면이 역시 최고였고, 짬뽕, 칼국수, 만두, 볶음밥 등이 순서를 이었습니다. 주최 측에서 팀별로 팝콘과 음료, 그리고 인기 있는 간식 나초도 마련해 줘서 함께 맛보는 즐거움도 누렸습니다.

사제간에 더 친근하게 소통하는 기회를 앞으로도 많이 만들어 더 많은 학생이 동참할 수 있기를 기대합니다. 이동하는 차 안에서 나눈 대화와 그들의 조잘대는 이야기 속에서 학생들의 속마음을 엿볼 수 있었습니다. 많지 않은 금액을 투자하여 몇 백 배 큰 이익을 얻은 기분입니다. 교사 학생이 함께 행복한 체험이었습니다.

※후일담입니다. 이날 함께 했던 학생들이 졸업하고 모두 보건고등학교에 진학하였는데, 이듬해 스승의 날에 찾아와서 그날의 소감을 함께 회상

하며 모두가 행복해했습니다.

## 행복할 권리를 적극적으로 누리는 사람이 되기를

12월 28일 점심시간에 위클래스에서는 '상담 체험의 날 타임캡슐 편지 개봉 이벤트'라는 제법 긴 제목의 행사가 열렸습니다. 지난 3월 신학년도 개학이 며칠 지나지 않은 27일에 타임캡슐 만들기 행사가 진행된 바 있습니다. 새 기분으로 일 년 동안 어떻게 보람차게 보낼 수 있을까 자기 자신에게 약속하는 편지를 적어 손가락만한 타임캡슐에 넣어서 보관했던 것을 오늘 개봉한 것입니다.

행사는 학생 개개인의 구체적인 새 학년 각오, 목표, 나에게 바라는 점 등 새 학년 시작 때 자신에게 한 약속을 다시 살펴보고 또 한 해 동안 잘 지켰는지 되돌아보는 기회가 되었습니다. 목표를 달성한 학생에게는 수면양말 한 켤레씩 선물을 증정했습니다. 오늘 올 것으로 예상한 90명에게 줄 수면양말을 준비했는데 선물 때문인지 1시 10분께에 이미 위클래스에는 발 디딜 틈 없이 학생들로 가득했고 여기저기 자신의 1년을 반성하는 메모지 기록을 남기고 있었습니다.

과제를 푼 학생에게 소감을 물었더니 조금은 부끄러워하면서도 자신의 1년을 되돌아보면서 정리할 수 있는 이 기회가 싫지 않은 표정이었습니다. 어떤 학생은 학년 초에 세웠던 15등 목표를 이루지 못해서 실망했다고 답변했는데 글쎄 이번에 16등 했다고 합니다. 그래서 칭찬해 주었습니다.

학생들은 먼저 목표 달성도 체크리스트를 스스로 정리해 본 다음, 올해 소망과 목표를 적어 보관해 두었던 자신의 타임캡슐을 개봉하고, 마지막에 지도교사가 타임캡슐의 약속을 잘 지킨 학생에게 수면양말 선물을 증정하였습니다. 행사 끝날 때 보니 선생님이 준비한 선물 90개가 모두 사라졌습니다. 오늘 행사는 전문 상담 선생님의 지도로 상담 동아리 20명 학생들이 함께했습니다.

며칠 전 어떤 1학년 학생과 학교생활 관련 면담을 했습니다. 인생의 중요한 시기인 사춘기를 통과하는 중학생 시절의 모든 청소년은 자기 형편이 모두 다르고, 생각이나 가정환경, 취미, 특기, 신체적 정신적 성장의 정도가 모두 다르기 때문에 누구나 고민이 있게 마련입니다. 사람이기 때문에 고민이 있는 것이고, 그 고민은 사람마다의 고유한 인격을 성숙시켜주는 영양소와 같습니다. 사람을 단련시켜주는 필수불가결한 영양소이기 때문에 여러분이 고민 많다고 걱정할 필요는 없습니다. 고민은 자연스러운 성장 과정이기에 크게 걱정할 필요 없는 통과의례라는 사실과 긍정적 사고방식의 생활 요령도 일러주었습니다.

그 학생은 학교생활에 불만이 전혀 없었습니다. 학교생활도 행복하다합니다. 급식이 맛있고, 선생님도 친절하고, 친구들과도 잘 지낸다고 합니다. 내가 행복하면 남에게도 친절하게 되고, 친절을 받으면 남에게 베풀고 싶은 마음이 생기기도 하지요. 버스 탈 때, "어서 오세요."하며 친절한 인사를 건네는 버스 기사님을 만나기라도 하면 예상치 못한 인사말에 갑자기 당황하기도 하지만 그래도 기분이 좋은 것은 사실이거든요.

오늘 아침 등교 시간에 '웃으면서 등교하자'는 캠페인을 벌이는 자치회 학생들 표정을 보면서 기분이 좋았습니다. 무서운 선도부가 사라지고 학생자치회 대표들이 반겨주니 학생들이 환한 표정으로 등교하게 되었습니다. 그 앞 횡단보도에서는 3학년 학생 넷이 지도교사와 함께 교통안전 봉사 활동을 하고 있습니다. 혼잡한 등굣길 횡단보도에서 우리 학생들과 행인의 안전을 지켜주는 모습을 보면서 행복했습니다.

학교생활이 즐거운 사람이 행복한 사람입니다. 학생들은 누구나 행복할 권리를 가졌습니다. 학생들이 가진 행복할 권리를 마음껏 누려 우리 학교가 행복이 가득한 곳이 되기를 기원합니다.

### 마음톡톡 통합예술정서지원 프로그램에 몸과 마음이 즐겁다

어제 방과 후에 이 프로그램이 진행되었습니다.

어떤 기업이 후원하고 사회복지공동모금회가 지원하는 '마음톡톡' 프로그램은 '아이들의 마음을 '톡톡'어루만져서 학교와 가정에서 원활히 'Talk(톡)'할 수 있도록 만들고, 효과적인 예술 집단 치유 프로그램을 제공한다. 또 자기표현 기회가 적은 아동 청소년에게 또래 관계의 긍정적 경험을 통한 자아인식 및 사회성 증진을 도모하며, 또래들의 긍정적 에너지를 교류하는 장을 조성하여 부적응 및 부정적 정서를 줄이고 행복한 학교생활 실현에 기여한다.'는 취지의 행사입니다.

남녀 학생 10명이 참가해 매주 화요일에 10회기로 진행되는 이 프로그램의 효과에 기대하는 바가 많습니다. 회기 마칠 때까지 한 명도 빠짐없이 기쁨을 누렸으면 좋겠습니다. 어제 오후 4시경, 학생들이 이미 귀가한 뒤라 학교가 온통 조용한데 오직 그곳에서만 탄성과 환호성이 들려왔습니다. 첫 시간은 풍선 가지고 자신을 몸으로 표현하기였는데 몸을 움직이니까 활기가 살아났다고 합니다. 참가자들이 자신을 표현하면서 자신의 소중한 몸을 느끼는 기회가 되었다니 덩달아 기분이 좋아집니다. 학생이 즐거우면 학부모는 저절로 만족하고 교사는 행복합니다. 참여한 학생들을 칭찬하고 좋은 프로그램을 제공하느라 애쓰는 선생님이 고맙습니다. 머리와 지식으로 만나는 만남보다 가슴과 마음으로 만나는 교육이 교감하기도 쉽고 효과도 좋습니다.

## 학생 안전을 위해서라면 사소한 것도 바꿉니다

급식 만족도 대한민국 1위! 바로 우리 학생 식당입니다.

사소한 것 같지만 학생 식당의 의자 받침 기둥 전체를 지난 주말에 새것으로 교체했습니다. 체중을 직선으로 떠받치는 단 하나의 기둥을 가진 스툴형 의자인데 그 기둥에 서서히 녹이 나기 시작한 지 1년 정도 되었습니다. 물론 가까이 가서 들여다보고 만져보아야 보이고 만져집니다. 그냥 지나가면서 보면 먼지가 묻은 것 같기도 합니다. 하지만 거기 앉아서 밥 먹는 학생들의 안전을 위해서라면 아무리 사소한 것이라도 바꿔야 합니다.

많은 학생들이 매일 함께 밥 먹는 공간이다 보니 내버려두면 자칫 미세먼지 날릴 가능성이 있고 녹이 공중에 퍼질 수도 있겠다고 걱정되어 과감하게 전체를 새 부품으로 교체하였습니다.

학교장은 학생의 안전과 복지, 건강과 학습권, 그리고 학생 이익을 최우선으로 생각하고 행동합니다. 학생이 주인인 학교가 바로 배움에 행복을 더하는 우리 학교입니다.

# 학부모는 언제나 든든한 학교의 지원군

## 가족과 함께 행복한 자전거 타기

4월 넷째 주 토요일 오전 10시에 경인아라뱃길 거점인 계양역 광장에 학생 40여 명과 이현주, 최주희 지도교사, 이근수 회장을 비롯한 아버지회 회원 등 50명이 모였습니다. 작년에 이어 가족과 함께하는 자전거 타기 행사가 같은 곳에서 열렸습니다. 화창하고 미세먼지도 없어 축복받은 날이었습니다. 제일 먼저 안전교육을 한 다음, 모두에게 자전거를 대여해 주고 점심 도시락도 학교에서 준비했습니다. 아버지회에서는 학생들의 간식을 별도로 준비하여 나눠주었습니다.

아버지회 회원들이 자전거 행렬의 중간중간에 배치되어 행사 내내 안전을 지켜준 덕택에 신나게 자전거를 즐겼습니다. 도시락 점심을 먹고 나서 다시 계양역 광장에 모여서 깜짝 퀴즈쇼와 놀이를 하며 여흥도 즐겼습니다. 이번 행사에 참여한 학부모들은 가족 간, 부자간, 부녀간의 정을 함께 나눌 수 있는 흔치 않은 기회를 마련해 준 학교에 감사 말씀을 잊지 않았습니다.

우리 학교는 교육 수요자의 만족도를 높이는데 최고의 가치를 두고 교육 활동을 전개하고 있습니다. 앞으로도 아버지회와 호흡을 맞춰 안전하고 즐겁고 행복한 학교가 되도록 노력하겠습니다. 행사에 참여하여 즐겁게 행복한 시간을 보낸 가족과 학생들을 치하합니다.

### 언제나 함께하는 아버지회는 자랑입니다

아버지회와 함께 주최한 '부모님과 함께하는 강화도 문화 체험'행사가 있었습니다. 이 행사를 위해 45인승 대형 관광버스 대절과 점심식사대, 밤 따기, 고구마 캐기 체험학습비도 지원했고 별도로 김밥과 물도 제공했습니다.

참가 학생은 43명, 지도교사와 아버지회 회원 10명 등 모두 55명이 함께했습니다. 9시 10분에 학교에서 출발하여 강화읍 외곽의 농장에 도착해 갓 수확을 시작한 밤 줍기를 했습니다. 제철인지라 농장 측에서 나눠준 망태에 그득그득 담을 수 있었습니다. 농장 식당에서 가정식 백반으로 식사하고 고구마도 한 망태씩 캐 담았습니다. 다시 버스로 이동하여 해병대 평화전망대에 간 일행은 남북 대치와 분단의 상징인 그곳에서 안보교육을 받았고 오후 3시경 학교에 돌아왔습니다.

이번 행사가 아무런 사고 없이 잘 진행된 것은 아버지회 회장님을 비롯한 임원들의 헌신과 도움이 있었고 행사 전체를 기획한 이현주 부장님의 노련한 기획 능력 덕택입니다.

아버지회에서는 4월 8일 저녁 7시에 아버지회와 학부모회 회원 여러분을 모시고 인천광역시 교육감 초청 자녀 교육 특강을 개최했습니다. 원래 계획은 한 시간으로 예정했는데 질의응답 열기가 후끈 달아오르면서 시간을 훌쩍 초과하여 밤 9시에 끝났습니다.

행복한 인천 교육을 주제로 한 특강에 이어 학부모 질의와 교육감 응답 순서로 이어진 특강에서 학부모들은 부모로서의 조바심, 자녀에 대한 욕심을 어떻게 조절해야 자녀 교육에 성공할 수 있는지 물었고, 무상급식 확대 방안, 누리 과정 예산 확보 논란에 대한 입장 등 교육 현안에 대해서도 질의가 쏟아졌습니다.

우리는 행복배움학교이자 자율학교입니다. 미래창조과학부 지정 소프트웨어 교육 선도학교, 다문화예비학교, 학교 내 대안교실 운영교인 어우러지기 행복교실, 지역 내 문제 해결 동아리 활동을 하는 행복나눔성장학교 등 하는 일과 간판이 무수히 많습니다. 그래서 학생들의 자치 역량과 자기 주도적 역량을 기르는 데 중점을 두고, 동아리 활동을 적극적으로 장려하여 학생 스스로 미래형 학력을 갖추도록 하고 있습니다.

좋은 품질의 급식을 제공하고 체육 활동을 장려하여 건강한 신체를 가꾸는 교육에 우선 투자하고, 그 위에 왕성한 독서 교육과 진로 교육에 충실하여 미래형 인재를 키우는 데 최선을 다하고 있습니다.

학교의 이런 노력이 지역사회에서 인정받아 금년도 신입생 지원율이 정원을 초과해서 선호하는 학교가 되었습니다. 학부모들이 우리 학교를 전폭적으로 신뢰하고 있습니다. 그런데 이런 지역사회의 신뢰 밑바탕에 유서 깊은 아버지회의 오랜 헌신과 유대가 있습니다.

6월 21일 오후 7시에 시교육청에서 교육감님을 모시고 아버지 학부모

동아리 간담회가 열렸습니다. 20여 개 초중고교 아버지 회원 60여 명이 모인 가운데, 활동이 활발하고 학교 교육활동에 기여한 공적이 으뜸인 우리 학교 이상민 오비회장이 우수 사례 발표를 했습니다.

아버지회는 개교년도인 2002년에 창립하여 지금까지 전통을 이어오고 있으며, 방범 순찰, 체육대회 참여, 크로스컨트리 대회, 아라뱃길 자전거 체험과 야영 행사를 함께하는 자랑스러운 학부모 조직입니다. 게다가 자녀가 졸업한 다음에도 오비회원으로 활동을 이어가면서 지역사회와 학교를 잇는 가교 역할을 하고 있습니다.

이날 모임에 기꺼이 참여하신 여섯 분 학부모를 비롯하여 학교의 교육 활동이라면 만사 제치고 동참해 주시는 아버지회는 우리 학교가 자랑스러운 행복배움학교가 되는데 큰 공헌을 하고 있습니다.


5월 20일 토요일 아침 8시부터 학교가 소란스럽고 분주하였습니다. 우리 학교의 자랑 아버지회와 공동 개최하는 '가족과 함께하는 트레킹'행사가 열리기 때문입니다. 아버지회는 학생 안전과 교육 발전을 위해서 많은 프로그램을 학교와 함께 해왔는데 이번에는 천마산과 계양산 장미원까지 부모와 자녀가 함께하는 등산과 트레킹을 공동 진행했습니다.

학생 80여 명, 교사 5명, 자연 해설사 3명, 그리고 부모님 20여 명까지 백 명 넘는 대규모 인원이 등산과 트레킹을 하면서 자연을 배우고, 보호하고, 가족과 함께 정을 나누는 아름다운 풍경을 만들어냈습니다. 아버지회는 물과 빵, 바나나를 별도로 준비하여 일일이 학생들 손에 쥐어주셨고, 학교는 안전 조끼와 빵을 준비하고, 3개 팀으로 나누어 안전하게 탐방이 이루어지도록 지도했습니다.

목적지인 계양산 장미원에 도착한 일행들은 때마침 활짝 핀 형형색색의 장미를 감상하고 학교에서 준비한 점심 도시락을 함께 먹은 다음, 다시 학교에 돌아와 무사히 해산하였습니다. 가족과 함께하는 트레킹, 아버지회와 함께하는 행사라서 더욱 멋진 주말이었습니다.

## 장학금을 기부해주신 고마운 학부모님

지난주 금요일 오전에 반가운 학부모가 오셔서 봉투를 내밀었습니다. 안에는 일백만 원짜리 수표가 들어있습니다. 학교 발전 기금으로 기부하고 장학금으로 써 달라는 당부의 말씀과 함께.

우리는 접수된 학교 발전 기금을 잘 모아서 기부자의 뜻에 맞는 대상자를 장학생 선발 위원회에서 선정하여 장학금을 지급합니다. 학교 발전 기금이란 학부모는 물론, 누구든지 액수에 상관없이 금품을 공식적으로 기부하면 학교 금고에 바로 입금하고, 관리와 출금 일체를 학교장이 아니라 학부모 대표인 학교운영위원장이 관리하면서 학생 복지 활동 목적에만 사용하는 기금을 말합니다.

우리는 작년도에 학교발전기금 770만 원을 기부 받아 전액을 장학금으로 사용하였고, 올해는 일천만 원 정도를 모아서 장학금 등 학생복지기금으로 사용하겠다는 목표를 세웠습니다. 실제로 학교발전기금 기부에는 어떤 제약도 없고 누구든, 금액이 얼마든 상관없이 접수하고 있으며 기부자의 뜻을 존중하여 관련법과 절차에 따라 적법하게 지출합니다. 작년에는 인근 교회와 학교장, 그리고 일부 법인이 기부한 기금이 전액 장학금으로 지출되었습니다. 학생들은 학기마다 동전으로 성금을 모으고 불우이웃 돕기 활동에 나서는 등 받기만 하는 게 아니라 기부하는 주체로 여러

기부활동에 적극 참여하여 나눔의 가치를 배우고 실천합니다.

올해는 졸업생이 일백만 원을 기부한 것을 시작으로 학교 선생님들이 장학회를 구성하여 매월 일정액을 모아서 학기 말에 장학금을 지급할 예정이고, 학교장도 매월 학생 장학금을 기부하고 있으며, 인근 교회를 비롯한 법인들도 꾸준히 학교발전기금을 맡기고 있습니다. 이번에 일백만 원을 기부한 학부모 덕택에 기금이 더 많이 모일 것으로 예상되어 기쁘기 한량없습니다. 금년 목표 일천만 원은 무난히 모이지 않을까 싶습니다.

학교발전기금과 장학금은 액수의 많고 적음이 아니라 정성이 중요합니다. 누구라도 나눔의 기쁨, 자라나는 2세들에게 기부하는 기쁨을 맛보고 싶은 분은 액수의 많고 적음을 일체 따지지 말고 학교발전기금을 맡겨주시기 바랍니다. 세상에서 가장 큰 기쁨이 내 것을 남과 함께 나누는 일입니다.

참, 장학금을 기부해 주신 고마운 학부모는 3학년 김하늘 학생의 어머니 학교운영위원회 전혜진 위원장입니다. 기부해 주셔서 감사합니다. 장학금을 받을 만한 자격이 있는 학생을 선발하여 아름답게 쓰겠습니다. 장학생 선발의 기준은 성적도 아니고 가난한지 부자인지도 따지지 않습니다. 학생을 가장 잘 아는 담임 선생님들이 추천하고 장학생선발위원회에서 고민하고 심사하여 뽑힌, 장학금을 받을 만한 자격을 꼭 갖춘 학생을 선정합니다.


## 학부모총회, 문전성시를 이루다

3월 23일 오후 1시 반, 학부모총회가 다목적실에서 열렸습니다. 3월 2일에 입학식과 시업식을 치른 지 딱 3주 만에 열린 총회에서 신기록이 쏟아졌습니다. 준비한 좌석 170개가 가득 차고 좌석 부족 사태가 벌어졌습니다. 예년의 행사에서는 백여 명 미만이 참석하곤 했는데 올해는 두 배 넘는 학부모님이 참석하였습니다.

회의에서는 학부모 조직으로 학교운영위원회 학부모 위원이 뽑혔고, 올해부터 공식 기구가 된 학부모회가 조직되었습니다. 학부모님들의 학교에 대한 기대가 특별하다는 사실을 확인한 자리였습니다.

1부에서는 청렴 교육, 학교 폭력 예방 교육, 학교 소개 영상 등 학부모 교육 프로그램이 진행되었는데 학교 전담 경찰관이 학부모에게 큰 도움 되는 강의를 해주었습니다.

2부에서는 담임교사와 학부모가 교실에서 만나 자녀 교육 상담을 하였습니다.

문전성시를 이룬 금년도 학부모총회처럼 올해는 더욱 성과가 뛰어날 거라는 예감이 들었습니다.

## 학부모 독서 북클럽이 개강했습니다

도서관에서 의미 있는 행사, 여덟 분의 학부모가 참석한 가운데 학부모 독서 북클럽 개강식이 열렸습니다. 우리가 해마다 운영하는 학부모 교육의 한 프로그램으로 배움연구부에서 주관하는데, 독서할 수 있는 환경과 정보 서비스까지 제공하여 학부모가 독서하고 교양을 쌓아올리는 데 도움을 줄 뿐만 아니라 학교에 대한 이해의 폭을 넓히고 학교와 네트워크를 단단하게 연결하는 기능도 갖고 있습니다.

매주 정해진 시간에 전문 사서에게서 좋은 책 정보를 소개받고 독서 요령도 배우면서 친목과 자녀 교육 정보도 공유하는 기회가 됩니다.

"학교가 단순히 학생 교육만 하는 데 그치지 않고 학부모 교육에도 관심을 갖는 것은 교육 3주체가 학교 경영을 함께하면서 좋은 성과까지 기대한다는 점을 잘 인식하고 있기 때문입니다."개강식에서 학교장으로서 기대 말씀을 드렸습니다. 아울러 "학부모가 독서하고 공부하는 모습을 자녀에게 보여주는 것이 자녀 교육의 최고 비법이라는 점도 알아주시기 바란다."는 말씀도 덧붙였습니다.

학부모 독서 북클럽 모임 때마다 적당한 다과도 함께 제공하여 학부모들의 적극적인 활동 참여를 독려하는 노력을 계속하려 합니다.

●

# 문화 예술을
# 함께 즐기다

## 깊어가는 가을, 다양한 색깔의 학생들과 함께하다

10월 셋째 토요일 아침 8시 20분, 교문 앞에 대형 관광버스 한 대가 도착했고 이어서 사십 명 학생들과 선생님 네 분도 함께했습니다. 일산 중남미문화원 관람과 중미 음식 맛보기 미션이 포함된 체험학습이 하루 종일 예정되었기 때문입니다. 저마다 다른 성향과 취미, 학교생활에서 다양한 색깔을 가진 학생들을 학생부장님이 고루 선발해 체험에 참여시켰습니다.

사십 분간 달려간 곳이 일산의 중남미문화원, 중남미 여러 나라에서 대사직을 수행했던 대표자가 자신의 사재로 세우고 평생에 걸쳐 모은 라틴 문화재와 문화상품을 2세 교육을 위해 기부한 라틴 문화 주제 박물관입니다. 지구 반대편에 있는 먼 대륙 중남미의 문화를 소개하려고 국가나 단체가 아닌 개인이 마련했다는 사실에서 설립자의 숭고한 정신을 높이 사게 됩니다.

일행은 구내식당에서 멕시코 음식 타코로 점심 식사를 했습니다. 박물관 관람 뒤에는 일산 호수공원에 가서 자전거를 탔고 깊어가는 가을 경치를 함께 맛보았습니다. 오후 4시에는 킨텍스에서 교육 박람회를 관람하고 폐막에 맞춰 박람회에 참가한 우리 학교 부스 물품을 회수하여 버스에 싣고 돌아왔습니다.

좋은 주말 시간을 할애하여 바꾼 체험 활동에 학생들의 반응이 다양했지만 깊어가는 가을을 사제간에 함께 즐기도록 준비한 기획의도에 큰 고마움을 느꼈습니다.


### Amazing Arts!

연례행사인 명현미전이 교내에서 열리고 있는데 알고 있나요?

한 해 동안의 미술 활동 결과물이 지금 본관 1층 미술실에 전시되어 있습니다. 세상의 아름다움을 찾고 만드는 것을 최고의 가치로 내걸고 있는 교과목이 미술이지만 미술 작품이 이렇게 다양하고 재미있고 놀랍다는 사실을 눈으로 확인할 수 있는 전시 공간입니다, 미술이라면 크레파스나 수채화, 소묘, 유화만 생각하는 우리에게 미술 활동이 이렇게 다양한 분야에 걸쳐서 아름다움을 만들어낼 수 있다는 사실을 확인하고 깜짝 놀랐습니다.

입구에 들어서면 제일 먼저 만나게 되는 '대지 미술'은 특히 '어메이징'하고 '원더풀'합니다. 자신의 상상력을 맨땅에다 이렇게나 예쁘게 담아내다니. 그저 흙과 모래에 불과한 맨땅에서 꽃이 피고 청소년들의 꿈과 생각이 아름답게 피어날 수 있다는 사실에 그저 놀랄 뿐입니다. 문 닫기 전에 빨리 가서 예술 작품을 확인하고 아름다움을 느껴보세요.

## 교내 음악 경연 대회가 성황을 이루다

지난 금요일 오후 4시에 교내 음악 경연 대회가 열렸습니다.

힘찬 북소리의 난타팀부터 그룹사운드 출연, 피아노, 기타, 트럼펫, 색소폰, 클라리넷 연주 등 기악 출연자들의 기량 자랑에 이어 노래 경연까지 두 시간 가까이 이어졌습니다. 진지한 팀이 있는가 하면 신나고 흥겨워서 몸이 저절로 들썩거려지는 팀까지 색깔도 다양하고 재미가 가득하여 함께 즐기기에 충분했습니다.

부문별 입상 학생들에게는 학교장상을 주고 또 입상자들은 10월 마지막 날에 열리는 명현제 축제무대에 출연하게 됩니다. 발표자들의 공연에 못지않게 응원단의 박수와 출연자 호명 소리가 분위기를 한껏 돋우면서 다 함께 즐긴 행복했던 시간이었습니다.

출연자들 모두 수고 많았습니다. 하지만 무대에 선 이들보다도 함께 즐기면서 매너 있는 응원을 보여준 응원 학생들에게 감사하단 말을 꼭 전하고 싶습니다. 단성 학교가 아닌 남녀공학이라서 누릴 수 있는 아름다운 하모니와 다양성, 무지개처럼 아름답게 어울리는 남녀 학생들의 멋진 공연에다 응원과 함께하는 즐거움이 있어서 더욱 행복했습니다.


## 국악 공연에 열광하다

2시간 동안 다목적실에서 '찾아가는 국악 공연'행사가 열렸습니다.

2학년이 4월의 봄날 하루를 학생교육문화회관에서 체험학습 할 예정이었는데 메르스 사태 때문에 취소되었습니다. 사태가 좀 진정되자 이번에는 회관 측에서 공연단을 직접 학교로 보내준 덕택에 우리 전통문화와 만나 함께 즐기면서 자부심을 기르는 기회가 되었습니다.

5교시 시작과 함께 국악 공연이 시작되었습니다. 전문 국악 공연단의 공연이 우리 학생들의 적극적인 참여와 관심으로 빛났고, 단원들은 학생들의 반응에 첫걸음부터 고무되었습니다. 사물놀이가 시작되면서 열광하기 시작한 학생들의 반응은 가히 폭발적이었습니다. 저절로 몸이 들썩거리면서 박수와 함성이 공연장을 울렸습니다.

진행자가 봉산탈춤의 대사를 인용하여 가르쳐준 추임새 '얼씨구', '좋다', '잘 한다'에 적극적으로 호응하고 이내 대사에 추임새를 맞출 수 있게 되면서 장내 분위기가 떴습니다. 또, 선생님들이 무대에 불려 나가 깜짝 출연하고, 응원을 함께 해보는 기회에 분위기는 더욱 고조되었습니다. 사물놀이에 이어진 진도 북춤에서 출연자들의 세련된 춤사위와 북소리에 매혹된 학생들이 저절로 손과 발로 흥을 맞추었습니다. 공연 하이라이트로 상모꾼의 상모돌리기가 장내를 열광의 도가니로 만들어내면서 피날레를 장식했습니다.

공연 상황을 끝까지 함께 지켜본 회관 운영부장은 "호응도가 놀랍고, 공연에 전교생이 적극적으로 참여하고 열광하는 모습은 좀체 보기 힘든 놀라움이다"며 칭찬해주셨습니다. 함께 즐긴 학생들의 놀라운 태도를 칭찬합니다. 문화를 즐길 줄 아는 여러분이 최고입니다.


### 국민뮤지컬 『사랑은 비를 타고』의 감동을 느끼다

오늘 1, 2학년은 특별히 재미와 감동을 얻고 공부도 되는 유익한 체험을 했습니다. 2학년은 종일 체험학습으로 우리 고장 인천의 대표 문화 상품이자 자랑거리인 차이나타운을 비롯하여 자유공원 등 역사 문화 유적을 오전 중 담임 선생님과 함께 학급별로 둘러보았습니다.

차이나타운 일대의 중국 문화 유적지 답사와 송월동 동화 마을 벽화, 화교학교 일대의 삼국지 벽화, 자유공원 등 근대 역사 문화 유적지를 담임 선생님과 함께 탐방했습니다. 물론, 탐방 뒤에는 짜장면의 역사를 살펴볼 수 있는 짜장면 박물관 견학과 짜장면 발상지로 알려진 '공화춘'에 가서 향토 짜장면을 맛본 것이 최고의 즐거움이었습니다. 우리 학생들 모두 약속이나 한 듯 공화춘에 가서 짜장면을 먹었다고 합니다. 우리 고장 인천이 대한민국 사람 누구나 사랑하는 짜장면의 발상지라는 사실에 긍지를 가져도 좋습니다.

오후 2시부터는 학생교육문화회관에서 국민 뮤지컬로 알려질 만큼 유명한 『사랑은 비를 타고』를 함께 감상했습니다. 1학년은 오전 수업을 마치고 전철 편으로 현장에서 합류했습니다.

뮤지컬 내용은 이렇습니다. 40살의 형이 병으로 음악 교사 직업을 어쩔 수 없이 그만두게 되면서 좌절하자 25살 남동생은 피아노 천재였지만 방황하다 가출하여 어부가 됩니다. 그러나 동생은 그만 왼손을 잃게 되고 절망하던 동생은 형에게 돌아와 두 형제는 함께 괴로워합니다. 어느 비 오는 날, 잘못 찾아온 행사 진행 아가씨와 좌충우돌하면서 서로를 이해하게 되고, 형의 생일파티를 통해 삶의 의지를 찾아간다는 희망을 찾는 이야기입니다. 삶이 어렵고 때때로 고비도 많지만 서로 사랑하고 신뢰하면서 노력한다면 희망이 생길 거라는 메시지를 주는 공연물입니다.

노래 선율이 아름답고, 스토리가 명확하며 학생들을 끌어들이는 흡인력이 강해서 반응이 아주 좋았습니다. 특히 공연 중에 청중들의 박수를 자연스레 유도하고 눈물과 감동을 자연스럽게 이끌어내는 등 작품의 완성도와 오락성도 고루 갖추어 정말 좋은 체험을 했다고 생각합니다.

성숙한 태도로 공연을 관람해 준 우리 학생들을 칭찬하고, 아무 사고 없이 인솔한 담임 선생님들의 노고에 함께 감사합니다.

## 축제는 언제나 즐겁다

일 년을 기다린 축제 명현제와 체육대회가 열렸습니다. 한 주간 준비 기간에 무대에 올라가려고 합창곡(호랑나비)과 춤 공연을 위해서 맹연습 중이라고 자랑하러 교장실을 방문한 학생들도 있었고, 떼 지어 몰려와 자신들이 디자인한 유니폼을 자랑하기도 했습니다. 춤추고 활동하는데 아주 편안하다나요. 호랑나비 뮤직비디오를 유튜브에서 보여 달라 요구도 합니다. 여럿이 떼 지어 춤 연습과 호흡 맞추는 모습을 교실 옆을 지나다 목격하기도 했습니다. 춤 동작으로 자신을 표현하는 데는 많이 서툴지만 자기 마음을 직접 표현해 볼 수 있는 딱 한 번뿐인 기회라 소외되는 이 없이 꼭 한 번씩 참여하라고 독려하고 있습니다.

아침에 등교하는 자녀의 표정이 요즘 유난히 밝더라고 어떤 학부모가 교문 앞을 지나다가 귀뜸해주셨는데, 그렇지 않아도 요즘 매일 아침 교문에서 만나는 학생들의 표정이 하나같이 밝고 행복해한다고 동조해드렸습니다. 준비를 열심히 지원해 즐겁고 행복한 학교가 되고, 누구나 자신의 재주를 펼칠 수 있는 기회를 제공하도록 노력하겠습니다.

오늘 개회식에 이어 참관 온 학부모님들과 동행하여 전시와 체험 공간을 둘러보느라 하루 종일 함께 했습니다. 제일 먼저 미술과와 특수 학급 작품 전시장에 갔는데 우리 학생들의 놀라운 재능을 살펴볼 수 있었습니다. 홍채의 학생은 추상을 멋진 구상으로 표현해낸 재주가 놀라웠고 김하늘 학생은 시화, 미술, 책 만들기 작품을 출품하여 재능을 자랑했습니다.

그냥 길에 굴러다니는 돌덩이처럼 평범한 학생들의 감춰진 재능을 발굴하고 잘 다듬어 매끈하게 조련해 낸 분들이 바로 선생님입니다. 미술 선생님들의 노고에 감사합니다.

다음으로 간 곳은 로봇 전시장입니다. 요즘 대세죠? 관람객들이 제일 붐볐고 학부모님들도 큰 관심을 보였습니다. 이번 행사를 준비하느라 지도교사는 몇 번씩이나 용산 전자상가에 나들이하였고 로봇 장비를 빌려 오는 수고도 마다지 않았답니다.

진로 체험장에 갔더니 개인의 재능을 발굴하는 프로그램을 진행하고 있었습니다. 게임방에서는 열심히 춤추는 이들이 있었고 그들에게서 건강한 아름다움을 느꼈습니다. 귀신 체험장에는 인산인해였는데 잔뜩 긴장했더군요. 빛을 완벽하게 차단한 공간 안에서 책상 아래 숨은 귀신이 발목을 잡고 스크림 가면을 쓴 귀신들이 지나가는 이의 귀에 소름 끼치는 괴성을 질러대는 바람에 혼비백산했다고 합니다.

시화전 작품을 연결 통로에서 감상할 수 있었고, 과학 체험장에서는 가운 입은 동아리 학생들이 친절하게 과학 원리를 설명하고 있었습니다. 천체도 앞에서 학부모 대표들과 함께 기념사진도 찍었습니다.

운동장에서는 굴렁쇠를 굴렸고 페이스 페인팅 하는 학생들, 풍선 아트 체험, 손씨름 하는 이들을 보면서 일상의 나날들이 더도 말고 덜도 말고 오늘만 같으면 좋겠다 생각했습니다.

뭐니 뭐니 해도 잔치에 먹을 게 빠지면 안 되죠. 떡볶이, 닭강정, 음료수는 학교에서 마련했고 학부모회 어머니들이 서비스를 흔쾌히 맡아주셨습니다. 간식이 푸짐해서인지 정작 점심 급식에서는 잔반이 많이 나왔습니다. 그래도 안전한 식품으로 준비한 간식 덕택에 배곯은 이가 한 명도 없어서 다행입니다.

　오후 공연의 백미는 최주희 담임 선생님과 3학년 4반 학생들의 멋진 합창 공연이었고, 끝나기 직전 무대 앞으로 깜짝 등장하여 사람들을 놀라게 한 선생님의 재치 있는 퍼포먼스가 하이라이트였습니다. 또 하나, 행정실장님의 복면 등장도 모두를 깜짝 놀라게 한 사건이었습니다.

　이렇게 살아있는 학교, 지역사회의 중심으로서 학생들의 꿈과 끼를 찾아주기 위해서 방과 후는 물론 휴일에도 기꺼이 학생들과 함께하는 훌륭한 선생님들 덕택에 우리의 앞날은 밝을 수밖에 없습니다. 학생들과 선생님들이 자랑스럽습니다.


### 그 놀라운 생명력은 어디서 오는 걸까요?

　12월 24일, 작년에 이어 졸업을 앞둔 8개 학급 팀이 출전한 합창대회가 뜨거운 열기 속에 열려 그동안 갈고닦은 실력을 뽐냈습니다. 기말고사가 끝나자마자 각자 비장의 무기를 준비해 온 이 행사는 취약 시기 교육 과정을 알차게 운영하고 학급 단합도 노리는 일석이조의 기회이자 우리 학교의 특색사업입니다.

　대개 첫 곡은 합창곡의 특성을 살린 클래식한 노래로 준비했고, 둘째 곡은 동요나 만화 영화 모음곡, 최신 유행곡으로 율동이나 춤동작이 곁들여져서 인기를 모았습니다. 제일 먼저 출연한 4반은 '뜨거운 안녕, 나는 나비'를 불렀고, 이어서 3반은 '애상, 나팔바지', 세 번째로 등장한 2반은 '고등어와 인디언보이'를, 네 번째 6반은 '나성에 가면, 청개구리'를, 다섯 번째 5반은 '아리랑과 우리들의 꿈'을, 여섯 번째 8반은 '사랑비, 그래 우리함께'를, 일곱 번째 1반은 '하나가 되어, 깊은 밤을 날아서', 마지막 7반은

'인연과 런 어웨이'로 합창을 선보였습니다.

반별 특색이 잘 드러났고, 남학생과 여학생반의 특징이 골고루 반영되어 보는 이들을 즐겁게 하고 때론 웃겼습니다. 입상 학급은 2월 졸업식 무대에서 다시 한 번 실력을 뽐낼 기회를 줍니다.

합창이라면 여성이 우월하다는 세간의 인식 때문에 여학생반이 압도적으로 잘하지 않을까 생각했는데, 웬걸, 남학생들의 힘과 넘치는 애교가 인기를 끌었습니다. 졸업이 아직 한 달 반이나 남았는데도 선생님 은혜에 감사하는 노래와 이벤트가 벌어질 때는 눈시울이 촉촉이 젖는 선생님과 학생도 있었습니다.

심사한 임진아 선생님은 "모든 학생이 다 수상자감이라 할 만큼 우열을 가리기 힘들었다"고 소감을 밝혔습니다. 너나없이 준비가 철저했음을 알 수 있었습니다.

어느새 훌쩍 커서 훈남훈녀로 변신한 졸업 예정자 여러분, 모두가 짱입니다. 여러분의 놀라운 생명력은 바로 학교 울타리 안에서 서로 돕고 사랑하고 열심히 공부하고 잘 가르쳐 주신 선생님과 학생들, 그리고 믿고 지지해 주신 학부모님 덕택입니다.

### 인천 시립합창단 공연, 성숙한 관중의 태도를 칭찬합니다

5월 24일 오후 2시부터 1시간 동안 인천 시립합창단원(지휘자 김종현) 55명이 찾아와 수준 높은 공연으로 놀라운 감동을 안겨주었습니다. 인천 시립합창단은 전국은 물론 세계적으로도 유명한 단체인데 직접 학교에까지 찾아와서 놀라운 감동과 함께 고급문화를 선사했습니다.

공연 시작 전에 '싱얼롱'으로 학생들을 분위기에 빠져들게 하더니 본 공연에서는 학생들의 수준에 알맞은 곡으로 잘 선정된 레퍼토리를 함께 즐길 수 있도록 배려하였습니다. '고향의 봄', '옹헤야', '가요 메들리'순으로 시작된 공연은 다시 족보 이야기로 이어지면서 재미와 교훈을 담은 창작곡 세 곡이 잇따라 불리었습니다. '내 이름의 비밀', '족보 이야기', 그리고 '일촌 이촌 삼촌'은 전통문화와 우리의 정체성을 자연스럽게 확인해 보는 교육적인 노래였습니다. 소프라노 솔로에 이어서 꼬부랑 할머니 등 유쾌하고 코믹한 노래로 학생들과 눈높이를 잘 맞춰주었습니다.

지휘자 선생님은 "명현중 학생들의 수준 높은 관객 매너에 감동해서 앙코르곡까지 부르게 되어 기쁘다"고 학생들의 매너를 입에 침이 마르도록 칭찬해 주었습니다. 작년에 찾아왔던 국악 공연단도 열광하는 우리 학생들의 매너에 칭찬을 아끼지 않았었는데 역시나 우리 학생들의 매너는 최고입니다.


### 공공미술 프로젝트, 예술로 느끼는 감동

지금 학교를 돌아보면 깜짝 놀랄 일이 교내 곳곳에서 벌어지고 있는 것을 볼 수 있습니다.  학생들이 팀별로 곳곳에서 오리고, 그리고, 붙이고, 토론에 몰두하는 장면이 그것입니다. 미술 시간에 진행하고 있는 '공공미술 프로젝트'인데요, 컴퓨터실과 교장실 출입문에, 보건실에, 교실 복도에, 식당 계단에, 그리고 연결통로에 다양하고 재미있는 미술 조형작품이나 스티커가 붙어있음을 확인할 수 있습니다.

두 분 미술 선생님이 지도하여 요소요소에 어울리는 주제를 선정하고, 그것에 맞는 디자인을 하고, 글씨로 쓰고 색을 칠하면서 작품에 전하고 싶은 메시지를 담습니다. 협동하여 토론하고, 주제를 정하고, 그에 맞는 디자인을 하여 칠하고, 쓰고, 오리고, 붙이는 작업이 주제별로 다양하게 이루어집니다. 게시되거나 표현된 작품들도 A4나 B3, 스케치북 용지 등 획일화된 사이즈를 벗어던지고 그야말로 자유로운 크기입니다. 손톱만큼 아주 작은 것이 있는가 하면 교장실 출입문에 걸어둔 학교장 초상화는 2절지 크기인데 캐릭터의 개성을 절묘하게 잡아내어 감탄을 자아냅니다.

요즘 전국을 여행하다 보면 원도심 지역 골목 살리기, 벽화 그리기 등 관련 활동이 유행하고 활발해지면서 퇴락한 마을을 단장하고, 겸해서 새로운 관광 자원화를 하고 있음을 목격할 수 있습니다. 실제로 경남 통영 동피랑 마을처럼 잘 꾸민 곳에는 탐승객들이 물밀듯 몰려오는 명소가 되고 있습니다. 덕택에 장사도 잘되고 무채색 낡은 동네가 아름답게 변신하여 재미와 볼거리가 동시에 늘어나는 효과가 제법이라고 합니다. 이렇게 공공미술로 마을 재생사업을 한 통영, 부산, 서울, 전주, 군산 등 전국 곳곳에 명소가 많아졌는데 우리 고장 인천에도 있습니다. 차이나타운 옆 송월동 오래된 동네와 수도국산 달동네에 가보면 아기자기하게 단장한 예쁜 벽화와 각종 캐릭터 미술 작품을 발견할 수 있고, 덕택에 방문객도 많이 늘었다고 합니다.

우리 학생들이 학교 공공미술 프로젝트 진행에 참여하면서 서로 토론하여 의견을 모으고 배려하는 삶의 태도를 배우고 있습니다. 그 과정에서 놀라운 창의력이 발휘되는 유용한 경험을 하고 있기 때문에 그들의 미래를 위한 값진 탐구활동이자 자산이 될 것이라고 믿습니다. 이 프로젝트에 참여한 모든 학생과 지도해 주시는 선생님들께 고맙다는 인사와 칭찬 말씀 드립니다.

## 명현관 개관 행사, 손님도 프로그램도 풍성했어요

2018년 10월 30일 오후 2시에 다목적 강당 명현관과 식생활관(식당) 개관식 행사가 마침내 열렸습니다. 개교 이래 우리 학교와 지역사회, 그리고 학부모님들의 오랜 숙원 사업이 비로소 이루어졌다는 보고를 인천광역시교육청 도성훈 교육감과 유동수 국회의원 등 내외 귀빈, 학부모, 학생과 지역사회에 드리게 되어서 기쁩니다. 또 서부교육지원청 배경자 교육장, 학운위 김미나 위원장, 채진희 부위원장, 학부모회 김혜영 회장, 아버지회 김태수 회장, 그리고 귀염둥이 학생자치회장 강동은 학생을 오늘 함께 모셨습니다.

최형목 인천시교육청 민주시민교육과장, 한상봉 서부교육지원청 중등교육과장, 명현초등학교 박상환, 효성남초 남윤애, 효성고 김현목, 북인천여중 이계한, 효성중 이상담, 계산여중 오승호, 서곶중 강헌석, 임학중 안갑형 교장 선생님 여러분과 양촌중 이연숙, 작전중 박현숙, 북인천중 진유범, 안남중 강경숙 교감 선생님 등 교육 동지들께서도 함께해 주셨습니다.

한결같이 물심양면 도움 주신 부평제일성결교회 장순호 목사, 윤홍규 장로와 우리 명현관 건립의 일등공신 유동수 국회의원, 손민호 시의원, 이충호, 조성환, 신정숙, 박해진 구의원님들을 오늘 주빈으로 모시고 싶습니다.

우리 학교 공교육의 질이 한 단계 도약하게 된 이 자리에서 학교장으로서 함께해주신 많은 분의 이름을 기억하고자 합니다. 이 좋은 시설을 만들기까지 지역사회의 오랜 염원이 들어있기 때문입니다.

그동안 함께해주신 김동숙, 전혜진 역대 학운위원장과 역사와 전통을 자랑하는 아버지회 김낙현, 김천호, 한승일, 이근수 역대 회장과 임원, 황지아, 김정미, 역대 학부모회장과 임원 여러분, 모두 감사합니다. 완성되기까지 각종 아이디어와 세부 디테일에까지 하나하나 꼼꼼히 챙겨준 이충율 전임 행정실장의 노고를 절대 잊을 수 없습니다. 끝으로 명현관이 좋은 작품이 되도록 공사 기간 최선을 다해 주신 유승건설 최윤기 전무께도 감사합니다. 그래서 이 모든 이름들에 저와 학교 구성원 모두의 진심을 듬뿍 담은 마음으로부터의 감사패를 드립니다.

교육부 특별교부금 25억 5천만 원과 계양구청 지원금 2억여 원, 그리고 시교육청 지원금 3억 5천만 원 등 약 32억여 원을 들여 지은 2층짜리 이 건물이 작년 7월에 착공한 지 딱 1년만인 지난 8월에 완공되었습니다. 1년 전 공사 시작하자마자 불법 매립된 건축 폐기물이 발견되어 공사가 중지된 4개월 동안 문제를 해결하기 위해 동분서주했던 기억이 생생합니다. 다행히 시교육청에서 폐기물 처리를 위한 소송을 맡아주고 비용을 지원해 준 덕택에 공사와 폐기물 처리를 투 트랙으로 하여 공사가 재개되었고, 마침 다가온 겨울철 공사라는 난제를 신공법으로 해결하여 지난 8월에 공사를 마칠 수 있었습니다.

종래의 학교 건축물이 대개 철근 콘크리트 라멘조 방식이지만 우리 명현관은 철골과 철근 콘크리트를 결합한 최신 공법으로 건축되어 튼튼한 데다 내진 기능까지 잘 갖추어 안전한 건물로 준공되었다는 점을 특히 자랑하고 싶습니다.

개막 행사는 오후 2시에 사이다 오케스트라 공연, 로열앙상블 오케스트라 초청 공연, 해오름 난타 동아리에 이어 명현초등학교 밴드 동아리의 초청 공연과 우리 학교 블랙문 밴드 동아리 출연, 그리고 댄스 동아리의 멋진 창작 댄스까지 사전 축하 공연이 이어지면서 식장의 분위기를 후끈 달아오르게 했습니다.

공연과 행사 진행, 조명, 방송 등 시설 운영에서도 전문가 못지않은 세련된 진행이 돋보였습니다. 짧은 준비기간에도 불구하고 좋은 소리를 내준 학생 사이다 오케스트라와 밴드를 지도해 준 음악과 두 분 지도교사, 그리고 행사 전체를 잘 기획하고 깔끔하게 진행해준 이현주 부장선생님의 진행, 포스트마다 책임을 다해주신 모든 구성원의 솜씨가 프로 못지않은 역량을 지역사회에 잘 보여주었습니다.

우리 명현관이 자랑스럽고 특별한 이유는 교육청에서 순서대로 예산을 배정해 만들어준 결과물이 아니라 지역사회 인력이 총동원되어 노력하고 획득하여 세운 것이기 때문입니다. 그래서 이 소중한 교육 재산의 완성을 우리 지역사회에 보고해야 한다는 책임감으로 오늘 행사를 기획했습니다. 또 이 기회에 학생들에게 좋은 문화적 경험을 제공할 수 있어서 더 기쁩니다.

사전 축하 공연이 끝나고 오후 3시에 입구에서 현판 제막과 축하 테이프 커팅 행사를 하고 이어서 내빈 모두가 강당에 함께 입장하여 개관식을 진행했습니다.

명현관 다목적 강당에서는 다음 달 예정된 학생문화회관 초청 음악회는 물론, 학년별 합창대회, 극단 초청 연극 공연이 예정되어 있고, 상시 진행되는 체육 수업은 물론 자유학년제 프로그램 운영, 진학 설명회, 진로콘서트 같은 다양한 복합 문화 행사와 학년 단위 교육 활동에 활용될 것이며, 이 시설이 풀가동되어 학생들이 풍족한 문화를 향유하고 삶을 즐기는 방법을 배우는데 크게 기여할 수 있기를 기대합니다. 아울러 행복배움학교 같은 길을 가는 이웃 명현초등학교와 효성남초등학교와도 함께 쓰는 교육시설이라는 점을 항상 되새기겠습니다.

●

# 깊어가는
# 학년 말 풍경

**선생님과 이별을 준비하는 아름다운 학생들**

2월 종업식을 하루 앞둔 날 아침 교문 등굣길에 케이크를 든 학생들을 만났습니다.

"어, 그거 케이크네. 누구 생일이니?"하고 물었습니다.

"아니요. 담임 선생님과 내일이면 마지막 날이잖아요. 선생님과 이별파티 하려고 준비해 오는 거예요."

2학년 여학생 2명이었습니다. 한 해 동안 돌봐주신 담임 선생님에 대한 고마움을 표현하려는 아름다운 마음씨를 엿보니 가슴이 찡하고 눈물이 나올 것 같았습니다.

사람은 항상 고마워하고 사랑하고 양보하고 배려하는 마음씨를 가져야 합니다. 혹자는 양보하면 지는 것이라고 말하지만 오히려 양보 받은 사람에게서 고마움이라는 이익이 돌아오게 마련입니다. 버스나 전철에서 자리 양보하는 사람을 지켜보면 괜히 기분이 좋아지는 경험을 누구든 했을 것입니다.

영국에 가서 경험한 일인데, 미술관에서 작품 관람 중 한 중년 부인과 살짝 어깨가 부딪혔습니다. 누구 잘못도 아니었지요. 그런데 닿자마자 그 부인이 정중한 자세로 "파르동"하는 것입니다. 프랑스인인 것을 그분의 말에서 금세 알아차렸지요. 지나다가 살짝 스치기만 해도 사람들은 "쏘리, 익스큐즈 미, 땡큐"를 연발합니다. 말과 행동이 자연스러운 게 양보와 사과가 생활화된 것임을 알 수 있습니다. 내가 길을 막고 있으면 비켜서 가거나 길을 비켜줄 때까지 잠자코 기다려줍니다. 그들은 양보하고 배려하고 또 고마워합니다. 우리가 아직 부족하여 더 많이 배우고 실천해야 할 아름다운 덕목들을 가지고 있었습니다.

## 부평제일교회에 감사합니다

2월 5일 오전 10시, 우리 학교 졸업식이 운동장 건너편 부평제일교회에서 열렸습니다. 2017학년도까지는 강당이 없었기 때문에 다소 불편을 감수하고 매번 예배당을 빌려서 졸업식과 학교 축제와 같은 큰 행사를 치러왔습니다.

그곳에는 모두가 주인 되고 높낮음이 없는 우리의 졸업식과 축제를 하기 딱 알맞은 안락한 의자가 있고, 좋은 음향과 우수한 조명 시설이 있습니다. 덕택에 근사한 공연장 부럽지 않게 참가자 모두를 만족시켜 줍니다. 게다가 담임 목사님을 비롯한 임직원이 아무 조건이나 임대 비용도 요구하지 않기 때문에 그저 감사할 따름입니다. 아무 조건 없이 신성한 예배당을 무료로 빌려주는 곳이 여기 말고는 세상에 없습니다. 어지럽히거나 망가뜨리기 쉬운 첨단 장비와 신성한 예배당을 오로지 학생이라고 빌려주시는 고마운 뜻은 어떤 말로도 갚을 수 없을 만큼 고귀합니다.

우리 행사 일주일 뒤에는 이웃 초등학교도 같은 곳에서 졸업식을 합니다. 좋은 시설을 오로지 교육을 위해서 허락해 주시는 담임 목사님이야말로 지역사회에 기여하는 참다운 종교인이라고 생각합니다.

비밀 두 가지를 더 말씀 드리겠습니다. 교회에서는 매달 우리 학교에 장학금을 지원해 주고 있습니다. 게다가 2017년도 졸업생 한 명이 가정 형편 때문에 급식비를 장기 미납하고 있다는 소식을 전해 듣고 흔쾌히 일 년 치 미납분 급식비를 장학금으로 지원해 준 덕택에 그 학생이 기분 좋게 졸업장을 받을 수 있었고, 작년에는 명현관 개관을 축하하여 일백만 원 상당의 튼튼한 휴게용 의자를 기증했다는 사실을 깜짝 공개합니다.

인재 양성과 지역사회 봉사를 위한 교회의 아름다운 교육 기부에 우리는 더 내실 있는 교육으로 보답하겠습니다. 담임 목사님을 비롯한 임직원들께 진심으로 감사 말씀드립니다.


## 졸업식, 모든 졸업생이 주인공 되는

제14회 졸업식이 2월 2일 부평제일교회에서 열렸습니다. 3년간의 형설지공(螢雪之功)이 빛나는 순간이었습니다. 언제나처럼 모든 졸업생이 주인공이었습니다. 틀에 박힌 형식을 과감히 깨고 허례허식 없이 진행하도록 준비했습니다. 우등생만 스포트라이트 받지 않도록 상장은 미리 주었고 영상으로 대체했습니다. 이어서 졸업생 자축 합창과 후배들의 축하 합창, 밴드부 공연, 교사 축하 영상 메시지가 차례대로 상영되어 감동과 기쁨, 서운함을 함께 나누었습니다.

재학 중 학교생활을 모은 동영상 상영과 학운위원장, 학부모회장, 아버지회장 등 학부모 3단체장이 모범 학생에게 주는 표창장 수여, 그리고 시교육청의 축하 메시지가 본 행사에 앞서 전달되었고, 본 행사는 사이다 관현악단이 직접 연주하는 애국가 등 국민의례에 이어 졸업생 모두에게 학교장과 담임 선생님이 함께하는 고별 의식, 학부모에게 주는 감사패, 장한 어머니 상패 수여, 학교장 인사말, 학부모 대표의 축사에 이어 자축마당을 벌였습니다.

모두가 주인공인 아름다운 행사였지만 특별한 주인공이 있었습니다. 장한 어머니 상패를 받은 최** 학생의 어머니 강** 학부모입니다. 자폐성 장애 때문에 재학기간 어머니가 등하교를 함께했고 덕택에 당당히 졸업생 대열에 설 수 있었으며 개근상을 모자가 함께 받았습니다.

또 다른 주인공은 이** 학생입니다. 특수 학급 소속이며 근이양증 때문에 발육 부진과 함께 움직임이 자유롭지 못한 불편한 몸으로 3년 재학 기간 전동 휠체어로 등하교했으나 건강 문제가 아닌 사유로는 단 한 번도 결석하지 않았고 정규 과정을 마쳐서 귀감이 되었습니다.

정규 교육과정을 마친 두 주인공의 졸업을 축하하고, 3년 개근한 장한 어머니의 노고를 다시 한 번 치하합니다. 두 학생 모두 이웃 학교에 진학하였습니다. 졸업생 한 명 한 명이 행복배움학교에서 3년간 배운 삶의 지혜로 빛나는 내일을 잘 개척해 나갈 것입니다.

### 제15회 졸업식, 그리고 종업식이 다가옵니다

2019년 2월 1일, 제15회 졸업과 종업식이 코앞에 다가왔습니다. 석면 시설 철거, 냉난방기 전면 교체, LED 조명 설치 등 여름철 큰 공사를 치르느라 우리는 여름방학이 두 달이었고, 그 때문에 겨울에는 방학 없이 1월 학사 일정을 정상 운영했습니다. 쉴 때는 쉬어야 사람의 유기적 건강이 지켜지고 또 휴식 뒤에 열심히 일할 수 있는 법이지만 좋은 교육 환경을 만들어야 한다는 절대 명제 앞에서 공사를 진행했고, 그 때문에 겨울방학 없는 불편을 모든 구성원이 감내해 왔습니다. 덕택에 쾌적한 교육 환경 속에서 큰 민원이나 볼멘소리 전혀 듣지 않았고 별다른 사고 없이 학년도를 잘 마칠 수 있어서 학교장으로서 학생과 학부모, 그리고 모든 교직원께 참 감사하고 다행으로 생각합니다.

오늘 오전에 2학년을 대상으로 하는 명현 TMC(Team Mission Clear) 활동이 여러 교실과 특별실에서 진행되었습니다. 특별 활동으로 기획된 이 행사는 학생들이 여러 교실을 순회하면서 체험 활동을 하고, 인증을 다 받으면 활동이 종료되는 프로그램입니다. 각 실을 둘러보니 재미에 빠진 학생들이 체험에 참여하려고 줄 서서 차례를 기다리거나 체험에 몰두하고 있었습니다.

한편, 컴퓨터실에서는 학급별, 개인별 대항 게임 대회가 열렸습니다. 이번 주 내내 컴퓨터실에서 열리는 이 대회는 시교육청의 승인을 받고 정보 선생님이 지도하여 진행되었는데 우리에게 낯익은 카트라이더 등 대중적이고 건전한 오락을 컴퓨터실 컴퓨터와 중계 화면으로 연결하여 e-스포츠 형식을 갖춰 진행되었습니다. 예상을 깨고 여학생도 결승에 올랐는데 내일 최종 결승전이 열린다고 합니다. 학생들의 환성과 뜨거운 함성을 뒤로하고 발걸음을 옮겼습니다.

오후에는 극단 초청 마술 공연이 명현관에서 열렸습니다. 학교 폭력 예방을 위한 교육적인 내용까지 담은 재미있는 마술과 각종 이벤트에 학생들이 온통 정신을 빼앗겼습니다.

지난주의 명현제 축제 개최, 선제적인 독감 감염 예방 대응 등 업무 담당 선생님을 비롯한 모두가 각 분야의 전문가로서 역량을 정말 잘 발휘해 주었습니다. 덕택에 독감은 걱정하지 않게 되었지만 대신 홍역이 유행한다고 하니 보건실과 소통하여 적절하게 대응하겠습니다.

한편, 3학년 졸업 예정자들을 초청한 교장실 수업을 학급별로 잘 마쳤습니다. 갓 입학한 3년 전 교장실에서 새내기로 그들을 만났었는데, 3년 세월이 흘러 신체나 정신적으로 크게 성장한 모습을 보면서 학교장으로서, 그리고 교육자로서 큰 보람과 기쁨을 느꼈습니다. 학교 울타리 안에서 신체만 자란 게 아니라 정신도 훌쩍 성장하여 의젓한 청년이 되었습니다. 그들과 대화하니 특히 전학 온 학생들은 전적교와 구분되는 우리 학교만의 특성을 잘 알고 있었습니다. 행복배움학교이기 때문에 무엇보다도 학생을 귀하게 여기며, 학생 자치와 민주적 운영의 활성화, 경직되지 않고 언제나 친절한 선생님들, 활발하고 재미있는 여러 분야의 동아리 활동, 다양한 교육 활동과 똑 부러지는 진로 교육, 과학 교육, 소프트웨어 교육을 잘 기억하고 있었습니다. 특히 먹을 것, 볼 것, 학습할 것과 체험 활동이 다른 어느 학교보다 풍성하여 차별화된 우리 학교에서 자신이 크게 성장했다고 답변하는 전입생들의 반응에서 큰 보람을 느꼈습니다.

이번 졸업생들은 온전히 말 그대로 행복배움학교 혁신 교육 1세대들입니다. 3년 전 행복배움학교의 출범과 함께 입학했고, 입학하던 바로 그 날 교육감께서 방문하여 특별히 우리 새내기들을 격려해 주셨던 행복한 기억을 품고 있습니다. 졸업 후에도 올바르게 성장하여 세상을 더 아름답게 가꾸어가는 자기 인생의 주인공들이 되리라고 확신합니다.

졸업과 종업식까지 남은 짧은 기간에도 그들을 위해서 최선을 다하겠습니다.

●

# 석과불식의 마음으로

소주 '처음처럼'의 독특한 서체 타이틀이 성공회대 석좌교수 출신 신영복 선생의 책 제목이자 그분이 창안한 고유의 붓글씨체라는 사실을 아나요? 소주 회사에서 신상품 이름으로 이 타이틀을 사용하려고 억대의 저작권료를 지급하려 했는데 저작권을 사양하고 무료 사용을 승낙했다는 에피소드 덕택인지 '처음처럼' 그 이름이 사람들에게 친숙한 존재가 되었습니다. 선생님이 남긴 각종 현판과 서화들이 특별한 대접을 받는 것은 기약 없는 무기수로 옥중생활 하면서 서예 활동을 통해 스스로 깨우친 독특한 글씨체 '쇠귀체' 덕택이기도 합니다.

서울대 상대 출신 엘리트에다 육사 교수이자 육군 중위 신분이었는데도 맹랑하게 간첩죄로 체포되어 무기징역형을 선고받았고, 만 20년 하고도 이십 날 옥살이한 사실로 유명합니다. 출옥하여 성공회대 교수로 재직하면서 많은 제자를 길러내었으며 퇴직 몇 년 뒤 돌아가셨죠. 물론 옥살이가 억울함은 세월이 지난 후 소명되었지만 잃어버린 그분의 청춘은 누구도 보상해 줄 수 없었던 비극의 주인공. 개인적으로 그분의 학식과 인격을 존경하기 때문에 선생님의 책을 고루 읽어보았고 배운 것이 아주 많았습니다.

선생님이 즐겨 강의하였던 한자성어 가운데 하나가 '석과불식'입니다.

주역(周易)에 나오는 석과불식(碩果不食)이란 아무리 배고파도 추운 겨울 낙엽 진 가지 끝에 남아 있는 최후의 '씨과실(碩果)'을 먹지 않는다는 뜻입니다. 부패를 척결하고 전화위복시킨다는 뜻도 있다고 합니다. 또 몰락해도 마지막 남은 소중한 씨앗을 잘 보존할 것이며, 과거를 혁신하고 바로 잡음으로써 다음 세상을 건설하는 전화위복의 기회가 된다는 의미도 있습니다.

하지만 나는 그런 깊은 뜻에는 별로 관심이 없습니다. 우리 조상들은 동물을 배려하는 마음을 담아서 이 표현을 즐겨 사용했는데 그 정신을 사랑합니다. 그 정신이 바로 까치밥입니다. 늦가을에 감을 따면서 추운 겨울날 먹이 구하기 어려운 새들을 위해 몇 개씩 남겨놓는 마음이 바로 까치밥 정신입니다. 사실은 장대로도 닿지 않는 높은 곳에 매달렸기에 비록 따지 못한 감일지언정 그래도 배고픈 겨울철, 들새들에게는 허기를 피할 수 있는 양식이 된다고 생각하면 얼마나 고마운 일입니까? 석과(碩果), 씨과실에는 정의와 희망, 배려가 숨어 있다고 해석합니다.

내일부터 신학년도가 시작되고 모레부터 새내기를 맞아들일 준비로 2월 마지막 날에도 학교가 종일 부산했습니다. 새내기를 맞기 위해 2월 한 달간 우리는 교실의 고장 난 문손잡이를 고치고, 교탁 연결 전선을 모두 튼튼하게 수리하고, 책걸상 사물을 재배치하고, 새 교실 표지판을 붙이고, 묵은 종이 쓰레기를 비우고, 망가진 커튼은 새것처럼 수리해서 달고, 화장실 전부 광나게 청소하고, 입학식장 현수막 매달고, 입학식장에 신입생이 앉을 의자를 배치하고, 준비와 절차를 확인하고, 온갖 준비물을 챙기고, 입학 선서할 학생도 미리 챙기고, 세족 의식 치를 세숫대야와 수건도 준비하고, 식당은 밥 지을 준비와 청소를 모두 마치고, 행정실에서는 지난 학년도 회계를 마감하고, 정보부에서는 새로 배치된 자리마다 컴퓨터 정상 가동 여부와 상태를 일일이 점검하고, 모든 구성원이 자신의 자리에서 맡은 직분대로 경건한 마음으로 닦고 줍고 치우고 정리하며 새내기들 맞을 준비, 새 학년도 시작할 준비를 잘 마치고 카운트다운에 들어갔습니다.

이제 석과불식의 마음으로 며칠 후 교문에 첫발을 내디딜 새내기들이 환대받고 사랑받고 학교생활에 만족하기를, 선배들이 개과천선해서 선생님들 더 이상 힘들게 안 하기를, 새로 전근 오신 선생님들이 낯선 학교에 만족하기를, 그리고 모든 재학생과 학부모와 선생님들이 새 학년도에 모두 행복하고 만족한 1년이 되기를 2월 마지막 날, 눈까지 내린 운동장을 보면서 경건한 마음으로 기원합니다. 그리고 다가오는 3월을 설레는 마음으로 기다립니다. 아! 참, 입학식 날 학생자치회에서는 신입생 후배들을 환영하는 여러 가지 이벤트를 교문부터 복도와 입학식장 안까지 진행하려고 준비를 다 마쳤다고 합니다. 과연 어떤 환영 의식으로 새내기들을 맞이할지 벌써부터 가슴이 두근댑니다.

# 다 못 담은
# 칭찬 이야기

매일 규칙적으로 시원하게 볼일 보는 사람에게 화장실 가는 일은 심드
렁한 일상사일 뿐입니다. 하지만 그렇지 못한 사람에게는 온통 부러움의
대상입니다. 그래서 며칠간 고생하다가 마침내 볼일에 성공했다면 오늘
하루 세상은 찬란할 것입니다.

초임 교사 시절, 주체 못 하게 넘치는 의욕 덕택에 중학생들에게 작문
지도를 겸해 일기 쓰기를 열심히 가르쳤습니다. 요즘은 상상할 수도 없는
일이지만 그때는 가능했기에 일상을 일기장에 자연스럽게 기록하는 비법
을 가르치고 싶었는데 사실 그들에게는 일상의 기록도 무척 고통스러운
작업이라는 것을 알았지만 매일 똥 누듯 일상생활의 즐거움과 사소한 것
에서 의미를 발견하고 기록하는 재미를 알 수 있도록 열심히 가르쳤습니
다. 그때도 그들에게 오늘처럼 며칠 만에 화장실에서 볼일을 성공했을 때
느꼈을 순간의 기쁨을 예로 들었습니다.

2018년 벽두부터 시작된 남북과 북미 간 화해시대의 신호 이후 남북의 백성들 모두는 물론 세계인에게 한반도 평화의 희망 소식이 계속되고 있습니다. 그러나 한편으로는 세상이 온통 적폐 처리라는 말로 시끄러웠고 정치, 사법, 관료는 물론, 경제와 문화계까지 사회 모든 영역에 걸친 추악한 권력과 갑질 문제의 해결은 아직도 멀어 보입니다.

고대 그리스 철학자 헤라클레이토스가 말했습니다.

"같은 강물에 발을 담글 수 없다. 강물은 흘러가기 때문이다."

세상은 끊임없이 변화합니다. 어제가 오늘 같지만 결코 같을 수 없고, 작년의 내가 지금 나일 수 없듯 매일 다른 내가 어제와 다른 학생들의 성장을 지켜보면서 재미와 의미를 느끼며 살아왔습니다.

하루에도 열두 번 변한다는 질풍노도 사춘기 터널을 통과 중인 우리 학생들이 놀랍게 변하고 성장하는 모습을 발견하는 것은 교사가 느낄 수 있는 최고의 보람입니다. 특히 성장통을 남달리 심하게 앓는 녀석들에게는 교사의 경청과 공감해 주는 말 한마디, 따뜻한 시선 하나가 끼치는 영향력이 대단합니다.

유복한 환경에서 바르게 잘 자라 예의 바르고 공부 잘하고 예쁜 짓만 골라 하는 범생이도 있지만 유독 손톱 밑 가시처럼 아프고 눈에 밟히는 녀석들도 있습니다. 그 녀석들에겐 시선이 더 갑니다.

거의 매일이다시피 잘 갖추지 못한 허름한 용모에 여드름 돋은 거친 얼굴과 퉁퉁 부은 눈꺼풀로 4교시쯤 되어야 등교하는 녀석이 있었습니다.

"이제 일어났구나. 그래도 다행이야. 고맙다. 점심시간 다 되었으니 나랑 같이 식당 가자."

어쩌면 날밤 새워 게임을 했거나 노래방이나 PC방에서 지샜거나 밤거리를 배회했을지도 모릅니다. 당연히 옷매무새며 아침밥인들 제대로 챙기지 못했을 것입니다. 가족의 생계를 양어깨에 짊어진 채 버거운 삶의 무게를 감내하고 있을 녀석의 보호자를 생각합니다. 우리가 선택할 수 있는 가장 좋은 식재료를 가지고 정성을 다해 만든 학교 급식으로 한 끼나마 해결해 줄 수 있어서 그나마 보람이고 기쁨입니다. 편모슬하에서 어른의 살뜰한 보살핌은커녕 하루하루가 위태롭습니다. 밤새워 일하는 엄마가 자녀를 돌보기는 현실적으로 어려워 방치되다시피 합니다. 거친 황야에 스스로 뿌리를 내리고 꽃을 피워 씨앗을 남겨야 하는 들꽃 같은 존재입니다. 위태롭고 볼품은 없지만 대신 강한 생명력으로 살아남아야 하는 존재라서 교사의 손길이 꼭 필요하지만 조금만 더 투자하면 그만큼의 성과가 반드시 돌아올 거라 믿기 때문에 기꺼이 인내합니다.

사실 범생이에게는 교사의 특별한 보살핌이 별로 필요 없습니다. 그들의 환경은 대개 완벽하게 잘 갖춰진 온실이라 할 수 있어서 저절로 부쩍부쩍 잘 자랍니다. 교사의 특별한 도움도 별로 필요치 않으며 그의 성장과 성공도 교사의 덕택보다는 자신의 몫으로 간주됩니다.

학교 규정을 밥 먹듯 어깁니다. 타투(tattoo)와 피어싱(piercing)으로 남들과 차별화된 자신만의 존재감을 드러내고 싶어 합니다. 살갗을 바늘로 찔러서 그림과 글씨 무늬를 새기고 귀, 코, 혀, 배꼽에 구멍을 내 장신구를 매달았습니다. 피어싱을 양쪽 귓바퀴에 십여 개를 달고 배꼽과 혀에도 있습니다. 남에게는 혐오감을 주는 분명한 교칙 위반이고, 다른 학생들에게 미칠 나쁜 영향과 다른 학부모의 볼멘소리가 들려오는 듯하지만 그렇다고 야단치거나 부착물을 강제로라도 빼게 하면 아예 학교에 안 나올 것이 분명합니다. 그러면 학교 급식처럼 제대로 된 밥 한 끼도 챙겨 먹지 못할 것이고, 밤 되면 또 어느 거리나 유흥가를 배회할지도 모릅니다.

모범생이라면 당연히 야단맞을 일이겠지만 어쩌면 결석했을지도 모를 이 학생의 늦은 등교는 칭찬받아 마땅한 일이라고 선생님들께 광고하며 녀석의 편을 들었습니다. 일반 학생들에게 끼칠 악영향도 없진 않겠지만 다수는 결코 생활 규정을 어기면서 따라 하지 않을 것이라는 믿음이 있기 때문입니다. 대신, 남들에게 어떻게 보일지를 감안하고 편들어주는 학교장의 입장도 조금 헤아려 모자와 머리칼로 장식물을 가리라고 했더니 그러겠다고 합니다.

방목하듯 자라니 학교 폭력 사안에도 자주 걸려 학교폭력대책회의에 보호자와 함께 여러 번 참석해야 했습니다. 처음에는 매사에 남 탓하고, 주변을 원망하거나 공격적이고 방어적이더니 여러 차례 만나고 대화하면서 보호자와 학생의 태도가 서서히 달라졌습니다. 학교장을 비롯한 선생님들, 그리고 위원들이 모두 자기편이라는 믿음이 서기 시작한 것입니다. 보호자와 함께 이수해야 하는 교정 프로그램도 무사히 다녀왔습니다. 바람 앞 등불처럼 위태로워 기꺼이 바람막이가 되어주었더니 어둡고 긴 터널을 지나 마침내 졸업 날이 다가왔고, 졸업식 전날 교장실에 찾아와 고맙다고 인사하고 갔습니다.

만 14세 미만 소년범은 형사처분을 받지 않는 것이 실정법입니다. 하지만 그 사실을 너무나 잘 알기 때문에 악용하기도 합니다. 자전거와 오토바이를 아무 죄의식 없이 훔쳐 타고 다니는 일을 반복하더니 몇 차례씩 경찰관서에 불려가기도 했지만 별다른 처벌 안 받고 훈방되곤 했습니다. 같은 일이 반복되면서 범죄에 면역력만 키우는 건 아닌가 걱정만 늘어갔습니다. 그러다 마침내 남의 승용차를 훔쳐 탔고, 결국은 소년범으로 몇 개월간 교정시설에 다녀오기도 했습니다. 그런데 걱정했던 대로 그곳에서 더 강한 면역 주사만 맞고 나타났습니다. 온몸에 타투 문신을 하고 학교에 나타난 것입니다. 게다가 문신을 굳이 감추려 하지 않고 심지어 위력 과시용으로 노출하기 때문에 교사나 학생에게 혐오감과 공포심을 퍼뜨립니다. 세상의 쓴맛과 어두운 그늘까지 일찍 알아버린 그의 미래가 걱정됩니다. 하지만 싫은 내색하지 않고 만날 때마다 포옹해 주고 칭찬했습니다.

"이목구비가 뚜렷하여 너처럼 잘생긴 총각은 본 적이 없다. 무한한 가능성을 가진 젊은이로서 이제 삶의 목표를 찾는 노력이 필요한 때, 선생님들 도움을 받아 진로를 개척할 수 있도록 정보를 주고 휴식 공간도 만들어 줄 테니 교장실에 자주 와라."

평소 출결이 무상하고 얼굴 보기 어렵지만 그래도 가끔씩 학교에 등교하면 일부러 교장실에 찾아오고 환한 표정으로 인사합니다. 선생님이 그를 싫어하지 않는다는 믿음 덕택에 그에게는 학교가 멀리 있지 않은 친근한 곳임에 틀림없습니다.


안타까운 가정사를 짊어지고 무거운 삶을 살아가는 청소년들이 많이 있습니다.

이혼 후 아버지는 연락이 끊기고 개가한 어머니가 딸 둘만 오도카니 남겨둔 가정이 있었습니다. 출결이 무상하고, 학교에도 잘 안 다니는 남자 고등학생들이 그곳에 상주하다시피 하여 큰 걱정에 빠진 담임 선생님이 여러 차례 찾아가고 상담센터에 데려가기도 했습니다. 엄마를 호출하여 교장실에서 함께 걱정하며 대책을 요구했지만 뚜렷한 답이 나오지 않았습니다. 결국 학교와 행정복지센터 복지사, 담당 경찰관 등 관련 삼자가 함께 지켜보고 공동으로 보살피자는 미봉책을 세웠습니다. 언제 터질지 모르는 폭탄을 안고 사는 심정으로 관련기관들이 순찰과 방문을 주기적으로 하도록 약속했고, 노파심에 보건 선생님에게는 피임법을 넌지시 가르쳐야 하는지도 상의해 보았습니다.

가족이 경기도 관내로 이사를 갔는데, 혼자서 먼 거리를 통학하는 녀석이 있습니다.

"전학 가야지? 학교는 집에서 가까운 게 최고야."

하지만 친구가 좋아서 전학 갈 생각이 없다 합니다. 그런데 절대 교복을 입지 않습니다. 체격이 크고 살집이 있어서일 겁니다. 콤플렉스 때문이겠거니 짐작하고 일부러 알은체하지 않았습니다. 퇴근길에 밤늦게 또래들과 함께 어울려 동네를 활보하는 그를 종종 만났습니다.

"밤이 늦었는데 언제 집에 가누?"

대답 대신 씩 웃고 발길을 돌립니다.

한 번은 교장실에 불러 자존감 테스트를 해보았습니다. 이 테스트는 단계별 자아존중감을 측정해 보고 자신의 장점을 적극적으로 찾아서 실천을 극대화하도록 일러주는 검사입니다. 자신을 진단해 보고 의견을 듣고 최종적으로 결심을 발표하는데 '이제부터 공부해보겠다'약속하고, '학교생활 열심히 하고 절대로 지각하지 않겠다.'는 결심을 듣는 순간, 귀를 의심했습니다. 공부를 좀 못해도 어떻습니까? 서로 기댈 수 있는 좋은 친구가 있고, 학교생활이 즐겁다면 집이 좀 멀고 교복 좀 안 입는 게 무슨 허물이 될까요?

외형상으로는 부모 형제가 구족하고 가정이 단란하여 별다른 어려움 없이 성장하였으리라 짐작되는데도 불구하고 자기 존재를 부정하는 심각한 고민에 빠진 녀석도 있습니다. 초등학생 때부터 주의력 결핍과 과다 행동장애 증후군 진단을 받고 수시로 돌발적이고 난폭한 행동이 지속되어 담임교사를 힘들게 했습니다. 중학생이 되어서는 시시때때로 동급생들을 힘들게 하고 이제는 돌발 욕설과 책상을 뒤엎는 폭력 행위를 수시로 하여 수업을 방해하고 교권을 침해합니다. 자살충동지수가 높아서 생활 지도도 안 되고, 선도위원회에 회부한들 효과가 없습니다. 반복적으로 자해행위를 하여 위기관리위원회를 소집하고 지역사회와 협업하여 도울 방법을 찾으려고 동분서주하고 있는데 학부모는 만약의 사고 발생 시 학교만 원망할 기세가 분명해 교사는 사실상 지도를 포기하고 있는 실정입니다.

그의 행동 양식에 선천적 요인도 없잖아 있겠지만 부모의 양육 태도나 가족관계에 문제의 실마리가 있지 않을까 짐작해봅니다. 부모 중 누군가는 지나치게 도덕적이라든가 엄격한 양육태도를 가진 경우가 많고, 부부간, 부모간, 형제간에 수직적 서열이 강한 가정이거나 경제적 곤란의 문제가 가족의 화목이나 대화의 여지를 허용하지 않을 수도 있습니다. 지나치게 엄격한 부모에게 자녀가 의지하고 기대기는 사실상 어렵습니다. 자연히 형제들 사이가 서먹하고 대화가 없는 관계를 만듭니다.

세계화 시대로 세상이 빠르게 진화하고 삶이 다양해지면서 전통적 일반 가정 형태 말고도 편부모나 외국인 부모, 조손이나 비혼 등 종전에는 보기 어렵던 가정 형태가 급격히 늘어나고 있습니다. 그만큼 교사의 생활지도에서도 달라진 환경에 대한 이해의 폭을 넓혀서 다양하고 우호적인 접근이 필요해졌습니다.

양지가 있다면 음지도 있듯 그늘에 가린 학생들이 무수히 많습니다. 그런데 당사자 누구도 그늘이 드러나는 것을 허락하지 않습니다. 복지 혜택을 거부하거나 심지어 장학생으로 추천하려 해도 거부합니다. 누추한 자신의 처지가 밝혀지는 것이 죽기보다 싫은가 봅니다. 질풍노도의 거친 성장기를 통과하는 지점에 그들을 누군가가 알은체하는 자체가 수치심과 부담입니다. 그래서 글로 담을 수 없지만 그늘 속에 숨어있는 그들을 응원합니다. 머잖은 장래에 양지쪽으로 머리를 내밀고 당당한 어른으로 설 것임을 잘 알기 때문입니다. 잘 다듬지 못해 부스스한 그들의 머리칼과 윤기 없는 피부와 퉁퉁 부은 눈두덩이 다시 아름다운 본모습을 찾기를, 눈동자는 어서 빨리 태양처럼 빛나기를 간절히 기원합니다.

"사랑하는 애들아! 지금까지 그래 왔듯 언제나 교장 선생님은 너희를 응원해. 언제나 너희 편이 되어줄게."

2부

# 희망의 이야기

●

# 삐딱이 예찬

모두가 '예'라고 대답할 때 '아니오'라고 말할 수 있습니까?

모두가 '아니오'할 때 '예'할 수 있습니까?

예전에 저 콘셉트로 고객과 세상 모든 사람을 존중하고 귀하게 여기겠다는 어떤 회사의 광고가 기억납니다.

일본에 여행 다녀온 사람들은 그곳의 질서정연함에 놀라고, 사람들의 친절함에 감동하게 됩니다. 심지어 친일파가 되어버리기도 합니다. 실제로 일본의 개화기 이래 수많은 서양 사람들이 그들의 질서정연한 모습과 이색적이고 독특한 문화에 반하고 영감을 받아 나비부인 같은 오페라가 등장했고, 반 고흐가 반했던 일본 미술 작품과 그것에 영향 받은 인상주의 서양화가 등장하여 미술사에 한 획을 그을 만큼 큰 영향을 끼쳤습니다. 그들의 질서와 친절, 남에게 폐 끼치지 않는 행동 양식은 우리가 더 많이 배워야 합니다. 하지만 그 뒷면을 보며 정색을 하는 사람들도 많습니다.

일본인들은 그들의 마음속을 잘 드러내지 않기로 유명합니다. 겉으로 드러내는 모습(다테마에, たてまえ, 立前)과 속으로 생각하는 것(혼네, ほんね, 本音)이 다르다고 합니다. 그러니 면전에서 오케이 했다고 안심했다가는 나중에 낭패 보게 될 수도 있을 것입니다. 이런 문화는 사무라이의 칼로부터 자신의 안전을 보전하고자 궁여지책으로 생겨난 풍속이라고 합니다. 목숨을 지키기 위해 속마음은 싫더라도 깍듯이 대접해야 했던 일본의 오랜 풍속에서 비롯된 것이라고 합니다.

소니 워크맨과 토요타 자동차, 샤프 LCD, 그리고 LED 기술 등 세계를 앞서간 그들의 산업 기술력과 세계적 평판을 받는 일본 음식, 그리고 문화 일반에서도 배울 점이 아주 많지만 오히려 그것들로 인한 부작용도 많다고 하니 겉으로 보이는 것만 가지고 판단해서는 안 될 것 같습니다.

실제로 일본은 집단의 가치를 우위에 두는 문화 때문에 개인의 개성이나 튀는 것을 용납하지 못한다고 하는데, 이지메(bulling, 왕따)가 대표적 사례입니다. 이지메는 일본에서 수십 년 전부터 대두된 집단 따돌림 현상으로서 집단의 다수가 튀는 소수 약자를 집중적으로 괴롭히고 소외시키는 것입니다. 이지메를 당한 피해자는 육체적·정신적으로 깊은 상처를 받아 등교를 거부하거나 자살하여 사회 문제화되곤 했습니다. 집단의 가치를 지나치게 앞세우거나 요구하는 집단에서 필연적으로 생길 수밖에 없는 병리 현상이라고 할 수 있습니다. 물론 왕따는 우리에게도 있습니다. 또 하나, 작년부터 미국과 우리나라 등 많은 선진국을 충격으로 몰아간 미투(Me too) 성폭력 폭로나 언론의 특종 보도가 일본에서는 절대 불가능하다고 전문가들이 단언하기도 합니다. 그리고 보니 여성 인권이 우리보다 더 잘 보장된다는 어떤 증거가 없음에도 불구하고 일본에서 미투 사건이 사회적 이슈가 된 것을 보기가 어렵습니다. 이유는 성폭력 문제가 발생하더라도 개인의 문제로 한정시켜버리는 특성이 강한 탓이라고 합니다.

오늘날 우리는 열린 사회(Open society), 개방 사회로 나가고 있습니다. 모든 국가 행정 정보가 개방되어 누구든 언제든 온라인으로 확인할 수 있고, 거의 모든 민원을 컴퓨터로 즉시 해결할 수 있습니다. 사회 계층에 상관없이 정치, 사회, 경제적 정보 열람이 가능하고 자유로운 의견 표현도 보장받고 있으며, 아시아의 어떤 나라나 이웃 경쟁국보다도 유독 높은 개방성을 보여 그 자체가 강력한 국가 경쟁력이 되고 있습니다. 최근 세계적인 그룹 방탄소년단에 열광하는 전 세계인의 관심과 쇼크가 그 가능성을 보여주고 있으며, 칸 영화제 수상과 같은 경사도 연장선상에서 바라볼 수 있습니다.

최근 사우디아라비아에서 여성 운전이 비로소 허용되었다고 하는데, 국제기구는 몇 년 안에 그 나라 국민총생산이 두 배가 될 거라고 전망합니다. 미투(Me too) 문제를 비롯하여 근래 핫 이슈가 되고 있는 성 소수자, 다문화, 병역 대체복무제 등을 둘러싼 갈등과 여러 의견도 개방 사회로 나가기 위한 과정이라고 생각합니다. 치열한 논쟁을 거치면서 자연스럽게 걸러질 건강한 과정(Process)입니다.

『열린사회와 그 적들』이란 저서로 유명한 오스트리아 출신 영국인 칼 포퍼의 주장에 의하면 각 개인이 느끼는 어떤 정치적·사회적 발언도 사회 발전에 기여할 수 있으며 열린사회가 제대로 실현되기 위해서는 정치적 자유와 언론의 자유, 그리고 민주주의 사회란 여건이 성숙해야 합니다. 그런 점에서 우리나라는 4·19, 5·18, 6·10, 촛불 탄핵과 같은 민주주의와 민주화를 위해 피 흘린 수많은 역사적 저항 경험을 통해 얻은 숙성된 토양을 갖고 있다는 것이 얼마나 다행인지 모르겠습니다.

"좋은 게 좋은 거다"란 말이 있고 사람들이 일상생활에서도 즐겨 씁니다. 사람들 사이에 갈등 상황이 벌어졌을 때 따지기보다 분란 없이 그냥 좋게 넘어가자는 뜻으로 흔히 사용합니다. 하지만 좋은 게 좋은 건 아닙니다. 좋지 않아도 좋은 쪽으로 넘어가자는 말로 올바름을 제쳐놓고 타협하자는 의도이니 이는 정의가 아닙니다. 좋다는 것이 곧 옳다는 걸 의미하지도 않습니다. 좋은 건 좋은 것이고 나쁜 건 나쁜 것이며 정당하고 정의로운 것이라야 좋은 것입니다. 좋은 것을 좋다고 말하고 나쁜 것을 나쁘다고 얘기해야 하며, 옳은 것을 옳다 하고 잘못된 것은 잘못됐다고 지적해야 합니다. 이러한 원칙이 충실히 지켜지는 사회가 건강한 사회일 것입니다.

예전에는 모두가 좋다고 말할 때 아니라고 말한 사람은 '삐딱이'로 불렸습니다. 삐딱이란 '물체가 비스듬하게 기울어져 있거나 생각이나 태도 따위가 한쪽으로 치우쳐 있는 상태'를 가리키는 말입니다. 일제강점기와 동족상잔의 이념 전쟁이란 어두운 시기를 거쳐온 불행한 역사 때문에 "모난 돌이 정 맞는다"는 우려가 우리 속담 속에 존재하듯 어떤 집단에서든 우리는 자신이 튀는 것을 꺼려온 것이 사실이고, 그래서 삐딱이는 여전히 설 자리가 매우 좁거나 없습니다.

하지만 21세기가 시작되고도 어언 이십여 년이 흘러 세상의 변화는 더 빨라지고 있으며, 과거에 존재감이 없거나 아무도 관심 두지 않거나 배척당하고 때론 증오의 대상이기까지 했던 소수자들이 이제는 여러 빛깔의 존재로 비로소 제 몫을 주장할 수 있는 분위기가 만들어지고 있습니다.

무지개가 아름답듯 존재의 다양성은 세상을 아름답게 만들 것입니다.

　모 방송국의 다큐멘터리 '100년 전 세상과 맞선 조선의 신여성 나혜석'을 보면서 시대를 앞서 간 또 한 명의 삐딱이를 만났습니다. 나혜석은 개화기 최초의 여성 서양화가이자 문학인으로 근대적 여성 해방 운동의 상징적 인물입니다. 유복한 가정에서 1896년에 태어나 1948년 행려병자로 사망하기까지 파란만장한 삶을 살았던 삐딱이입니다. '정말 어떤 드라마보다도 더 드라마 같은 삶을 살았다'고 평가받지만 그가 살았던 삶이 얼마나 극적이었는지 그의 용기에 경탄하게 됩니다.

　나혜석은 그 시절 여성으로는 극히 드물게 일본에 유학하여 서양화를 공부한 최초의 인물입니다. 일본에서 서구 문물과 근대 문예 사조를 알게 되면서 가부장제도의 모순을 깨닫고 여성문제에 눈을 뜹니다. 잡지에 '이상적 부인'이라는 글로 현모양처란 용어를 비판하고, 여성도 실력을 쌓아 자신의 입지를 강화해야 한다는 주장을 펼칩니다.

　귀국하여 함흥 영생중학과 서울 정신여학교에서 미술 교사로 학생을 가르치는 한편, 가부장제를 부정하는 계몽소설 『경희, 희생한 손녀에게』를 발표하고 1919년 3·1 운동에도 참여하여 5개월간 옥살이합니다. 이후 결혼하여 왕성한 활동을 하였고, 유럽 여행을 통해 자신의 세계를 넓혀갔지만 불륜 사건으로 이혼 당하면서 불행한 삶을 살게 됩니다.

　어떤 잡지에 실린 이혼 고백서는 세상을 발칵 뒤집어놓습니다.

　"조선의 남성들아! 그대들은 인형을 원하는가? 늙지도 화내지도 않고 당신들이 원할 때만 안아 주어도 항상 방긋방긋 웃기만 하는 인형 말이오. 나는 그대들의 노리개를 거부하오."

노르웨이 작가 H. 입센의 희곡 속 여주인공 노라가 불충실한 노예처럼 대하는 남편에게서 자신의 존재가 인형에 불과했음을 깨닫고 그곳을 떠난다는 『인형의 집』이 떠올랐습니다. 인습이 여성의 성장과 자유를 어떻게 억압하는지를 잘 담아냈다는 평가를 받는 이 작품과 나혜석의 연관성을 따져봐야겠습니다.

이후 그는 경제적·심리적 불행의 연속과 세상의 외면 속에 비참한 삶을 살다가 행려병자로 불행한 삶을 마칩니다. 시대를 백 년쯤 앞서 태어나 자신의 실제 삶과 그림, 문예 작품을 통해 가부장적 사회제도에 끝까지 도전하며 끊임없이 자신의 정체성과 자유를 찾았던 삐딱이였고 선구자였습니다. 이제 세상은 그를 높게 평가하기 시작하여 전설이 되었고, 고향에는 그를 기리는 거리가 생겼을 뿐만 아니라 예술적으로 풍성하게 기념하는 다양한 문화 행사가 열리는 등 자랑이 되었습니다.

과거 봉건 시대는 물론, 일제강점기와 유신 시대에 이르기까지 삐딱이는 설 자리가 없었습니다. 우리에게도 일본처럼 집단이나 윤리의 가치가 오랜 세월 동안 강요되었고 특히 참혹했던 군사 독재 시절에는 군대식 질서와 가치가 강요되었습니다. 실제로 군대에 입대하면 제일 먼저 하는 것이 제식 훈련인데 집단적이고 통일성이 필요한 군인에게는 절도와 규율을 익히기 위해 하는 가장 중요한 훈련이지만 일반 국민들에게도 강요되었다는 사실이 불행이었습니다. 제식 훈련은 차려, 쉬어, 경례, 방향 전환, 앉아 자세, 걸음과 행진 등이 끝없이 반복됩니다. 일사불란한 제식 훈련에서 잠깐 잘못하면 큰 실수가 됩니다. 큰 집단이 일사불란한 모습은 오로지 군대이기 때문에 가능합니다.

너무 착하게만

보이려고 안간힘을 쓰네

너무 훌륭하게

보이려고 안간힘을 쓰네

TV를 봐도 라디오를 켜도

삐따기의 모습

보이지도 들리지도 않네

있는 그대로 얘기할 수 있는

삐따기


내버려둬

어차피 난 혼자였지

아무도 없어 다 의미 없어

사탕 발린 위로 따윈 집어 쳐

오늘 밤은 삐딱하게

짙은 아이라인 긋고

스프레이 한 통 다 쓰고

가죽 바지 가죽 재킷

걸치고 인상 쓰고

아픔을 숨긴 채 앞으로

더 비뚤어질래


가수 '강산에'와 '지드래곤'이 부른 노래 '삐딱하게'입니다.

우리 역사에는 시대를 잘못 태어난 인재들이 무수히 나타났다가 불행한 삶을 살고 사라져가곤 했습니다. 당시의 사회 질서 속에서 적응하지 못한 그들은 삐딱이였습니다. 최치원, 김시습, 허난설헌, 허균 남매, 황진이, 홍경래, 전봉준, 그들 개인의 삶은 시대와 불화했기 때문에 불행했습니다. 하지만 그래서 후대에 찬란한 빛을 남겼고 이제는 전설이 되었습니다.

신라의 천재 최치원은 중국에서 과거에 급제하고 황제 앞에서 뛰어난 글솜씨를 자랑했지만 출세하지 못했고, 신라에 돌아와서도 뜻을 펼치지 못해 글쓰기만 하다가 쓸쓸하게 사라졌지만 '토황소격문'과 '계원필경'이란 명문장으로 남아있습니다.

김시습은 세종 임금이 감탄한 천재 소년입니다. 5세 때 세종 앞에서 글재주를 선보였지만 이후 세상과 불화하면서 방랑 시인이 되었고, 또 충절을 지킨 생육신으로 불리며, 선비이면서 승려가 되었다가 온갖 놀라운 행적으로 남아 역사에 기록되었습니다. 최초의 소설『금오신화』를 남겼습니다.

난설헌 허초희는 시대의 혁명아로 평가받는 홍길동전의 저자 허균의 누이로서 봉건 시대의 굴레에 부대끼다 요절한 천재입니다. 시서화(詩書畵)에 능하여 지금 태어났다면 노벨문학상을 거뜬히 받고도 남을 인물입니다. 그의 남편은 아내에게 관심이 없었고 기생질에 빠져 가족을 돌보지 않았으며, 그 탓에 모진 시집살이 속에 두 자녀마저 잃고 스물일곱 연꽃 같은 나이에 세상을 떠났습니다. 대신에 덧없이 흘러간 젊은 날을 회상하며 볼품없는 자신의 신세를 한탄한 가사문학 작품「규원가(閨怨歌)」로 남았고, 특히 한시 문집은 중국과 일본에까지 널리 알려질 만큼 위대한 감성이 넘치는 천재였습니다.

기생으로 유명한 황진이는 남존여비의 봉건 왕조 시대 울타리 안에서나

마 수많은 남성을 자유자재로 농락하면서 한세상을 살다 갔지만 운신의 폭은 좁을 수밖에 없었을 것입니다. 하지만 이제는 그가 남긴 시조와 시문 작품들로 인하여 전설이 되었습니다.

홍경래는 조선 말기에 난을 일으켰다 실패한 혁명가입니다. 평안도에서 태어나 조선 말기 부패한 정권과 사회적 모순에 저항하여 1811년 농민 반란을 일으킵니다. 한때 청천강 이북 땅을 차지하고 큰 세력을 만들지만 정주성에서 최후를 맞이합니다. 역사가들은 불의한 세상과 지배 이념을 거부하고 일어선 홍경래의 저항정신을 전봉준의 그것과 함께 높이 삽니다. 녹두장군 전봉준은 동학 혁명으로 민중들을 크게 깨치게 했고 역사를 바꾼 혁명가입니다.

마지막으로 한 사람, 노무현 전 대통령입니다. 좀 더 시간이 흘러야 제대로 평가받겠지만, 학력이나 출신 가문 무엇으로 보나 성공 가능성이 거의 전무했지만 도전하여 성취했고, 바보 소리를 들었지만 세상을 바꾸었습니다. 그가 후세의 역사가들에게 더 높은 평가를 받을 것은 분명합니다. 아주 역사를 많이 거슬러 삼국 시대로 올라가면 바보 온달과 평강 공주, 선화공주와 서동 설화도 당시 사회 질서를 거스르면서 역사를 바꾼 삐딱한 사람들의 이야기입니다.

삐딱이들은 각자 살던 시대의 그곳에서는 환영받지 못하거나 소외되었지만 역사에 빛을 남겼고, 후대에 전설이 되었다는 특징이 있습니다. 봉건과 인습의 틀에 갇혀 시대와 불화할 수밖에 없었던 수많은 천재를 알아보고 인정해 주는 인물과 사회 시스템이 있었더라면 우리의 역사가 많이 달라졌을 것입니다.

우리 시대의 삐딱이는 학교 안팎에 있습니다. 사람의 능력은 비슷하니다. 단지 성장 환경이 다를 뿐입니다. 눈에 좀 거슬리거나 잘 따라오지 못해 진도가 좀 늦더라도 남들과 똑같은 잣대로 재지 말고 낱낱이 애정 가득한 시선으로 지켜봐 주고, 기다려보고, 격려하며 칭찬해 주는 것이 가르치는 자의 올바른 몫일 것입니다.

시대를 막론하고 삐딱이들은 역사에 도전해왔고 그래서 세상이 바뀌어 왔다는 것은 역사가 증명하는 분명한 사실입니다. 혹시 당신 앞에 있는 위험한 아이, 계란으로 바위치기 하고 있는 삐딱이가 사실은 시대를 잘못 맞춰 이 세상에 온 천재는 아닐까요?


특별한 아이가 전학 온다는 통보를 받았습니다. 학교 폭력 사건을 일으켜 두 번째 강제 전학을 오는 것이라 합니다. 긴장감이 감돕니다. 얼마 전 학생 두 명을 어쩔 수 없이 전학 보냈는데 빈자리를 교육청에서 배정한 쿼터인 셈입니다. 늑대가 사라지니 호랑이가 나타난 격일까요? 학년에서는 벌써 학급 배정을 놓고 담임교사들끼리 설왕설래 신경전이 벌어졌다는 소식이 들려옵니다.

우리가 감수해야 할 일이니 싫은 표정 짓지 말고 정성을 다해서 맞이하자고 비장한 부탁 말씀을 드렸지만 마음 한편이 무거운 것은 사실입니다. 학생이나 교사 모두 서로에게 적응하는데 상당 기간이 걸릴 것으로 예상되므로 교실에 바로 들이지 말고 1차면담을 아주 상세히 하기로 했습니다. 전문상담교사에게는 다양한 측면에서 심층 심리를 파악해 달라고 부탁했고, 생활지도부와 교무부에서는 교복이며 학교생활 전반 안내를 충실히 하고, 교장실에 불러서 개별 면담도 하면서 학교 적응에 충분한 시간을 투자하자는 전략도 세웠습니다.

한 주일 지나도록 감감무소식이더니 어느 날 학부모와 함께 등교하여 교복 착용과 학교생활 전반의 안내를 받고 귀가했습니다. 다음 날 아침에 택시를 타고 등교했는데 벌써부터 학년부장과 밀당이 시작되었고 얼굴엔 불만이 가득해 보였습니다. 물론 교복도 갖춰 입지 않았습니다. 왜 교실에 바로 들여보내 주지 않느냐, 교복 준비할 시간을 왜 충분히 주지 않느냐, 전적교만큼의 배려가 없고 친절하지도 않다 등등 불만을 내뱉더니 여차하면 튈 요량으로 보였습니다.

입이 튀어나온 녀석의 손을 가만히 잡고 교장실로 데려왔습니다. 태도로 보아 손을 뿌리칠 줄 알았습니다. 그런데 의외로 부드러운 손이 따뜻했습니다. 그리고 순순히 교장실에 따라왔습니다. 그의 이야기를 경청했습니다. 불우한 출생과 성장 이야기가 이어졌습니다. 이야기를 듣다가 눈물이 나왔습니다. 녀석을 껴안고 한참을 눈물 흘리면서 다독여주었습니다.

"너의 잘못이 아니다. 절대 아니야."

한참 동안 얼굴을 들여다보았습니다. 괴물이나 삐딱이로 치부되던 녀석의 맑고 선량한 눈망울과 뽀얀 얼굴이 바짝 내 앞에 다가와 있었습니다. 지극히 평범한 보통 아이들처럼 괴물이 아니라 사랑받고 싶은 지극히 선량한 소년이었습니다.

●

# 좋은 인간관계는
# 고래도 춤추게 한다

인천광역시 교육감이 2일 오전, 교사들의 섬김과 사랑으로 신입생을 가르치겠다는 의미를 담은 명현중학교 입학 세족식에 참석해 학생들을 격려했고 "선생님과 제자의 좋은 관계가 행복한 학교의 초석이라 오늘 첫발을 내딛는 신입생과 선생님들의 새 출발을 축하한다."고 격려했다.

3월 3일 자 어느 신문에 실린 우리 학교 입학식 소식입니다.

새 학년도 시작날인 3월 2일 오전 10시에 입학식이 열렸습니다. "행복배움의 둥지로 날아든 그대들! 환영합니다."란 환영 현수막 아래 253명 새내기 학생들이 우리 가족이 되는 순간이었습니다.

학교장의 입학 허가와 신입생 선서로 진행되는 입학식에서 특히 눈길을 끌었던 것은 인천광역시교육청 지정 행복배움학교인 우리 학교의 CI를 소개하는 프리젠테이션과 CI가 담고 있는 의미를 실천하기 위한 세족행사였습니다. 얼굴만큼이나 다 다른 성향과 끼를 지닌 새내기들을 누구보다 소중히 여기고 받들어 교육하겠다고 준비한 CI(배움에 행복을 더하겠다는 뜻을 담고 있는 '해피플러스(Happy plus)')의 의미를 교장을 비롯한 교사들이 정성껏 학생들의 발을 닦아 주는 의식을 통해 학생과 학부모에게 보여주었습니다.

이 자리에는 행복배움학교 출범 축하차 이청연 교육감이 참석하여 교직원과 학생들은 물론 학부모들을 기쁘게 했습니다. 교육감님은 축사에서도 "다른 학교와는 또 다른 분위기를 명현중에 와서 느꼈고, 학생들을 섬기고 따뜻하게 맞이하는 교직원들의 훌륭한 자세를 높이 평가한다."는 칭찬과 함께 "스승과 제자의 좋은 관계가 행복한 학교를 만드는데 크게 작용한다."고 모두를 격려해 주셨습니다.

학교에서는 신입생들에게 입학식 뒤 첫 일주일을 학교 적응 주간으로 지정하여 교장, 교감을 비롯한 보직 교사, 보건 교사, 전문 상담 교사, 행정실장이 학교생활을 자상하고 친절하게 안내하며 신입생들의 빠른 적응을 도왔습니다. 또, 적응 교육 마지막 시간에는 신입생 전체가 강당에 함께 모여 '바람직한 학교생활 지침'을 자율적으로 세우기 위한 학년 대토론회를 열었습니다. 토론회에서 학생들은 자신이 생각하는 바람직한 학생상에 대해 자유 토론을 벌였고, 자연스레 함께 실천할 수 있는 결론을 만들어내는 중학생 최초의 자치활동이 이루어졌습니다.

행복배움학교 출범에 즈음하여 지난 2월 하순에 교직원 모두가 함께 '즐겁고 행복한 학교 만들기 워크숍'을 개최했고, 그 자리에서 '소통과 배움으로 성장하는 꿈과 사랑의 배움터'라는 비전을 세웠습니다.

배움에 행복을 더하는 역할을 감당하기 위해 1차년도에는 민주적 운영

체제 구축을 통해 혁신학교 환경과 자율적 학교 경영 여건을 만들고, 2차년도에는 회복적 생활 지도를 위한 행복자치부를 신설하고 정례 대토론회 'Happy Talk Free Talk'를 개최하며 자신의 특기를 살리도록 동아리와 봉사활동을 활성화하며, 3차년도 이후에는 학생 자치 역량과 교사 수업 역량 강화에 집중하자는 연차별 교육목표를 함께 만들었습니다. 배움에 행복을 더하기 위한 노력으로 학생을 섬기고 소통하려는 우리 교직원의 마음가짐은 학부모뿐만 아니라 지역사회에서 학교의 신뢰도를 높이는 데도 기여할 것입니다.

새롭게 시작된 학년도 업무 개시와 함께 우리는 수많은 만남으로 얽히게 됩니다. 학교가 가진 자산은 학생과 학부모, 교직원과 분야별 지원 인력 등 인적자원뿐입니다. 새내기들과 학부모, 새로 전근 온 교직원과 지원 인력, 식자재를 납품하는 분이나 노인 자원봉사자들까지 우리 학교와 새로 인연을 맺게 된 모든 만남이 경중의 차이 없이 소중합니다. 옷깃만 스쳐도 인연이라는 말이 있습니다만 교육감님의 말씀처럼 특히 사제간 인연으로 특별하게 만난 선생님과 학생의 관계가 행복해야 학교가 행복합니다.

학생의 학교생활이 행복하도록 선생님들이 진심으로 애써주기를 부탁합니다. 좋은 인간관계는 고래도 춤추게 하기 때문입니다. 자신의 주변 사람들과 좋은 관계를 맺으면 아침에 잠자리에서 일어날 때 몸이 가볍고 상쾌합니다. 출근하는 발걸음도 가볍습니다. 반대로 좋은 관계를 맺지 못하면 꿈자리도 뒤숭숭하고 잠자리에서 일어날 때 몸이 불편하고 출근하는 발걸음도 무겁습니다. 학생은 학교 가기 싫어서 배가 아프다든가 신체 이상 반응이 나타납니다.

나그네의 외투를 벗기는 것은 거친 태풍이 아니라 따뜻한 햇볕이라는 사실을 우리는 이미 잘 알고 있습니다. 틈나는 대로 학생들의 장점을 찾아서 칭찬해 주십시오. 하찮은 것도 칭찬의 재료가 될 수 있습니다. 상이나 칭찬, 격려를 주는 사람은 흐뭇하고, 받는 사람은 기쁜 것이 사람의 본성입니다. 그래서 칭찬받은 학생에게는 칭찬을 더 받고 싶은 욕구가 꿈틀거립니다. 그것이 바로 긍정적 에너지의 분출로 이어집니다. 나는 어떤 경우에도 비난이나 야단을 치지 않습니다. 칭찬과 격려와 공감, 배려는 긍정교육의 자양분입니다.

눈에 거슬리거나 지도가 어려운 학생은 어떻게 지도해야 하나요?

그들은 사랑이 배고픈 사람들입니다. 가정환경이나 성장 배경에 결손과 상처가 있거나 왜곡된 가족관계로 인해 문제가 생겼습니다. 하지만 이런 문제행동도 선생님의 무한한 신뢰와 사랑, 칭찬, 그리고 관심으로 순화할 수 있고 해결됩니다. 개개인의 특성에 따라 단지 시간이 좀 걸린다는 점은 감안해야 하겠지만요. 교육은 시간이 걸리더라도 반드시 정도를 걸어야 합니다. 인내와 함께 지름길이 아닌 먼 길을 돌아가는 불편을 감내하겠다는 마음만 갖춘다면 해결해내지 못할 것이 없습니다.

"아이 하나를 잘 돌보기 위해서는 온 마을이 필요하다."는 아프리카 속담처럼 선생님의 수고를 덜어드리기 위해 다방면의 전문 지원 인력이 배치되어 있습니다. 그늘에 가려진 학생을 위해서 교육복지사가, 정신이 피폐한 이를 위해서 전문상담교사가, 건강을 지키러 보건교사가, 독서와 힐링을 위해서 전문 사서가, 진로 안내를 위해 진로진학전문교사가, 학교 폭력 예방을 위해 학생안전교사가, 그리고 교육 경력과 인생 경험이 풍부한 학년부장과 교장, 교감이 언제든지 대기하고 있습니다. 이분들에게 언제든지 도움을 요청하시면 수고를 함께 나누어 덜어드리겠습니다. 인간관계가 나빠지거나 지도가 어렵다고 생각되면 수업시간이든 언제든 주저하지 말고 그 학생을 교장실로 보내셔도 됩니다. 최선을 다해서 맡아드리겠습니다.

신입생 적응 교육 주간에 모든 신입생을 한 시간씩 교장실에 불러서 '문턱 없는 교장실' 프로그램을 운영했습니다. 참여했던 학생들에게 소감을 물어보니 이구동성으로 선생님들이 친절하다고 합니다. 물론 '선배들이 무섭다, 낯설다, 교복이 불편하다, 피곤하다'는 소수의견도 있었지만 '모두가 친절하다, 웃는 낯이다. 신기하다, 새롭다, 급식이 맛있다, 빨리 동아리에 들어가고 싶다'고 답변하여 신입생 절대다수가 매우 긍정적인 반응을 보였습니다. 그들과 함께 내디딘 이인삼각 첫걸음에서 사제간에 좋은 관계라는 첫 단추를 잘 끼웠다고 생각합니다.

만족도 높은 학교생활을 위하여, 특히 사랑에 배고픈 학생들을 위하여 학교 차원에서 장학금 수혜 대상자 확대와 장학기금 확충, 아버지회와 함께하는 자전거 타기, 가족과 함께하는 야영, 밤 따기 행사, 스포츠 동아리 등 수많은 동아리 활동, 사제간 영화 보기, 상담 활동, 리더십 캠프와 수련 활동, 지역사회 봉사 활동, 반찬 지원 사업 등을 꾸준히 추진하겠습니다. 이 모든 교육 활동을 구성원과 학부모, 지역사회와 함께하겠습니다.

그러나 모두가 행복하고 만족도 높은 학교가 되기 위해서는 무엇보다 교사가 행복해야 합니다. 교사의 전문성과 자발성이 만발하도록 최선을 다해 지원하여 교사의 행복 바이러스가 학생, 학부모에게 잘 전파되는 학교 분위기를 만들도록 열심히 노력하겠습니다.

●

# 대화가 안 되나요?

출근이 즐겁지 않나요? 출근하려고 집을 나설 때 머리가 무겁나요?

출근할 때, 일과를 시작할 때, 싫은 얼굴이 먼저 떠오르나요?

떠오르는 얼굴 가운데 반가운 얼굴과 싫은 얼굴 가운데 어느 쪽이 더 많나요?

학생과 대화가 잘 통하는 편인가요?

학생과 눈높이가 가깝다고 생각하나요?

학생의 얼굴만 보아도 울화가 치밀어 오르나요?

학생이 하는 이야기를 듣고 있으면 막 화가 나나요?

학생의 얼굴만 보아도 불쾌하고 괘씸한 녀석이 있나요?

학생의 이야기를 처음부터 끝까지 잘 들어주나요?

학생이 하는 말을 중간에 잘라버리지 않나요?

학생이 하는 말이 핑계와 변명이라고 생각하나요?

학생을 앞에 두고서 내 할 이야기만 하나요?

선생님이 말씀하는데 학생이 이야기를 자르고 끼어드나요?

학생이 선생님의 권위를 인정하지 않나요?

학생이 선생님을 똑바로 쏘아보거나 눈빛이 사납나요?

선생님의 지도 말씀을 귀담아듣지 않나요?

선생님의 말씀을 듣지도 않고, 대답도 하지 않나요?

복장이 불량한데다 고분고분하지도 않고, 불퉁거리면서 막무가내인가요?

복도에서 마주쳐도 인사 한 번 하지 않나요?

자기가 맡은 청소는 남에게 맡겨두고 빈둥거리면서 검사도 안 받고 귀가해버리지 않나요?

변명부터 하고, 자신의 잘못은 절대로 인정하지 않나요?

얌체처럼 자기 이익에는 귀신이고 양보는 아예 모르나요?

항상 엎드려 있고, 일어나라고 해도 못 들은 체하지 않나요?

복장이 불량하다고 지도해도 돌아서면 다시 그 모양인가요?

다른 학생들에게 선생님의 뒷담화를 하고 다니나요?

지도하는 중간에 출입문을 박차고 뛰쳐나가 버리나요?

심부름을 시키면 왜 개인적인 일을 시키느냐고 불복하나요?

과제를 절대로 안 하나요?

상습적으로 조회 시간이 다 끝날 때쯤 늦게 오지 않나요?

방금 눈앞에서 한 잘못도 자신이 한 것이 아니라고 부인하나요?

항상 이기적인 행동을 해서 학급 단합에 큰 피해를 주나요?

그 학생 때문에 곤욕을 치르고 있는데 옆자리 선생님이 도움을 주지 않나요?

규칙을 위반하는 학생에 대해 강력한 징계가 필요하다고 생각합니까?

'행복 양파' 이야기는 한 번쯤 들어보셨을 겁니다.

실험실에서, 아참, 실험실이라도 비이커나 플라스크, 온도계나 측정기 같은 과학 도구가 가득한 실험실이 아닌 일반 사무실에서 양파 두 개를 물병 위에 얹어두고 키웁니다. 그리고 양파가 자랄 때, 한 양파에게는 칭찬과 애정이 가득한 말을 지속적으로 해주고, 반대로 다른 양파에게는 욕설과 나무람의 말을 계속 합니다. 일정 기간이 지난 뒤 양파의 성장 속도를 살펴보았더니 신기하게도 칭찬과 애정의 말을 계속 들었던 양파는 성장 속도가 매우 빠르고 잘 자랐습니다. 하지만 욕설과 꾸지람을 계속 들은 양파는 성장 속도가 아주 느렸을 뿐만 아니라 발육 상태도 좋지 않았습니다.

또, 십여 년 전 모 방송사 예능 프로그램에서 '칭찬 밥 프로그램' 실험을 하였습니다. '행복 양파'와 마찬가지 방법으로 하얀 쌀밥을 두 그릇에 나눠 담은 다음, 각각의 밥그릇에 칭찬과 격려, 욕설과 꾸지람을 계속합니다. 일정 기간이 지난 다음, 일어난 변화를 살펴보니 칭찬과 격려를 꾸준히 들은 밥은 보관 상태가 원래 모습과 별로 달라진 것이 없었지만 욕설과 꾸지람을 들었던 밥은 곰팡이가 많이 피어 있었고 부패 정도가 심했습니다.

두 실험의 공통점은 따로 설명하지 않아도 알 수 있겠지요? 하지만 두 실험에 과학적 근거는 없어 보입니다. 그럼에도 불구하고 왜 공통적으로 그런 결과가 나왔을까요? 과학적 근거는 없지만 인간의 말을 알아들을 리 없는 양파와 밥이 긍정적인 태도에 반응했다는 점은 분명해 보입니다.

또 다른 에피소드입니다.

내가 구독하는 신문에 실렸던 독자 투고 글입니다. 서울의 모 고등학교 교사가 자신이 재직하는 학교의 여러 그루 오래된 벚나무를 소개합니다. 역사가 제법 오래된 그 학교 곳곳에는 연륜만큼이나 웅장하게 자란 벚나무가 있다고 합니다. 교정 곳곳의 그 나무들은 봄철마다 일시에 꽃을 활짝 피워 보는 이들을 행복하게 해주었습니다. 오래 자라 웅장한 나무들은 여름철에 따가운 햇볕을 피하도록 풍성한 그늘을 제공했고, 시원한 매미 소리로 더위를 잊게 해주기도 하는 소중한 존재이자 학창시절 좋은 추억을 지켜준 증인이 되기도 합니다.

그런데 그 많은 벚나무 중 유독 세 그루만은 봄이 되어도 꽃을 피우지 못한다고 합니다. 오래 근무한 선배 교사들에게 들은 바로는 오랜 옛날부터 꽃을 피우지 못하는 불임 나무였다고 하니 불행한 존재임이 틀림없습니다. 그런데 그 이유가 서 있는 자리 때문이었는데 축구 골대 바로 뒤였습니다. 남자 고등학생들의 넘치는 기운을 실은 축구공이 하루에도 몇 백 차례씩 나무에 날아오고, 속절없이 두들겨 맞는 상황이 일 년 내내 반복되다 보니 골병이 들어버린 것이지요.

우리 학교 운동장 축구 골대 뒤에도 똑같이 가슴 아픈 나무가 서 있습니다. 제대로 성장한다면 거대한 기상으로 자랄 메타세쿼이아 나무 한 그루가 비틀린 채 기형으로 서 있습니다. 날마다 축구공에 맞는 탓입니다.

사람은 누구나 행복을 추구합니다. 태어나서 부모님의 사랑을 받고, 성장기에는 친구들과 교우하면서 미래를 준비하고, 어른이 되어서는 가정을 이루고 자녀를 키우는 행복을 맛보면서 인생을 즐길 권리가 있습니다. 선생님들은 학교에서 동료와 학생들과 함께 하면서 행복해야 합니다. 교사는 학생을 가르치는 직책을 업으로 하는 사람인데 교사가 행복하면 학생도 덩달아 행복해집니다. 행복한 교사가 행복 바이러스를 퍼뜨릴 수 있기 때문입니다. 그런데 아침 출근길에 보고 싶지 않은 학생이 먼저 머리에 떠오르고, 출근길에 머리가 무겁다면 행복 추구라는 인생 목표에 어긋납니다. 게다가 선생님의 권위를 인정하지 않으면서 교사의 지도를 귀담아듣지 않고, 고분고분하지도 않은 데다 친구들에게 뒷담화까지 하고 다닌다면 권위가 서지 않고 자존심까지 떨어지는 불행한 사태가 아닐 수 없습니다.

버릇없고 예의나 염치도 모르면서 변명과 자기 합리화에만 골몰하는 학생, 이기적인데다 정직하지도 않은 학생을 지도하기는 벅찹니다. 좋은 말로 잘못을 지적하거나 제재의 말을 반복해서 하다 보면 내성과 함께 나쁜 학습 효과까지 점점 심해지기도 합니다. 결국 규칙에 어긋나는 행동이 누적되거나 교사의 권위를 해치는 행동이 반복되면 규정에 따라 학교선도위원회와 교권보호위원회를 소집하여 징계 과정을 밟아야 합니다. 마치 외과 의사가 환자의 환부를 도려내고 상처를 처치하듯 문제 학생을 직접 처벌하면 진통제처럼 빠른 효과가 있습니다. 하지만 우리가 맡은 교육 활동은 학생을 징계 처분하여 경종을 울리는 것으로 끝나는 것이 아닙니다. 교육은 외과 의사 방식이 아니라 정신과 의사나 한의사처럼 학생의 문제 행동 원인이 무엇인지 밝혀내는 데부터 시작해서 인내심을 가지고 관찰하고, 대화하고, 처방을 내리면서 장기간에 걸쳐 치유되도록 노력하는 과정이어야 합니다. 학생이 평소 좋은 음식을 먹는지 나쁜 음식만 먹는지 섭생의 방식도 알아보아야 하고, 성장과 가정환경, 부모의 양육 태도와 조부모 등 일가친척, 심지어 학생의 취미생활과 독서량, 구체적인 하루 일과표, 무슨 컴퓨터 게임을 하는지, 어떤 친구와 사귀고 노는지, 용돈은 얼마나 받고 어디에 쓰는지, 잠자리는 편한지, 행복지수는 몇 점쯤 되는지 등을 일일이 알아보아야 합니다.

겉으로 드러난 행동 또는 비리 양태만 가지고 판단하면 안 됩니다. 학생의 행동에는 반드시 원인이 있습니다. 폭력적인 학생 행동에는 과거의 폭력 피해가 반영되었을지 모릅니다. 고분고분하지 않고 반항적인 학생의 행동은 애정 결핍 증상일지 모릅니다. 매일 지각하고 엎드려 자는 학생은 밤새 술주정하고 가족을 괴롭히는 아버지의 학대나 부모의 부부싸움 때문이거나 날 새워 아르바이트하였거나 온라인게임으로 날밤 새운 탓일지도 모릅니다. 태도가 불량하고 인사 할 줄 모르면 결손가정에서 기초적인 예절 교육을 못 받은 탓일지 모릅니다. 절대로 잘못을 인정하지 않는 학생은 부모나 형제, 이웃들로부터 학대받은 경험이 누적된 생존 본능의 또 다른 양태일지도 모릅니다.

처벌만으로는 학생의 승복을 받아내기 어렵습니다. 처벌을 생각하기 전에 지도할 학생과 먼저 단둘이 만나야 합니다. 학생의 잘못된 행동을 일단 인정해 주고 심리적 무장해제 상태로 이끈 다음, 이야기를 충분히 경청해야 합니다. 이때 교사의 공감하는 태도가 중요합니다. 절대로 중간에 끼어들거나 말을 자르지 말고 끝까지 들어주십시오. 라포(Rapport)가 형성되지 않은 상태에서는 결코 입을 열지 않을 것이고 묻는 말에도 마지못해 응답할 것입니다. 말을 하지 않으면 강요하지 마십시오. 대신 선생님의 이야기를 해주십시오. 성장 과정 이야기도 좋고, 가정사, 관심사, 최근 게임 등 학생이 관심을 가질만한 것부터 시작합니다. 학생과 눈높이를 맞추려는 노력이 중요합니다. 절대로 가르치려 하지 마십시오. 가까워지려는 꾸준한 노력이 필요합니다. 선생님이 적이 아니라는 인식이 생겨야 비로소 대화가 가능해지고 문제 해결의 실마리가 보일지 모릅니다.

보호자와 유대관계를 유지하고 대화하여 충분한 정보를 함께 공유하십시오. 교사와 보호자가 충분한 정보를 공유해야 좋은 방법을 찾을 수 있습니다. 부모님이 학교에 나올 형편이 안 된다면 교사가 가정방문 가는 방법이 있습니다. 눈높이를 맞추고 가족과 유대관계를 유지하려는 노력이 의외로 효과가 좋습니다. 선생님이 내 편이라는 확신이 생겨야 비로소 마음의 문을 열기 시작하고 문제의 해결도 시작됩니다.


매일 교장실 출입문을 열어놓습니다. 겨울 찬바람이 마구 들어오기 전까지 절대로 문을 닫지 않을 생각입니다. 날마다 옆방 보건실에 다니러 가는 학생들이 지나가다가 고개를 빠끔 내밀고 인사합니다. 지나다니는 그들을 위해 교장실 테이블에 과자상자와 얼음을 마련해 두었습니다. 용건이 있건 없건 상관없이 들러서 과자 하나 들고 갈 수 있도록. 과자가 건강에 좋은 음식은 아니지만 학생들과 소통하는 중요한 매개물이 되는 것은 확실합니다.

일과 중 선생님을 힘들게 하거나 수업에 방해되는 학생, 용기와 자신감을 불어넣어야 할 학생, 행복 바이러스 이식 필요성이 시급한 학생일수록 꼭 교장실에 오도록 해주십시오. 단 한 시간이라도 교장실에서 지내면서 과자도 먹고 소파에서 편하게 쉬었다 간다면 꽁꽁 얼어붙은 학생의 마음에 한 줄기 훈풍이 스며들게 할 수 있을 것입니다. 방문하는 학생에게는 가르치거나 훈계하는 말이나 행동을 일체 하지 않겠습니다. 단지 학생이 잠시 쉬었다 가도록 하면서 교사의 고충을 함께 나누려는 의도입니다.

청소년은 하루에도 열두 번씩 변한다고 합니다. 학교는 단 한 명의 길 잃은 어린 양도 포기하지 않습니다. 선생님을 힘들게 하고 교육 효과가 전혀 없을지라도 시간이 걸린다는 점만 다르지 학생들은 항상 변화하고 발전합니다. 힘든 학생일수록 기를 살려주고 칭찬해 주고 기대를 표시해 주십시오. 누구나 한 가정의 귀한 아들딸입니다. 힘들게 했던 학생일수록 졸업 뒤에 스승의 은공을 기억해 주고 찾아옵니다.

교사가 행복해야 학생도 행복하지만 학생이 행복해야 교사도 행복합니다. 그리고 행복한 교사와 학생들로 인해 학교에 행복 바이러스가 가득 전파될 때 학교장도 함께 행복합니다.

●

# 화장이
# 그렇게 하고 싶니?


1학기를 뜨겁게 달구었던 우리 학교의 핫이슈, 우리만의 문제는 아니지만 골칫거리가 있습니다. 과거 여성만의 전유물로 여겨지던 화장과 미성년자들의 미용, 문신 등 용모와 관련된 여러 문제가 남녀 학생들의 공통 관심사이자 현안이 된 지 꽤 됩니다.

요즘은 남학생들까지 화장에 관심이 많습니다. 방송을 비롯한 온갖 미디어를 주름잡고 있는 아이돌 연예인들이 거의 모든 우리 동시대인들의 마음과 대화를 사로잡게 된 이래, 그들을 통해 투사된 현대 청소년들의 욕망, 즉 겉모습이 예뻐지고 싶은 욕구는 학교를 포함한 우리 사회 어디에서나 연령과 계층, 성별을 막론하고 거부할 수 없는 대세가 되었습니다. 용모 자체가 상품이 되었고, 화장과 성형이 거대한 산업이 된 지도 오래입니다. 밥 안 먹고 살 수 없듯 화장품 없는 세상도 상상할 수 없습니다. 실제로 화장품이 한국의 주력 수출상품이 된 것이 그리 오래되지는 않았지만 중국을 비롯한 많은 나라에서 한국산 화장품은 엄청난 인기입니다. 실제로 동남아 국가에 가 보면 국산 브랜드 매장과 광고를 많이 보게 됩니다. 사드 때문에 잠시 주춤했지만 명동과 공항 면세점 화장품점에 몰리는 외국 관광객 규모는 우리의 상상을 초월하며 그 덕택에 화장품 재벌이 생기는 등 국산 화장품 산업의 덩치 또한 대단한 규모라고 합니다.

현대인은 화장과 함께 하루를 시작하고 끝냅니다. 아침에 일어나면 비누나 클렌저로 씻고, 화장수, 필링제, 에센스, 크림, 로션 순으로 손과 얼굴에 바릅니다. 선크림과 향수도 곁들입니다. 샴푸와 린스로 머리를 감고, 보디 워시로 목욕을 합니다. 일과 중에는 물론, 귀가한 이후에도 거의 같은 행위를 일상으로 반복합니다. 이 모든 행위가 바로 화장이고 미용입니다. 참고로 화장은 기초화장과 색조 화장으로 나뉘는데, 색조 화장은 얼굴에 다양한 색을 입혀서 용모를 아름답고 개성 있게 가꾸는 일로, 얼굴에 표정과 성격을 담고 아름답게 꾸며 자기 만족감을 주는 효과가 있습니다. 반면에 기초화장은 피부에 영양을 주어 탄력을 부여하며 피부에 붙은 노폐물을 비롯한 찌꺼기를 지우는 역할을 합니다.

사람들은 화장과 미용으로 더 예쁘고 다른 용모로 변신하고자 하는 강력한 욕망을 갖고 있습니다. 이 욕망은 경쟁이 치열한 현대 사회에서 피할 수도, 소비하지 않을 수도 없는 마약과 같습니다. 사람의 욕망에 나이 구분이 있을 리도 없습니다. 당연히 청소년들의 예뻐지고 싶은 욕망과 욕구를 어른들이 먼저 이해하고 이 논의를 이끌어가야 할 것입니다.

화장이 미성년자들에게 의학적으로 과연 괜찮은지, 부작용은 없는지, 바른 화장법도 모른 채 떡칠한 용모로 나들이하는 청소년들의 행위가 옳은지 그른지를 따질 틈새도 없이 이미 대다수 남녀 청소년들에게 화장은 일상생활이 되어가고 있으며 화장품 상인들은 판매에 열을 올리고 있습니다. 떨떠름해 하고 찜찜해 하던 학부모나 교사들도 이를 제지하는 데 어려움을 겪고 있으며, 아예 아이들의 욕구를 인정하고 화장법 교육도 해주고 있습니다. 화장을 허용해 달라는 어른들도 점차 증가하고 있는 추세입니다. 화장 자체를 막을 수 없다고 판단한 식약처는 아예 올바른 화장품 사용법 교육을 들고 나오는 형편입니다. 실제로 최근 보도자료를 보면 초중학생 때 이미 다수의 청소년들이 색조 화장을 시작한다고 합니다. 청소년들 대부분이 하고 있는 화장을 교사나 학부모, 어른들은 모른 체하고 있는 셈입니다.

이런 문제 제기에 대한 해답은 간단합니다. 청소년들에게 화장이라는 아름다움 추구 욕망의 본질이 무엇인지 알게 교육하는 것입니다. 그래서 누구나 가지고 있는 자신의 아름다움을 발견하고 스스로를 사랑할 줄 아는 내면의 힘, 즉 자존감을 키우도록 청소년들을 가르쳐야 합니다. 무비판적으로 유행과 모방만 쫓거나 맹목적 연예인 추종 같은 겉모습만 따르는 가치관이 옳지 않다는 점을 가르치고, 인간의 내면적 아름다움을 알아볼 수 있는 인문학적 소양을 길러주는 교육이 바로 그것입니다. 하지만 학부모와 교사가 풍부한 관련 지식과 소양, 그리고 열정을 갖추지 않았다면 결코 쉽지 않은 일이기도 합니다.

그렇다면 내면적 아름다움이란 뭘까요?

현대 교육을 받은 사람은 납이나 수은 같은 중금속이 인체에 얼마나 유해한지 잘 압니다. 하지만 과거 수천 년 동안 인류는 중금속이 든 화장품을 최고인 줄 잘못 알고 사용했으며, 이로 인해 헤아릴 수 없이 많은 여성이 중금속 중독으로 고통 받고 불행한 죽임을 당했습니다. 어리석게도 그것이 그 시대에는 상식이었습니다. 마찬가지로 우리 사회를 휩쓰는 외모지상주의에 대해 훗날 후손들도 지금 시대를 사는 사람들의 어리석음이라고 비웃게 될지도 모릅니다. 남의 시선만 의식해서 춤추는 피에로가 되지 말고 있는 그대로를 사랑하며 자존감 당당한 주인공으로 살아가는 청소년이 바로 내면적 아름다움을 갖춘 인물 아닐까요?

화장은 '메이크업(make up)', 미용은 '코스메틱(cosmetic)'입니다. 화장은 인류의 역사와 함께 미적, 성적 만족을 위한 본능적인 것, 성별, 사회적 지위, 계급, 부족 등을 나타내는 것, 보호, 보온 효과를 얻는 것, 그리고 주술적인 것 등으로 다양하게 발전하여 왔습니다.

그럼 인류의 맨 처음 화장은 어떻게 시작되었을까요?

원시 부족들은 용맹함을 나타내려고 얼굴에 문신을 했고, 사막에 사는 사람들은 벌레와 모래바람을 막기 위해 눈가에 검은 화장을 했습니다. 추위를 막으려고 동물 기름을 얼굴과 손발에 발랐습니다. 이후 인류의 역사와 함께 자연환경에 알맞은 치장 방법으로 화장술이 발달하여 오늘에 이르렀습니다. 오늘날 화장은 얼굴과 목, 손발 등을 예쁘게 꾸미는 것을 말합니다.

우리 민족에게도 화장은 빼놓을 수 없겠지요. 단군신화에 등장하는 쑥과 마늘도 우리 전통 미용술의 도구라고 하면 믿으시겠어요? 우리 조상들은 예로부터 쑥 달인 물에 목욕하고 짓찧은 마늘에 꿀을 갠 다음 얼굴에 발라 미백과 잡티, 기미, 주근깨를 치료해 왔습니다. 고대 한반도 북부 지방 사람들은 겨울철에 얼굴과 피부에 돼지기름을 발랐습니다. 그것은 피부에 탄력을 주고 동상을 예방하는 화장법이자 치료법이었습니다. 말갈 사람들은 오줌으로 세수했다는 기록이 있는데, 역시 또 다른 미용법입니다. 고대부터 우리 조상들이 피부 보호 화장과 미용에 노력했음을 알 수 있습니다.

신라인들은 볼과 입술을 연지로 치장하였습니다. 연지는 꽃으로 만들고, 나뭇재를 검댕에 개어 만든 화장품으로 눈썹을 그렸으며, 향수와 향료도 애용하였다고 합니다.

고려 시대 귀부인들은 분을 바르되 연지는 즐겨 바르지 않았습니다. 눈썹은 넓게 그리고, 검은 비단 너울을 썼으며 넓은 허리띠를 두르고 채색한 끈에 금방울과 향주머니를 찼습니다.

조선 시대에는 눈썹을 그리고, 분 바르고 연지를 그리되 본래 생김새를 바꾸지 않는 범위 내에서 가꾸도록 하였습니다. 화장한 모습이 화장 전보다 확연하게 달라 보이면 경멸하였다고 합니다. 조선 시대 여성들은 요란하거나 화려한 화장이 아니라 수수하고 자연스러운 화장을 좋아했음을 알 수 있습니다. 『여용국전(女容國傳)』이란 조선 시대 소설에 여성용 화장품과 화장 도구가 소개되는데, 거울, 족집게, 모시실, 수건, 경대, 세숫대야 같은 화장 도구와 분, 연지, 머릿기름, 밀기름, 향, 미안수 따위 화장품이 등장합니다.

개화기에는 크림, 백분, 비누, 향수 등이 수입되었는데 세련된 품질과 디자인 덕택에 큰 인기를 끌었답니다. 1916년에 등장한 '박가분(朴家粉)'은 우리나라 최초의 현대적 화장품입니다. 이 박가분 화장품의 등장이 오늘날 두산그룹 재벌의 시작이랍니다. 이 시기에 배달 기름(머릿기름), 연부액(미백 로션), 유액(밀크 로션), 연향유, 밀기름 등이 등장했으며, 특히 손수

레에 싣고 다니면서 판매했던 그 유명한 이름 '동동구리무'는 선풍적인 인기를 끌었습니다. 이때부터 여성들 입술연지 빛깔이 진해지고 향수와 비누 향내가 강렬해졌다고 합니다. 화장하고 파마머리하고 짧은 치마에 뾰족구두를 신고 양산을 받쳐 든 여성들이 등장하였는데 이들을 신여성이라고 불렀고 당대 최고의 멋쟁이로 쳤습니다.

올해 학교 경영의 핵심 사업 구호 두 개를 내걸었습니다. 그 가운데 하나가 '학생 자치 역량 강화'입니다. 학생의 자치 역량이 강화되면 더 많은 이들이 학교생활에서 주인 의식을 갖게 될 것이고 자연스레 애교심이 길러질 것입니다. 또 학교에서 부딪히는 여러 문제를 서로 협동하거나 스스로 해결해 나가는 경험이 쌓이면 민주적 가치와 지혜를 기를 수 있습니다. 그래서 자치 활동을 행·재정적으로 더 잘 지원하기 위해 행복자치부를 조직하고 학생 자치 활동이 활성화되도록 적극적으로 돕고 있습니다.

1학기 학생 자치 활동 가운데 특별히 소개하고 싶은 것이 바로 '학생의 화장'을 이슈화하여 꾸준한 논쟁으로 이끌어 갈 수 있도록 한 것입니다. 당사자들의 이해와 의견이 다양하게 갈리는 사안이니만큼 활발한 논쟁을 유발하여 민주적 토론의 실제를 경험하는데 적절한 아이템이라는 판단 때문이었습니다. 사실 교칙에서는 화장을 금지하고 있고 생활안전부에서는 학생들이 과도한 화장을 하지 않도록 시시때때로 지도하고 있지만 그래도 규정대로 지도하기가 점점 힘에 버겁습니다. 그래서 논쟁의 불길을 1학기 내내 지펴왔습니다. 논쟁을 통해 구성원 모두가 관심을 갖고 문제로 인식함과 동시에 해결 방안 탐색에 참여하도록 멍석을 깐 것입니다. 단지 '교사의 가치 기준에 어긋나고 학부모가 반대하니까'라는 이유만으로는 시대적 대세를 막기가 어려운 것이 현실입니다.

처음 이 논쟁이 시작되었을 때만 해도 남학생들의 반응은 시큰둥했습니다. 자신들과는 아무 상관없는 여학생들만의 문제라고 인식했기 때문입니다. 하지만 시간이 가면서 남학생들도 점차 관심을 갖고 나름대로 자신의 의견을 제시하는 등 논쟁에 뛰어들기 시작했습니다.

신학년도가 시작되자 학생자치회 운영위원 모임에서 화장 자율화를 학급회의에 상정할 것인지 의견이 제출되었습니다. 그리고 이 의견을 학급회의 주제로 제시하기로 합의했고, 5월 4일 학급회의에서 학생 화장 자율화에 대해 발제하고 의견을 수렴하였습니다. 그 결과, 학년별, 성별별 가지각색 의견이 분출되었습니다. 당연히 교사 모임에서도 갑론을박이 이어졌고 학부모들의 의견도 엇갈렸습니다.

5월 29일부터 일주일간 당사자인 학생, 학부모, 교사 모두가 참여하는 온라인 설문조사를 했습니다. 결과에 따라 '학생 신분에 어긋나는 화장은 금한다'는 현행 학생 생활지도 규정을 유지하는 것으로 결론을 내렸습니다. 물론, 내년도에 상황이 바뀐다면 절차를 거쳐서 다시 개정할 수 있습니다.

여학생들은 화장하고 싶은 욕구가 상당히 높다는 것을 알 수 있습니다. 하지만 학부모는 절대다수가 반대합니다. 학생답지 않다는 판단을 한 때문이며 화장품 구입에 따른 경제적 부담, 화장품 성분이 청소년 건강에 나쁠지 모른다는 판단이 들어있습니다. 교사는 대다수가 반대하지만 화장 때문에 학생과 갈등 겪는 문제를 회피하고 싶어 하는 경향도 알 수 있습니다.

논쟁에서 나타난 의견을 모아봅니다.

* 어린 나이에 화장하는 건 외모에 집착하게 해 학업을 방해할 수 있다.

* 민낯이 더 예쁘니 그대로 놔두고 화장은 좀 더 커서 해라.
* 멀쩡하고 탄력 좋은 피부를 화장품을 너무 일찍 발라서 망가뜨린다.
* 화장품은 제조업자의 상술이다. 부모의 호주머니를 털어가는 나쁜 행위이다.
* 적절히 자신을 꾸미는 건 자신감을 갖게 하므로 본인의 자율에 맡기는 게 옳다.
* 아이들에게도 인권이 있다. 그들의 개성과 자율을 존중해야 한다.

의견이 첨예하게 갈리지만 다 나름대로 공감하는 이야기이죠? 미성년자 화장 문제, 어떻게 해야 할까요? 이들이 자신의 몸과 삶의 주인으로서 책임 있게 판단하고 주체적으로 행동하는 인간으로 자라도록 지혜를 나누어 주세요.

청소년들이 화장을 하려는 이유는 어른이 되고 싶고, 따라 하고 싶은 모방 심리의 자기표현이며 남에게 예뻐 보이고 싶은 욕망의 발현이 아닐까요? 특히 이 욕망은 우리 사회에 외모지상주의가 만연한데다 십대 아이돌 연예인들이 온갖 미디어를 통째로 점령해버린 지금 통제하기 불가능한 수준입니다.

자신을 남에게 보여주고 인정받을 수 있는 것 가운데 외모는 지적, 감성적 능력이나 상상력과 도덕성, 인문학적 교양 수준 등 인격을 좌우하는 여러 요소 가운데 하나에 불과합니다. 화장은 청소년들의 건강에 나쁜 영향을 끼칠 수 있습니다. 피부 탄력이 일생 중 가장 뛰어난 이 시기에 화장을 일찍부터 과도하게 할수록 피부 노화가 빨리 온다고 합니다. 또, 여드름, 블랙헤드, 모공 문제 등 피부 트러블의 원인이 되어 멀쩡하고 건강한 피부를 망칠 수 있으며, 한 번 시작한 화장은 중단하기 어려워 지속적인 화장품 구입으로 연결되어 학부모에게 경제적 부담을 지우게 됩니다.

실제로 미성년자 화장은 확산 추세여서 혹시 화장품에 들었을지도 모르는 호르몬, 독성이나 중금속 등으로 인한 부작용도 걱정됩니다. 어떤 연구자에 의하면 미성년자가 과도한 화장을 장기간 할 경우, 화장품의 호르몬 성분 때문에 성 조숙증이 올 수 있고, 성인이 된 이후에도 여성암 등 질병의 원인이 될 수 있다고 우려합니다.

과거 제조업자들이 위험성을 잘 몰랐거나 일부 악덕 제조업자들이 고의로 사용했던 납, 수은 같은 중금속이 끼친 해악도 알려야 합니다. 청소년들이 구매하는 화장품 가운데 상당수는 품질을 확인할 수 없는 길거리나 문방구에서 구하기 때문에 중금속이나 유해 성분에 노출될 가능성이 큽니다. 실제로 어느 유명 화장품에서도 안티몬 중금속이 발견되어 리콜에 들어가기도 했습니다.

인격적으로 덜 성숙한 청소년들이 화장에 몰두하면서 기성세대나 화장을 하지 않는 학생들과 위화감도 생깁니다. 외모만 가꾸려 하는 경향이 점점 강해지면 화장법을 익히고 화장품을 사는데 투자하는 시간이 증가하게 되고 학업과 멀어지는 문제도 생깁니다. 청소년들이 최소한도의 화장으로 건강도 지키고 가계에도 도움이 되도록 바른 지도가 시급합니다.


전통적 화장의 특징은 흰 피부를 선호하고 아름다움과 청결을 중시하였다고 합니다. 덕택에 예로부터 화장술과 화장품이 발달했습니다. 그럼에도 불구하고 우리 조상들의 화장 경향은 줄곧 엷은 색조의 은은한 것이었다고 합니다. 그 영향일까요? 어른들은 학생들의 화장을 그다지 반기지 않습니다. 또 요란하고 과도하여 어울리지 않게 한 화장을 경멸합니다. 타고난 아름다움을 가꾸는 미용을 좋아했던 조상 대대로 물려받은 전통 때문일까요?

자기 자신을 사랑하고 아끼는 자존감 높은 사람이라면 피부를 보호하는 차원의 자연스러운 화장을 해야 하지 않을까요? 물론, 과도한 화장은 건강에도 안 좋습니다. 본격적인 화장은 성인이 된 다음에 하는 것이 피부 건강은 물론 정신 건강에도 좋습니다. 그리고 자녀의 화장품 구입을 위해서 지갑을 열어야 하는 부모님의 경제 형편에도 이익이 됩니다.

한동안 화장에 매달리던 학생들에게 요즘 반전이 일어났습니다. 미세먼지가 급격히 증가하여 사람들의 건강을 위협하고 봄철이 온통 회색으로 물들어버린 최근 몇 년 사이 세상에는 마스크 쓴 사람들이 넘치는 새로운 풍경으로 덮였습니다. 학교에는 더 새로운 진풍경이 생겼는데, 바로 마스크 쓴 학생들이 넘치는 모습입니다.

마스크는 말 그대로 얼굴을 가리고 호흡과 침이 튀는 것을 막아주는 것입니다. 산과 바다와 운동길에서 등산, 낚시, 걷기 운동을 하는 사람들 사이에서 자외선 차단 마스크가 유행하더니 이제는 미세먼지를 막아준다는 KF94 마스크가 대세입니다. 이것은 식품의약품안전처에서 인증하는 보건용인데 종류별로 바이러스도 차단할 수 있다고 합니다. Korea Filter의 약자 KF 문자 뒤에 있는 숫자가 입자 차단 성능을 나타내며 KF80은 황사 방지용 마스크로 평균 입자 크기가 $0.6\mu m$인 미세입자를 80% 이상 차단하고, KF94, KF99는 바이러스까지 차단한다고 합니다. 하지만 이 마스크를 쓰면 숨쉬기 힘들어집니다.

마스크 사용의 불편에도 아랑곳하지 않고 애용하는 마스크족 학생들이 요즘 엄청나게 늘어났습니다. 처음에는 감기 환자인 줄 알았습니다. 등교할 때부터 온통 얼굴을 덮어쓴 마스크가 점심시간 밥 먹는 순간에 잠시 턱 아래로 내려갔다가 수저를 내려놓는 순간 이내 다시 덮입니다. 흰 마스크 대신 검정색을 쓰는 학생도 4할 정도 됩니다. 요즘 같이 무더운 장마철에 검정마스크를 쓰면 체온이 1도는 더 올라갈 것이 분명한데 검정 마스크로 얼굴을 가리고 더위를 못 견뎌 합니다. 감기가 유행하는 철도 아닌데 마스크는 점점 늘어납니다.

마스크가 감기와 상관없다는 것은 아이들에게 직접 물어본 다음에 알았습니다. 쌩얼(화장 안 한 얼굴)을 가리기 위해서라고 합니다. 쌩얼을 남에게 보이는 것은 부끄럽다는 생각이 놀랍습니다. 그동안 청춘들이 화장에 매달리더니 그게 번거롭게 되었나요? 화장을 안 하는 대신 마스크라니.


보건 선생님께 물어보았습니다.

"선생님, 학생들이 마스크를 지나치게 사용하는데다 사용한 것도 자주 교체하는지 의문이고 위생도 걱정인데 괜찮을까요?"

"당연히 안 좋지요. 위생 문제가 걱정됩니다. 장시간 마스크를 쓰면 입 냄새가 배게 되어 불쾌하고 비위생적이기도 합니다. 특히 점심 먹자마자 칫솔질 전에 마스크를 하는 것은 높아진 입속 온도 때문에 세균 증식과 충치의 원인이 됩니다. 보건 수업 시간에도 알리고 있지만 말을 잘 안 듣네요."

마스크를 지속적으로 사용하려면 구입비용도 만만치 않을 듯합니다.

청소년들의 화장이 본격적으로 확산된 지 얼마 되지 않았지만 미디어 영향 때문에라도 이 추세는 지속될 것입니다. 깻잎머리, 미국 상표 학생 가방 JAN SPORTS를 기억하는 어른들은 노스페이스 상표와 지난겨울의 롱패딩 유행처럼 어른의 논리나 판단만으로는 설명할 수 없는 청소년 또래 문화라는 것을 알 수 있을 것입니다. 그렇다고 해도 화장 하지 않은 얼굴이 왜 부끄러운지 판단을 해 볼 수 있도록 지도가 필요합니다. 얼굴을 가리려는 욕구가 외모지상주의를 부추기는 각종 미디어 때문에 생긴 자신감 결여와 낮은 자존감 때문은 아닐까요?

그래서 이제 학생들에게 다시 묻고 싶습니다. 마스크가 왜 그렇게 쓰고 싶니?

●

# 독서,
# 트렌드는 인문학인가?

가을이 깊어갑니다.

이 계절에는 조락(凋落: 초목의 잎 따위가 시들어 떨어짐)이란 단어가 제격이고 라이너 마리아 릴케의 시 '가을날'도 깔맞춤처럼 잘 어울립니다만 여러분과 작자 미상 시조 한 편을 함께 읽어보고 싶습니다. 낙엽이 지고 나면 머잖아 눈이 내리겠지요. 낙엽 지는 모습을 보면 혼자인 사람, 혼자 된 사람들의 마음이 더 허해지기 마련입니다. 삶의 고비를 넘을 때마다, 모퉁이를 돌 때마다 예상치 못한 기쁨과 반전이 있는 인생사를 생각해 보면서 차라리 조락이란 자연의 순환을 자연스럽게 음미해 보는 것은 어떨까 생각해 봅니다. 오해는 하지 마십시오. 잉꼬부부라도 세상 모든 사람은 결국 혼자랍니다.

설월(雪月)이 만창(滿窓)한데 바람아 부지마라

리성(曳履聲) 아닌 줄은 판연(判然)히 알건마는

그립고 아쉬운 마음에 행여 권가 하노라

*(눈 쌓인 밤에 휘영청 비치는 달이 창안에 가득히 비치는데 바람아 불지마라. 신발 끄는 발소리가 아닌 줄을 뚜렷이 알지만 그립고 아쉬운 마음에 혹시나 임이 날 찾아오는 소리가 아닌가 생각하노라.)*

외로운 사람의 애절한 심정이 느껴지나요? 그렇다면 여러분은 조락의 슬픔을 느끼는 시인입니다. 예리성(曳履聲)은 '짚신 끄는 소리'란 뜻입니다. 밤늦게 눈 쌓인 길을 사그락사그락, 뽀드득 뽀드득거리면서 다가오는 애인이 내는 발소리입니다. 아무도 찾지 않는 달빛 환한 밤, 눈밭에 바람 한 줄기 쓸려가는 소리나 대나무 잎이 바람에 서걱거리는 소리만으로도 임이 짚신 끌고 오는 소리라 생각될 수 있겠지요?

어제는 갈대밭 무성한 밤길을 걸었습니다. 사람 키 만큼 다 자라서 솜털을 풀어 제친 채 바람에 마구 흔들리는 갈대들이 이리 쏠리고 저리 눕느라 사그락거리는 소리를 냅니다. 그 소리가 아직 한참 더 기다려야 할 겨울 눈 쌓인 달밤의 예리성으로 내 귀에 들려온 이유는 무엇일까요?

가을은 독서하기에 가장 좋은 계절이라고 하죠? 하지만 실제로는 나들이나 운동하기에 더 적합하다고 합니다. 서점의 매출도 가을보다 여름과 겨울철이 월등히 많다고 합니다. 계절의 한가운데서 여러분은 어떤 독서를 하고 있나요?

근래 우리나라 독서 관심사는 단연 인문학입니다. 서점에도 인문학 코너가 목 좋은 곳에 자리 잡았고, 방송에서는 인문학 특강이 수시로 송출됩니다. 지난주에 다녀온 어떤 연수에서 만난 강사는 꽤 유명하고 이력도 화려한 법조인이었습니다. 거기서 자기를 스스로 '인문학 변호사'라 칭하는 것을 보고 인문학이 '우리 시대 트렌드가 분명하다'고 생각했습니다. 그래서 인문학을 모르거나 관련 서적을 읽지 않는다면 시대에 뒤처진 낙오자로 낙인찍히지 않을까 하는 걱정마저 들었습니다.

'인문학 붐 혹은 인문학 타령이 10년도 넘었다. 우리는 왜 아직도 인문학에 갈증을 느끼는가? 인문학 입문서와 인문 자기계발서 시대를 지나 인문학 깊이 읽기에 목마른 독자는 이제 한 발 더 나가 인문학 고전을 직접 읽어야 할 때다. 무늬만 인문학임을 벗어나려면 천 년, 백 년의 역사를 뚫고 살아남은 고전이 주는 깊은 감동과 울림을 직접 경험해야 한다. 더 높은 비상을 위해 깊이 웅크리는 자세가 필요하듯, 삶에서 인문학의 열매를 맺으려면 오랜 시간 거장의 세계로 깊숙이 들어가야 한다.'

독서 관련 웹 검색을 하다가 어느 인문학 서적 광고 글에 눈길이 갔습니다. 한편으로는 동의하지만 또 한편으로는 거의 책 판촉을 위한 목적으로 인문학이란 용어를 빌려 숫제 독자를 협박하는 것 같다는 생각이 들어 씁쓸하기도 했습니다. 그래도 요즘 인문학 서적이 활발히 출간된다는 소식은 제법 팔린다는 말이고, 특히 이 회사는 고전 백 권을 시리즈로 발간할 계획이라니 살아생전에 다는 못 보더라도 지식을 넓히는 데 많은 도움이 되겠다는 생각에 벌써 기대가 큽니다.

포털 지식인 코너에 상담을 요청한 젊은이의 글이 올라왔기에 너무나도 대견하고 반가웠습니다. 대한민국 젊은이들이 삼포·오포 세대로 불리면서 삶의 의욕을 빼앗긴 잃어버린 세대가 되어가고 있다는 것이 전문가들의 우려 섞인 진단인데, 그들이 자기 앞길 챙기기도 벅찬 판에 언감생심 인문학에 관심 가질 마음의 여유가 조금이라도 있을지, 이 청년의 질문이 혹시 자신의 진로나 더 나은 취업을 위해 또 하나 옵션을 추가하려는 얄팍한 노림수는 아닐까 의심이 들기도 했지만 어쨌건 청년의 질문을 들어봅니다.

"인문학 도서 추천 부탁드립니다. 책을 너무 안 읽었습니다. 22살이구요, 나름 좋은 책, 재밌는 책 읽어보려고 인터넷 뒤져서 정보를 얻고, 도서관 가서 여러 인문학책을 읽어봤는데 재미가 너무 없습니다. 읽으면 빠져들어서 그 자리에서 다 읽어버리는 책이나 작가 추천 좀 부탁드립니다. 유명한 책들은 왜케 심오한가요? 내용 전개가 있는 책 원합니다. 칼채택 가능"

20대 젊은이가 인문학에 진지한 관심을 가졌다는 사실 자체가 매우 흐뭇하고, 우리나라의 장래를 낙관하게 하는 증거라서 크게 환영한다고 인사하고 답변을 올렸습니다.

국어사전에서는 '인문학'을 '인간의 언어, 문학, 예술, 철학, 역사 따위를 연구하는 학문'이라고 합니다. 그렇다면 세상에 존재하는 모든 것이 인문이고 인문학입니다. 왜냐면 세상의 중심이 사람이고, 사람을 위한 생각이 바로 인문이라고 생각하기 때문입니다. 사랑도 미움도, 먹는 것도 입는 것도 자는 것도 모두 인문입니다. '살기 위해 먹느냐, 먹기 위해 사느냐?'는 유명한 선택형 의문 명제가 있습니다만 이 질문에 답이 있다고 생각하세요? 인간 존재, 그리고 우리의 삶 모두가 인문입니다. 굳이 구분하자면 위 영역에 포함되지 않는 것은 자연과학 정도겠지요. 하지만 자연과학도 사람이 파헤치는 것이니만큼 인문학이라고 나는 주장합니다.

인문의 상위 개념으로 '문화'를 말할 수 있습니다. 문화란 '고전음악, 무용, 문학, 예술, 건축, 정치, 경제같이 삶을 풍요롭고 편리하고 아름답게 만들어 가고자 사회 구성원에 의해 습득, 공유, 전달된 행동 양식'이라고 합니다. 이는 일상생활에서 나타나는 행동 양식이자 태도, 신념, 가치 체계 등 집단이 공유하는 인간 생활의 모든 것을 포함하는 개념, 즉 '삶의 방식'일 것이고 인문학도 이 범위 안에 있겠지요.

인문학이라고 특별히 차원이 높고 거창할 리 없습니다. 우리 삶 모든 것을 포괄하는 것이라고 생각합니다. 따라서 본인의 독서 내공 수준에 맞는 책을 읽어보시면 되지 않을까요? 인터넷 서점에 접속하시면 수없이 올라와 있는 책들을 직접 보면서 입맛에 당기는 모든 책을 직접 골라보는 재미가 있습니다. 게다가 모든 도서 정보에는 친절하게 세상 사람들이 나름의 평가와 추천서를 붙여놓기 때문에 그 책에 대한 세상의 평판이나 평가도 금세 확인할 수 있습니다. 또 고른 책의 상당 부분을 맛보기로 화면상에서 읽어볼 수도 있고요.

입맛 당기는 인문학 도서를 추천하라고 하셨는데, 그렇다면 문학이나, 역사서, 가벼운 유머집 등을 읽어보시는 것은 어떨까요? 사실 이것저것 따지지 말고 관심 분야부터 관련 분야 독서가 쉽게 싫증나지 않고 몰두하기 쉽습니다. 한마디로 말하자면 묻거나 따지지 말고 '닥치고 독서'를 추천합니다. 『어린 왕자』, 『예언자』, 『연금술사』, 『갈매기의 꿈』처럼 분량이 적고 가벼워 편하면서도 여운 남는 책들은 어떨까요?

참고로 내가 요즘 읽고 있거나 구매한 관련 도서명을 제시해 볼게요. 최근 몇 년 동안 구입해서 읽은 다음, 차곡차곡 쌓아놓은 책들의 제목을 순서 없이 나열합니다.


*위트 상식 사전 / 나의 문화유산답사기 7권 / 어느 날 내가 오디오에 미쳤습니다 / 발명 발견 대사전 / 1984, 더 레이븐 / 인문세계지도 / 소포클레스 전집 / 만들어진 신 / 열린 인문학 강의 / 월든 / 고전 혁명 / 어제까지의 세계 / 총균쇠 / 기억 꿈 사상 / 나의 서양 음악 순례 / 중국 문화 사전 / 보리 국어 바로 쓰기 사전 / 코스모스 / 유럽 답사기 / 거의 모든 것의 역사 / 감정수업 / 우리도 행복할 수 있을까 / 살아갈 날들을 위한 공부 / 독일 명작 기행 / 새 독일 문학사 / 즐거운 지식 / 코란 / 브람스 평전 / 왜 말러인가 / 오딧세이 / 삼국유사 / 세계사편력 / 스콧 니어링 자서전 / 버나드 쇼 지성의 연대기 / 연금술사 / 살아갈 날들을 위한 공부 / 토마스 만 / 어린 왕자의 별자리 여행*


이어서 지난해 공공 도서관에서 대출받아 읽은 책 제목을 날짜순으로 정리해 봅니다.


*10의 제곱수 / 마흔두 번의 도약으로 보는 우주 만물의 상대적 크기(모리슨) / 우주 콘서트(태의경) / 과학 영화와 만나다(두벡) / 별밤의 산책자들 / 아리스토텔레스에서 스티븐 호킹까지(피서) / 30분에 읽는 비트겐슈타인(신세한) / 마음으로 다가서는 대화기법(윤치영) / 짜라투스트라*

는 이렇게 말했다(니체) / 싸우지 않고 이기는 대화 기법(스키모) / 행복한 고집쟁이들(박종인) / 레퀴엠(진중권) / 우주와 인간 사이에 질문을 던지다(김정욱) / 인간의 얼굴을 한 과학 / 융합시대의 과학 문화(홍성욱) / 고딕의 영상 시인 팀 버튼(프라가) / 철학과 인문적 상상력 / 헤겔 만가(김상환) / 놀이와 예술 그리고 상상력(진중권) / 절망에 반항하라 루쉰 읽기(왕후이) / 러시아 문화와 조우하다(김은희) / 중국 문학의 파노라마 / 초신성의 후예 나는 천문학자입니다(이석영) / 가든파티(맨스필드) / 언어의 감옥에서 어느 재일 조선인의 초상(서경식) / 고뇌의 원근법 서경식의 서양 근대미술 기행(서경식) / 오리엔탈리즘과 에드워드 사이드 / 벤자민 버튼의 시간은 거꾸로 간다(피츠제럴드) / 피츠제럴드 단편선 / 소년의 눈물(서경식) / 말의 정의(오에 겐자부로)

마지막으로 각종 신간 정보를 통해서 얻은 최신 도서 출판 정보 가운데 마음이 끌려 이른 시일 안에 사서 보려고 구매 목록에 올리면서 점찍어 둔 책입니다.

『나는 왜 기독교인이 아닌가(버트런드 러셀)』

노벨문학상을 받은 세계적 지성인이자 사상가인 이 사람의 놀라운 주장의 실제를 꼭 읽어보고 확인하고 싶습니다. 아울러 이분이 남긴 서양 철학사에도 눈길이 갑니다만 너무 어려울 것 같아서 머스트해브 독서 버킷 리스트에만 올렸습니다.

『몰리에르 희곡 3부작, 위선자 타르튀프, 동 쥐앙-석상의 만찬, 인간혐오자』

근현대를 통틀어 프랑스에서 가장 많이 읽히는 작가가 몰리에르라고 합니다. 종교의 가면을 뒤집어쓴 난봉꾼 타르튀프, 모든 의무를 거부하고 자유를 찾아 나선 동 쥐앙, 원칙에 스스로를 결박한 알세스트. 3부작의 세 주인공들은 성과 속, 자유와 구속, 절제와 욕망 사이에서 갈등하며 사회의 모순을 위선으로 껴안은 시대의 대변자들이자 사회의 구속으로 인한 인간 본성의 근원적 제약에 대해 질문하는 문제아들로서 전체주의 세력에 맞서는 근대성의 상징으로서 개인의 자유와 존엄을 지켜내려 한 몰리에르의 삶과 문학을 대변한다고 합니다.

## 『중국 사상 문화 사전(미조구치 유조 외)』

동경대학출판회 창립 50주년 기념 출판작인 '중국 사상 문화 사전'은 중국 고전에 정통한 일본인 미조구치 유조 등 중국학의 대가들이 전공학자 73명과 함께 쓰고 엮었다고 합니다. 이 책의 가장 큰 특징은, 중국 사상사를 이해하는 데 가장 기본적인 개념 66개 항목을 역사적 생성과 의미 내용의 변천 과정을 가지고 서술하여 '개념과 그 개념의 역사'에 대한 사전이라 부를 수 있다는 평가에 귀가 솔깃해집니다. 아무래도 한중일 동양 3국 사상의 시원에 대한 탐구이니만큼 책 3권 가격이 부담되지만 자꾸만 눈길이 가는 걸 어쩔 수 없네요.

## 『담론, 신영복의 마지막 강의』

육군사관학교 교수에서 무기수로, 그리고 장기간 복역하면서 남긴 베스트셀러 '감옥으로부터의 사색'과 그의 독특한 서예 글씨체 '쇠귀체', '처음처럼'으로 유명한 전설적 인물인 그가 출소 후 근무했던 대학을 퇴직하면서 남긴 마지막 강의가 담겼습니다. 우리 시대 석학으로 평가받는 선생님의 삶과 사상의 알맹이가 고스란히 담겨있으리라. 따라서 무조건 읽어야 합니다.

『중국문화사전(이스위)』

중국 문화는 우리 피에 스며든 문화 자산입니다. 신화, 인물, 신체, 동물, 화초, 취미와 공예, 건축, 색깔, 숫자 편의 아홉 가지 주제와 2백여 개의 문화 기호로 나누어 중국 문화의 여러 요소들을 소개하고 있어서 재미있게 읽을 가치가 충분합니다.

**『마션, 어느 괴짜 과학자의 화성판 어드벤처 생존기(앤디 위어)』**

동명의 영화로 친근한 책입니다. 화성에 탐사 갔다가 홀로 조난당한 과학자, 그는 다음 화성 원정대가 올 때까지 살아남아야 한다. 그러나 수백 일이 걸릴 그때까지 버틸 수 있는 식량이 없다. 유일한 희망은 추수감사절 파티용으로 가져왔던 감자 몇 알이다. 그는 인류 최초로 화성에서 경작을 시작해야만 한다. 그런데 황량한 화성에서 지구의 작물을 키울 토양과 물과 이산화탄소와 영양분을 어떻게 얻을 수 있을까?

내가 재미있게 읽은 책이라도 그 사람의 관심도, 배경 지식, 성장 배경, 전공 분야에 따라 독서 영역이 다 다르기 때문에 위에서 소개한 책들도 내 기준일 따름이지 질문자에게는 쓸모없는 쓰레기가 될지 모릅니다. 그러니까 청년이 인터넷 서점에 직접 접속하여 책을 하나씩 선택해 보고, 미리 간을 본 다음, 취향에 맞는 것을 골라서 읽어보시기를 권해 드립니다.

독서 내공이 짧아서 순수 인문학 영역이 부담된다면 그리스 로마 신화를 바탕으로 한 『로마인 이야기』와 『오디세이』, 『율리시즈』 같은 서양 고전을 추천합니다. 또 『개미』, 『타나토노트』 등 프랑스 작가 베르나르 베르베르의 흥미로운 소설 작품을 읽어보세요. 내가 그의 열렬한 팬인데 그의 작품들은 탄탄한 구성에다 묘한 매력을 지녀서 한번 발 디디면 빠져드는 마약 같은 중독성을 지녔습니다. 읽다 보면 저자의 놀라운 상상력에 경탄하게 되는 것이 나쁜만은 아닐 거라고 생각합니다. 이런 책들을 읽다 보면 자연스럽게 독서의 재미에 빠져들지 않을까요?

또 동서양 각국의 신화와 설화, 전설을 읽어볼 것을 강력히 추천합니다. 역사가 있다면 신화 없는 나라는 거의 없습니다. 나라를 막론하고 모든 신화는 무척 재미있습니다. 또, 읽는 재미와 함께 현대인의 삶과 문화가 이들 신화와 연결되어 있다는 것을 발견하는 재미를 맛볼 수 있습니다. 동서양의 모든 신화는 현대 문명과 현대인의 삶에 무늬 박혀 있는 원형질이자 디엔에이이기 때문입니다. 최근 상영되어 천만 고객을 끌어들인 영화 『신과 함께』 시리즈가 한국 신화를 바탕으로 만들어졌다고 합니다. 우리에게는 단군신화, 고주몽, 혁거세 신화만 있는 게 아닙니다. 제주도에는 선문대할망 설화가, 강화도나 해남 진도 같은 해안 지역에는 마고할미 신화가 전합니다.

허무맹랑한 듯한 신화에서 우리는 인간이 갖지 못한 주인공의 초능력에 감정이입 되게 마련이고 카타르시스를 맛봅니다. 이야기 속에서 신은 창조하는 존재지만 다른 신이나 심지어 사람들과 불화하여 다투기도 하며, 때로는 서로 경쟁하면서 세상의 질서를 만들어갑니다. 신화의 세계에 발 디디면 독자는 어느새 이야기의 주인공이 됩니다. 신화 속 주인공들은 인간의 인지 능력이 많이 발달하지 못했던 시절에 인간들의 소망이 투영된 초능력자로서 가탁된 욕망의 반영이라 할 수 있습니다.

별자리 공부를 해 보는 건 어떨까요? 오늘날에 비해 지식이 거의 없던 시절, 옛날 사람들은 하늘에서 벌어지는 천문 현상을 경외감과 함께 숭배했으며, 혜성의 등장 같은 이변에는 혼비백산하기도 했습니다. 아무것도 모를 때는 하늘의 수많은 별이 그저 반짝거리는 존재에 불과하지만 이름과 시간별, 계절별 별자리의 변화를 알게 되면 그 안에 신화와 전설, 역사와 문화, 예술과 종교, 과학 등 인류의 영혼이 온통 녹아들어 있다는 것을 알게 되면서 마침내 하늘과 대화가 가능해집니다.

독서의 팁을 빠르게 얻고 싶다면 장정일의 『독서일기』와 같은 강호의 숨은 독서광들이 생산해 낸 수많은 독서 요약 평저들을 만나보세요. 인터넷 서점이나 유명 블로그에 접속하면 쉽게 찾을 수 있습니다. 그들의 독서 경험과 평가를 두루 찾아 읽어보는 일은 독서의 지름길을 밟는 또 다른 방법입니다. 물론 그것이 아주 바람직한 것이 아니라 일종의 편법이지만 내공이 높은 독서 선배들의 지혜를 빌리는 방법이니 결코 나쁘지 않습니다. 조금 더 발품 팔아서 수능시험 대비용 발췌본 고전 읽기 자료들을 일별해 보는 것도 단기간에 관련 지식을 쉽고 빠르게 쌓는 방법입니다. 넓디넓은 웹의 세계를 탐험하다 보면 독서 고수도 만날 수 있고 좋은 정보가 넘칩니다.

인문학과 독서란 단어에 너무 위축될 필요 없습니다. 세상에 존재하는 모든 책이 인문을 담고 있기 때문이니 자신이 좋아하는 데서 출발하여 점차 영역을 넓혀 가면 됩니다. 부디 인문학을 진정으로 애호하는 멋진 청년으로 성장하기를 기원합니다.

## ● 빅뱅 민들레

**빅뱅**

'빅뱅'이라는 말을 들으면 여러분의 머릿속에서 당장 유명한 인기 아이돌 그룹이 떠오르지요? 대단한 인기를 국내외에서 몰고 다니면서 팬들이 줄을 선, 한때는 잘나갔던 한류 연예인 그룹이 바로 빅뱅입니다. 하지만 그들의 꺼지지 않을 것 같던 인기는 2019년 들어서자마자 하루아침에 신기루처럼 침몰하여 사라져버렸습니다. 인격적으로 성숙하기 전에 쌓아올린 너무 큰 세속적 성공의 탑인지라 기반이 너무나도 허약했습니다. 이제 빅뱅은 신기루처럼 사라지고 없습니다.

'빅뱅'을 사전에서 찾아봅니다. 온라인 어학사전에서 '빅뱅(big bang)이란 우주 생성의 시발이 된 것으로 여겨지는 대폭발'이라고 설명합니다. 빅뱅이란 천체 물리학에서 우주의 기원으로 우주론 모형을 설명하는 과학 용어로서 '매우 높은 에너지를 가진 작은 물질과 공간이 약 150억 년 전에 거대한 폭발을 통해 우주를 만들어냈다'고 보는 이론입니다. 이 이론에 따르면, 폭발에 앞서 오늘날 우주에 존재하는 모든 물질과 에너지는 작은 점에 갇혀 있는 상태였는데 우주 시간 0초의 탄생 순간에 그 작은 점으로부터 물질과 에너지가 폭발하여 서로에게서 멀어지기 시작했고, 이 물질과 에너지가 은하계와 은하계 내부의 천체들을 형성하게 되었다고 설명합니다. 빅뱅 후 굉장히 짧은 찰나에 우주는 광속을 훨씬 넘는 속도로 팽창을 시작하여 엄청나게 커졌는데, 물리학에서 숫자로 이야기하면 '1억분의 1억분의 1억분의 1억분의 1초'보다 짧은 시간($10^{-37}$초부터 $10^{-32}$초 사이)에 우주는 '1억 배의 1억 배의 1만 배' 혹은 '1억 배의 1억 배의 1억 배의 100만 배'로 커졌다고 설명합니다. 이것을 우주의 '인플레이션'이라고 합니다. 그리고 150억 년이 지났지만 아직도 우주는 팽창하고 있다고 합니다.

우주의 시초는 아주 작은 존재였지만 그 속에 무한이라 할 수 있는 진공의 에너지가 가득 차 있었고 그 공간이 급격히 팽창했습니다. 그리고 지금도 팽창하고 있는데 우주가 점점 팽창하고 있다는 사실을 거꾸로 뒤집으면 과거로 거슬러 올라갈수록 우리 우주는 점차 작아질 것이라는 유추도 가능하겠지요? 영상 자료에서 흔하게 볼 수 있는 꽃이 피는 장면을 찍은 필름을 거꾸로 돌리면 꽃봉오리가 다시 오므라지고 돋았던 싹이 땅속으로 들어가 버리듯 팽창하는 우주 역시 거꾸로 돌린다면 차츰 축소되어 마침내 우주가 아주 작은 하나의 덩어리가 될 것입니다. 그 덩어리는 다시 작아지고 작아져서 하나의 점이 되고 언젠가는 우리 우주, 즉 그 점이 처음 탄생하는 순간과 만나게 될 것입니다.

그렇다면 우리 우주는 처음부터 줄곧 있어 온 것이 아니라 갓난아기가 어머니 뱃속에서 태어나듯 아득히 먼 어느 날 처음 태어나서 오늘날까지 팽창을 계속해 온 것이 아닐까요? 바로 이러한 의문들이 '빅뱅' 즉 대폭발

이론을 탄생하게 만들었답니다. 이 이론을 바탕으로 우주의 나이를 과학자들이 추정해 냈는데, 허블 우주 망원경이 관측한 가장 최근의 우주 나이 관측치는 약 137억 년입니다. 2010년 3월 『천체물리학저널』에서 미국과 독일의 과학자들이 허블 망원경으로 그동안 수집한 자료와 우주배경복사 탐사위성(WMAP) 자료를 종합한 결과, 우주 나이를 137억 5천만 년이라고 발표하였습니다.

과학자들이 우주 나이를 찾을 수 있도록 해준 일등 공신은 지구 궤도에서 지금도 돌고 있는 우주 망원경 허블입니다. 컴퓨터 배경 화면에도 들어 있기 때문에 여러분의 컴퓨터 배경 화면으로도 설정할 수 있는 NASA의 Spacescapes가 바로 허블 우주 망원경이 찍은 130억 년 전 우주의 모습이랍니다. 내 컴퓨터 배경 화면도 이 사진입니다. 매번 컴퓨터를 켤 때마다 만나게 되는 이 사진을 보면서 우주의 광대무변한 아름다움에 경탄합니다. 끝이 보이지 않는 백사장의 모래알 하나만도 못한 존재인 인간들이 우주의 역사를 추정해 내고, 우주 공간에 띄운 광학 망원경으로 우주의 끝이라고 할 수 있는 130억 년 된 딥필드 사진을 찍어서 보여 주는 신과 같은 능력에 전율을 느낍니다. '허블 울트라 딥 필드(Hubble Ultra deep field)' 사진은 다양한 연령, 크기, 모양, 색을 보이는 은하들을 담고 있는데, 붉고 작은 100여 개의 은하들은 광학 망원경으로 촬영된 은하들 중 가장 멀리 떨어진 존재들로 이들의 나이는 우주가 태어난 시각과 8억 년밖에 차이가 나지 않는다고 합니다.

## 민들레

해마다 계절마다 저마다 계절을 알리는 꽃이 있고, 특히 사람들은 봄꽃을 보면서 한 해를 설계하고 맞이합니다. 매화, 개나리, 벗꽃, 목련, 산수유꽃은 봄철에 우리가 제일 좋아하는 대표 봄꽃들이고, 사람들은 그것들을 정성을 다하여 가꾸며 희망을 찾고, 아름다움을 느낍니다. 하지만 가꾸고 돌보지 않아도 스스로 피어 봄소식을 알려주는 무수한 잡풀과 봄꽃들이 더 많습니다. 그 가운데서도 강한 생명력으로 지구를 뒤덮다시피 하는 아름다운 잡초가 있습니다. 바로 민들레입니다. 우리에게 친근한 이야기인 권정생의 아름다운 동화『강아지똥』에서는 강아지똥의 눈물겨운 희생을 꽃 속에 담아냈기 때문에 더욱 노랗게 피어납니다.

민들레는 국화과에 속하는 다년생초인 쌍떡잎식물로 잎은 날개깃처럼 갈라졌으며, 뿌리에서 나와 땅 위를 따라 옆으로 퍼지고, 봄이 되면 노란색의 꽃이 두상꽃차례를 이루어 피는데 이 꽃차례는 잎 사이에서 나온 꽃줄기 위에 만들어지고 꽃줄기는 길이가 30㎝ 정도입니다. 열매는 납작한 수과로 흰색 갓털이 붙어 있습니다. 어린잎과 줄기는 나물로 먹으며 전체를 캐서 말려 한방에서 소화를 돕는 약재로 사용하는 등 약용으로도 가치를 인정받고 있습니다. 열매를 감싸고 있는 갓털 덕택에 작은 바람에도 아주 잘 날아가 도로건 콘크리트 담장이건 옥상이건 약간의 먼지라도 쌓인 곳이면 뿌리를 내려 노란 꽃을 피우는 끈질긴 생명력은 대단합니다.

봄철만 되면 나는 민들레꽃과 홀씨를 사진 속에 즐겨 담습니다. 우리 주변 어디에서건 UFO 우주선처럼 잘 짜인 기하학적 아름다움으로 무장하고 있다가 바람만 불면 즉시 어디든 날아가는 모습을 보면서 아쉬운 탄성과 함께 경탄하곤 합니다.

## 빅뱅 민들레

따뜻한 봄볕에 여물어 세상 밖으로 날아갈 준비를 마친 민들레 홀씨를 보면서 우주를 생각합니다. 세상에서 가장 작고 보잘것없지만 날아갈 준비를 마친 민들레 홀씨 하나하나는 137억 년 전 우주 탄생 순간인 $10^{-37}$ 초 시점을 닮았습니다. 이것을 볼 때마다 가장 작은 민들레 홀씨와 세상에서 끝도 없고 광대무변한 우주의 시작이었던 빅뱅이 겹쳐서 떠올라 민들레 홀씨 덩어리에 자연스럽게 '빅뱅 민들레'라고 이름 붙였습니다.

우주의 탄생도 찰나에서 시작했듯 저 보잘것없는 홀씨 하나가 휘리릭 정처 없이 날아가 내년 봄 어느 뒷골목 콘크리트 담장 갈라진 빈틈에서 보는 사람으로 하여금 경탄케 하는 경이로운 노란 생명체를 피워 올리고 또 홀씨를 날리게 되리란 것을 우리는 잘 알고 있습니다.

여러분은 어떤가요? 민들레 홀씨의 둥근 사진에서 우주 탄생 순간의 팽팽한 긴장과 엄숙함을 느끼지 않나요? 시작은 미약하더라도 끝은 창대하리라는 교회에서 하는 말을 굳이 상기하지 않더라도 우리는 극히 미약했던 어떤 존재가 끊임없이 노력한 결과, 거대하고 위대한 존재로 탄생한 사례를 만날 때 감동을 느끼곤 합니다. 조수미, 김연아, 손연재, 박세리가 그렇고, 요리사 에드워드 권, 영화감독 임권택, 봉준호 영화배우 전도연 축구선수 손흥민과 가수 싸이가 단지 타고난 재능 덕택에 우뚝 서서 지금 세계의 각광을 받고 있는 걸까요? 아닙니다. 그들도 우리와 별반 다르지 않은 보통의 능력을 지닌 사람들입니다. 보이지 않는 곳에서 오랜 세월 피를 쏟고 뼈를 깎는 각고의 노력을 한 덕분에 그 자리에 섰을 뿐입니다. 오늘의 화려함과 명성이 하룻밤 자고 일어났더니 우연히 생기고 유명해진 것이 절대로 아닙니다. 그 자리에 우뚝 서기까지 그동안 얼마나 많은 욕망을 참아야 했고, 먹고 싶고, 놀고 싶고, 쉬고 싶고, 그만두고 싶었을 그 많은 나날의 인내와 갈등과 좌절의 시간이 쌓인 뒤에야 비로소 오늘이 있다는 사실을 잊지 말기 바랍니다.

우리 학교는 모든 학생에게 어떤 차별도 없이 공평하게 공부하고 성장할 기회를 줍니다. 성적이나 개인 능력 차이, 가정환경이나 부모의 능력에 개의치 않고 누구에게나 공정하고 공평하게 학교생활의 기쁨과 성취, 행복을 주는 학교를 만들고 있습니다. 그래서 출발점은 누구에게나 똑같고 정해진 기간도 동일합니다. 하지만 학교에서 배우고 생활한 뒤에 갖게 될 최종 결과물은 자신이 어떻게 학교생활을 했는지에 따라 다 다릅니다. 정해진 재학 기간에 학교 울타리 안에서 즐겁고 행복한 생활을 누린 다음, 빅뱅 민들레처럼 여러분은 각자 자신의 앞길을 휘리릭 날아가겠지요. 학생 모두가 교육 과정을 이수하고 자신의 인생을 잘 설계한 다음, 훌륭한 빅뱅 민들레가 되어 세상도 아름답게 꾸미고, 바꾸고, 자기성취의 기쁨도 덩달아 누리는 행복한 청년으로 자랄 것입니다. 학생 여러분의 앞날을 축복합니다.

# 우리는
# 국제학교입니다

중국인 학생 1명이 편입학했습니다. 중국에서 중2 과정까지 잘 이수하였기에 2학년으로 편입학하는 절차를 밟아서 입학을 허가했습니다. 다문화 학생이 아닌 순수 외국인이 입학하여 재학생이 되었으므로 이제 우리 학교도 명실공히 국제학교가 되었습니다. 물론 법에 명시된 국제학교는 아닙니다. 법에 명시된 국제학교는 국제 교육을 목표로 특수하게 허가받은 학교를 말하기 때문입니다. 우리 학교가 국제학교라는 말은 한국인, 중국인, 필리핀 등 다국적 재학생이 있다는 의미니 착오 없기 바랍니다. 순수 외국인 말고도 부모 한쪽이 외국인인 다문화가정 자녀들까지 포함하면 이십여 명의 다문화 학생이 더 있습니다.

나는 중학교 입학하던 해에 외국 사람을 처음 만났습니다. 당시 외국 사람이라면 무조건 미국 사람으로 통하던 근 오십여 년 전 이야기입니다. 당시 많은 미국 젊은이들이 평화봉사단원이란 이름으로 많이 와서 봉사 활동을 하고 있었습니다. 전도하러 온 미국인들도 심심찮게 볼 수 있었습니다. 한국전쟁의 상처가 아직 다 아물지 않았고 많이 가난했던 그 시기에 한국은 미국에서 도움을 많이 받았습니다. 태극기와 성조기 아래 악수하는 두 손 그림이 그려진 밀가루 포대가 집집마다 있었고, 거기에는 미국 정부가 무상으로 기증하는 물품이니 판매하면 안 된다는 경고문이 함께 새겨져 있었습니다. 전지분유랑 옥수수 가루도 배급품으로 받곤 했습니다.

중학교에 입학하여 갓 배우기 시작한 영어 수업 중 주 1회씩 키가 훌쩍 크고 빼빼 마른 위스콘신주 밀워키 출신 '크리스찬슨'이란 이름의 미국인 영어 선생님에게 회화를 1년간 배웠습니다. 미국에서 대학을 갓 졸업하고 평화봉사단원으로 한국에 파견된 분이었지요. 그러고 보니 요즘 한국의 젊은이들이 코이카(KOICA, 한국국제협력단) 단원으로 동남아시아나 아프리카의 가난한 나라에 가서 컴퓨터도 가르치고 농사짓는 법이나 건강관리, 위생적인 물 관리, 생활 개선 봉사 활동을 하러 많이 가던데, 이는 시대만 다르지 모두 가난한 나라 사람들의 생활 수준을 높여주려는 숭고한 뜻을 가진 봉사 프로그램이라고 생각합니다.

2017년 12월 25일에 파라과이행 비행기에 오른 죽마고우 친구가 있습니다. 사회복지사로 평생을 보냈는데 정년퇴직하자마자 한국국제협력단 코이카와 2년을 계약하고 사회복지 봉사 활동을 하려고 지구 반대편으로 떠났습니다. 내가 수십 년 전 먼 나라에서 온 선생님에게서 영어를 배웠듯 그 친구는 지구 반대편으로 32시간 날아가 그 나라 사람들에게 한국어와 한국문화를 가르치고 여러 가지 복지사업을 진행하겠지요.

내가 작고 가난한 섬마을에서 우물 안 개구리처럼 보낸 아동기 시절에 끝도 없이 넓은 또 다른 세상이 있다는 것을 알게 해준 유일한 것이 사회과 부도였습니다. 텔레비전도 없던 시절, 오로지 지도책에서 만났던 대한민국은 전쟁으로 폐허가 되고 분단된 나라에다 덩치도 깨알만큼 작고 보잘것없는 존재였습니다. 이웃의 거인 중국과 소련은 철의 장막, 대나무 장막으로 가려진 공산 국가들이었기에 그 나라를 알 수 있는 정보는 전무하다시피 했습니다. 세계지도 속 수많은 나라와 도시 이름들도 단지 지도라는 종이 위에서 현실감이라곤 눈곱만큼도 주지 않는 글자들에 불과했지만 그래도 또 다른 세상이 있다는 것을 조금씩 알게 해 주었습니다.

중학교에 입학하면서 여러 권으로 이루어진 김찬삼의 『세계일주무전여행기』와 만나면서 비로소 넓은 세계가 눈앞에 보이기 시작했고, 원어민 선생님을 만나면서 더 구체적인 존재로 등장했습니다. 중학생이 되어 처음 받아 본 영어 교과서 이름도 『The New World(신세계)』였으니 중학생 앞에 등장한 영어도, 외국 사람도, 외국의 풍광도 모두 미국이라는 신세계로 연결되어 다가왔습니다.


일제강점기와 한국전쟁, 그 이후 복구 과정의 가난했던 시절을 거쳐 오면서 우리는 단일 민족을 강조해 왔습니다. 이는 국가 존망의 위기 때 국민이 함께 뜻을 모으고 단결하여 나라의 독립과 안정과 빠른 경제 발전을 이루기 위해서 제시된 이데올로기로 작용한 것이라는 분석을 내놓는 학자들이 있습니다. 즉 나라가 심각한 위기에 처하자 극복 방안으로 단일 민족이라는 점을 내세우게 되었고, 실제로 일제강점기에 단재 신채호 같은 역사학자, 한힌샘 주시경 같은 한글학자들이 우리 역사와 문화에 각별한 애정이 담긴 위대한 저작물들을 수없이 만들어 내 결과적으로 우리 민족에게 자긍심과 독립 의지를 심어주는데 크게 공헌했다고 평가받고 있습니다.

　그러면 우리는 정말 단일 민족일까요? 또, 단일 민족 단일 문화는 절대적으로 좋은 것일까요?

　백과사전 '위키피디아'에서 '한민족' 항목에 대한 설명을 보면서 함께 생각해 봅니다.


　한민족의 민족주의는 반만년 동안 혈연적 동일성을 지니고 이어진 단일 민족임을 강조한다. 대한민국은 보통 단일 민족 국가라 부른다. 미국이나 중국, 러시아 같은 다민족 국가와 달리 한민족이 전체 주민의 대부분을 차지한다. 민족이란 동일한 언어와 문화를 바탕으로 공동체 의식을 지닌 집단이기 때문에 세계 어느 민족 집단도 순수 혈통만으로 이루어지지 않으며, 주변의 이질적 혈통을 흡수하고 여러 세대를 거치면서 하나의 민족 집단으로 융화된다. 한민족 주변의 한족[漢人], 몽골, 만주, 일본인, 기타 남방 계통 등의 여러 유전자가 더해져 오늘날 동일한 언어와 문화, 공동체 의식을 지닌 한민족으로 융화되었다. 곧 한민족 집단이 언제나 지배적 지위에 있으면서 여기에 여러 이질적인 요소를 지속적으로 흡수해 왔다고 볼 수 있다.


　한민족은 같은 언어와 문자, 그리고 공통의 문화를 갖고 있는 단일 민족이 맞습니다. 그러나 엄밀한 의미에서 순수 혈통이라는 것은 존재하지 않는다는 점에서 의미를 새겨볼 필요가 있습니다. 우리는 수천 년 역사 이래 수많은 전쟁을 치렀고 이민족과 문화 교류를 겪었습니다. 임진왜란 때 왜군 장수였지만 투항하여 자신의 편이었던 왜적을 크게 물리치고 귀화한 김충선 장군, 명나라 제독 진린 장군의 후손으로 이 땅에 뿌리내린 광동 진(陳)씨 가문, 베트남 리 왕조 이용상 왕자의 화산 이(李)씨 가문은 역사적으로 우리나라에서 뿌리를 내린 외국 혈통입니다. 그들의 가족, 부하들과 함께 문화가 들어와서 이 땅에 뿌리내렸습니다. 반대로 고구려가 멸망하면서 다수의 고구려 유민들이 중국 내 여러 지방으로 분산 배치되어 중국인으로 동화되었고, 임진왜란 때 포로로 끌려간 심수관 도예가와 많은 후손은 지금까지 대대손손 일본의 도예 명문가로 이름을 떨치면서 우리 문화를 일본에 심었습니다. 중국이나 일본 문화에 우리 민족의 문화 유전자가 숨어있다는 말입니다. 아직 과학적으로 검증된 것은 아니지만 태국 고산 지대에 사는 라후족은 고구려 유민의 후손으로 추정됩니다. 그들의 문화와 생활 양식, 전설과 설화가 우리와 매우 유사하다고 합니다.

역사로 기록되어 알 수 있는 외국인이 한국에 들어와 귀화하여 살기 시작한 시점은 삼국 시대로 알려집니다. 그때는 주로 수나라, 당나라 중국인이 많았고, 고려 시대에는 송나라, 여진, 거란, 베트남, 몽골, 위구르, 아랍 사람들, 조선 시대에는 명나라와 일본인 등 많은 외국인이 들어와 귀화하였습니다. 신라 시대 유명한 향가 '처용가'의 주인공 처용은 아라비아 사람으로 짐작되고, 고려 시대 노래인 '쌍화점(雙花店)'에는 '쌍화점(雙花店)에 쌍화(雙花) 사러 가고신댄 / 회회(回回)아비 내 손모글 주여이다.'라는 구절이 있습니다. '회회아비'는 아라비아 남자입니다. 내용 속에 외국인과 고려 여인의 수작 나누는 사연이 들어있습니다. 대체로 정치적 망명이나 피란, 구원, 무역, 범법자로 도피, 왕실 시종 관계 등이 그들의 일반적인 귀화 사유였습니다. 또, 귀화인들은 당시 정부에서 우대받았습니다. 정부에서 성씨와 이름을 하사하기도 했을 뿐 아니라 고려 여인, 조선 여인과 짝지어 정착해 살도록 결혼을 지원하였고 벼슬을 주기도 하였기에 자연스레 다문화 가정이 꾸려져서 후손들이 번창하게 되어 오늘에 이르게 됩니다.

외래 귀화 성씨는 중국계가 가장 많아 강릉 유씨(江陵 劉氏), 평해 황씨(平海 黃氏), 연안 이씨(延安 李氏), 함양 여씨(咸陽 呂氏), 결성 장씨(結城 張氏), 광주 안씨(廣州 安氏), 안강 소씨(安康 邵氏), 함양 오씨(咸陽 吳氏), 진주 강씨(晉州 姜氏), 거창 장씨(居昌 章氏), 풍천 임씨(豊川 任氏), 신안 주씨(新安 朱氏), 달성 하씨(達城 夏氏), 아산 호씨(牙山 胡氏), 공촌 엽씨(公村 葉氏), 해주 오씨(海州 吳氏), 제주 좌씨(濟州 左氏), 평양 조씨(平壤 趙氏), 임천 조씨(林川 趙氏), 배천 조씨(白川 趙氏), 밀양 당씨(密陽 唐氏), 태안 고씨(泰安 賈氏), 수안 계씨(遂安 桂氏), 광천 동씨(廣川 董氏), 성주 초씨(星州 楚氏) 김해 해씨(金海 海氏), 성주 시씨(星州 施氏), 임구 풍씨(臨朐 馮氏), 용강 팽씨(龍岡 彭氏), 수원 백씨(水原 白氏), 문경 전씨(聞慶 錢氏), 청주 갈씨(淸州 葛氏), 남양 제갈씨(南陽 諸葛氏), 강화 만씨(江華 萬氏), 나주 정씨(羅州 丁氏), 용궁 곡씨(龍宮 曲氏), 통천 태씨(通川 太氏), 영산 신씨(靈山 辛氏), 현풍 곽씨(玄風 郭氏), 광주 노씨(光州 盧氏), 회양 후씨(淮陽 后氏), 휘주 요씨(徽州 姚氏), 충주 매씨(忠州 梅氏), 서산 정씨(瑞山 鄭氏), 진주 사씨(晉州 謝氏), 연안 송씨(延安 宋氏), 안산 여씨(安山 汝氏), 합천 마씨(陜川 麻氏), 풍덕 포씨(豊德 包氏), 창원 공씨(昌原 孔氏), 상주 주씨(尙州 周氏), 양주 낭씨(楊州 浪氏), 복산 연씨(福山 連氏), 태원 이씨(太原 伊氏), 함열 남궁씨(咸悅 南宮氏), 고성 이씨(固城 李氏), 요동 묵씨(遼東 墨氏), 대구 빈씨(大邱 彬氏), 거창 신씨(居昌 愼氏), 아산 장씨(牙山 蔣氏), 한산 정씨(韓山 程氏), 충주 지씨(忠州 池氏), 흥덕 진씨(興德 陳氏), 수령 위씨(遂寧 魏氏), 면천 복씨(沔川 卜氏),

원주 변씨(原州 邊氏), 온양 방씨(溫陽 方氏), 상주 방씨(尙州 方氏), 영양 남씨(英陽 南氏), 진주 소씨(晉州 蘇氏), 보성 선씨(寶城 宣氏), 청주 양씨(淸州 楊氏), 제주 원씨(濟州 元氏), 곡산 연씨(谷山 延氏), 안음 서문씨(安陰 西門氏) 등이 있습니다.

몽골계 귀화 성씨에는 연안 인씨(延安 印氏)가 있습니다. 시조는 인후(印侯)인데, 원래 이름은 후라타이[忽刺]고 1275년(충렬왕 1)에 충렬왕비이며 원나라 공주인 제국공주(齊國公主)의 시종으로 왔다가 귀화했습니다.

여진계 귀화 성씨로는 청해 이씨(淸海 李氏)가 있는데 시조는 이지란(李之蘭)이며 원래 성은 퉁 씨였습니다. 고려 공민왕 때 부하 백여 명을 이끌고 귀화하여 북청(北靑)에 살면서 이씨 성과 청해(靑海:北靑) 본관을 하사받았고 태조 이성계의 심복 부하로서 조선 개국 공신입니다.

위구르계 귀화 성씨로는 경주 설씨(慶州 偰氏)가 있는데 시조는 설손(偰遜)입니다. 위구르 사람으로 원나라에서 단주태수(單州太守) 벼슬에 있을 때 홍건적(紅巾賊)의 난을 피해 고려로 들어와 공민왕 때 귀화하였습니다.

아랍계 귀화 성씨로는 덕수 장씨(德水張氏)가 있는데 시조는 장순룡(張舜龍)입니다. 아라비아 사람으로 고려 충렬왕 때 원나라 제국공주를 모시고 고려에 들어와 귀화하여 장군에 올랐다고 합니다.

고려 시대에 번성하였던 무역항 벽란도는 고려 시대 내내 번성한 예성강 하구에 위치한 국제 무역항으로서 수심이 깊어 배가 자유로이 출입할 수 있어 중국과 일본, 멀게는 아라비아의 대식국과도 교역할 만큼 당시에는 세계 각국 외국인이 들락거렸고, 특히 아랍계 사람들이 많이 왔기 때문에 고려 여인과 결혼하고 귀화한 사람들도 많았다 합니다.

단일 민족이라는 의미는 결국, 일정 지역에서 같은 언어와 문자, 그리고 공통의 문화를 쓰면서 외모까지 비슷한 사람들이라고 해석이 가능하겠군요. 그런데 순수 혈통이라는 말이 얼마나 애매한 것인지 알아볼까요. 식물의 세계에서는 같은 뿌리의 나무에 핀 꽃끼리 수분을 하지 않으며, 동물의 세계에서도 혈통이 같은 가족끼리는 배우자를 고르지 않는다는 생물학적 우생학의 원칙이 철저히 적용됩니다. 당연히 고등 동물인 인류도 혈통이 다른 배우자를 만나 후손을 이어가면서 번성해 온 것 같지만 의외로 인류 역사에서 순수 혈통 보전이라는 명분과 권력 독점의 욕심 때문에 가까운 친척끼리 결혼했다가 열성 유전 인자로 나타난 몹쓸 유전병 때문에 가문이 멸망한 사례가 비일비재합니다. 신라 지배 계급으로 성골이 있었고, 러시아 제국의 마지막 황제 가문도 이에 해당하며, 세계 각국 역사에서도 권력을 독점하기 위해 근친끼리 결혼하여 불행한 결말에 이른 사례들을 쉽게 찾아볼 수 있습니다.

가족이나 일가친척끼리 결혼하지 않는 이유는 강한 후손을 이으려는 종족 보존의 원리 때문입니다. 이 자연법칙은 사람 아닌 동물의 세계에서도 마찬가지입니다. 또 정치적 의도를 가지고 독일 민족의 게르만 순혈주의를 강조했던 나치 독일이 역설적으로 자신을 망쳐서 패망하고 인류에게 얼마나 끔찍한 해악을 끼쳤는지 생각해 보면 남과 교류하고 함께 어울려 사는 평화보다 더 나은 것은 세상에 결코 없다고 생각합니다.

그렇습니다. 다른 인종과 문화가 서로 교류하면서 오랫동안 발전해 온 것이 인류사이고, 혈통적으로 먼 사람들끼리 결합할 때 우수한 인재와 새로운 문화가 등장하여 좋은 결실로 나타났습니다. 가야국 전설에 의하면 인도 공주인 허황후가 수천 리 먼 길 배를 타고 와서 김수로왕과 결혼하여 김해 김씨의 시작이 되었고 후손들은 오늘날 대한민국에서 인구가 가장 번성한 성씨가 되었습니다. 임진왜란은 불행이었지만 이를 통해서 담배와 고추가 전래되었고 덕택에 김치 문화가 획기적으로 달라지면서 오늘날 우리가 먹는 맛있는 김치의 역사가 되었습니다. 혈통과 문화의 교류는 우리 민족의 역사 이래 꾸준히 계속되어온 일이고, 문화를 풍요롭게 만든 장치였습니다. 그리고 다시 2천 년대에 와서 결혼 이민자와 외국인 노동자가 물밀 듯 들어와 현재 이백만 명을 훌쩍 넘어섰고 외국인이나 다문화 가정을 우리 주위에서 쉽게 만날 수 있게 되었습니다. 아직까지는 외국인 노동자와 결혼 이민자가 외국인의 다수를 차지하지만 근현대 시기에 한국의 우수한 두뇌와 고학력 인재들이 미국에 가서 자리를 잡고 고급 인력으로 활동하면서 미국의 발전에 기여하였듯 다음 세대쯤에 이르면 세계 각국의 우수한 고급 인력들이 우리 사회 각층에서 활동하면서 대한민국을 살기 좋고 풍요롭게 하는 데 기여할 것이라고 예상해 봅니다. 하와이 사탕수수 농장은 한인 이민자들이 일궜고, 미국의 철도는 중국과 멕시코 이민자들이 만들었습니다. 오늘날 미국의 풍요도 결국 이민자들이 만들어놓은 결실입니다.

이 중국인 학생이 학교와 한국 생활에 빨리 적응할 수 있도록 담임 선생님과 모든 교직원, 그리고 재학생들이 사랑과 관심으로 적극적으로 돕고, 또 대한민국에 좋은 인상을 가질 수 있도록 노력해야 합니다. 국제화 시대이니만큼 많은 한국 학생들이 중국에 유학을 가고, 그곳에서 공부하는 동안 많은 그 나라 친구들과 교류하고 있습니다. 이런 교류와 유대 관계는 양국 우호와 상호 이해, 이익을 위해서 아주 중요한 일입니다. 중국 내 한국 유학생 숫자만큼은 아니지만 국내에도 상당수의 중국인 학생들이 있습니다. 중국에 가서 공부하고 있는 한국 학생들이 우호적이고 우대받는 환경 속에서 생활하고 있다는 점을 기억하기 바랍니다. 양국은 문화도, 언어도, 생각도 많이 다르지만 가족을 중요시하고 전통적인 유교적 가치관을 중시한다는 공통점이 있으며, 특히 인간관계, 중국어로 꽌시[關係(관계)], 요즘 유행어로 '의리'를 특히 중요시한다는 특징이 있기 때문에 중국인 친구들과 좋은 관계를 맺어두면 여러 가지로 좋을 것입니다.

이 학생이 편입학하였지만 당분간 우리 학교에 머물 시간은 한 주간밖에 없습니다. 우리말을 전혀 못하기 때문에 지금 당장 우리 학교에서 정규 교육과정을 이수할 준비가 되지 않아서 기본적인 학교 적응 기간인 일주일을 보내면 다문화 교육 전문 교육 기관인 남동구 논현동 소재 한누리 학교로 위탁 교육을 보냅니다. 거기서 일 년 동안 우리 문화 적응 교육을 받게 하고 내년에 복귀합니다. 거기는 중국인 학생들도 많이 있고, 원어민 선생님도 계시기 때문에 일정 기간 적응 교육을 충분히 잘 받을 수 있을 것입니다. 이 학생이 머무르는 짧은 기간이나마 불편함 없이 학교생활 할 수 있도록 보살펴 줄 책임이 우리 학교 구성원 모두에게 있음을 기억해 주십시오.

언어도 통하지 않고 모든 것이 낯선 외국 땅에 왔으니 지금 현재는 무기력한 이 학생에게 여러분이 베푸는 어떤 조그마한 친절이라도 큰 힘이 될 것입니다. 과거에 법과 제도가 준비되지 않았을 때는 의무 교육과정이자 국민의 세금으로 운영되는 공립학교에서 외국인 학생에게 무료 교육 서비스를 제공하는 것이 과연 옳은 것인가에 대한 논란이 있었습니다. 하지만 이제는 불법이나 합법 체류 여부에 상관없이 외국인 학생에게 교육 기회를 보장해야 한다는 국민적 합의와 법적 정비도 이루어졌으므로 그들의 교육권을 보장해 주려는 학교 구성원의 적극적 태도가 필요합니다. 다행히 이 학생의 빠른 적응을 위해 도우미를 자처하고 나선 중국 체류 경험 있는 몇몇 학생들의 선량한 태도가 무척 고무적입니다. 그들이 앞장서서 학교생활을 잘 안내하고 있습니다. 도우미 학생에게는 민간 외교관 역할을 톡톡히 할 기회입니다. 또, 학급의 동료들도 호기심 가득하고 긍정적인 태도로 도움을 주고 있어서 흐뭇합니다. 1학년 학생들에게는 형뻘이 되기 때문에 그렇게 대접하도록 학생들에게 일러두었고 이 기회에 그 형과 가까워져서 중국어 하나라도 더 배우고 싶어 하는 학생들이 있어서 쉬는 시간마다 그 교실이 기분 좋게 왁자지껄합니다.

●
# 우리는 지구라는 우주선의
# 승무원이자 승객이다


'창백한 푸른 점(The Pale Blue Dot)'이란 구절을 들어본 적 있나요? 인터넷에 검색해 보면 아주 많은 관련 사진과 정보가 있으니 누구나 쉽게 확인할 수 있습니다. 1977년 9월 5일에 발사되어 초속 6만㎞로 날아가던 우주선 보이저 1호가 1990년 2월 14일 해왕성과 명왕성의 궤도 밖, 지구에서 61억㎞ 떨어진 거리에서 찍어 보낸 지구 사진의 이름이 바로 그것입니다. 광대무변한 우주의 한 귀퉁이, 태양계 안에서 깨알보다 작은 점으로 찍힌 푸른색 점이 바로 우리가 사는 주인공 '창백한 푸른 점', 지구입니다.

우주의 규모와 단위는 인간의 상상을 초월합니다. 보이저 1호는 총알보다 열 배 이상 빠르게 달려 지금은 태양계를 벗어난 우주 공간 인터스텔라 지대를 날아가고 있다고 합니다. 지구의 자전 속도는 시속 1,600km이고 공전 속도는 시속 108,000km입니다. KTX 열차의 최고 속도가 300km이니 지구는 KTX보다 5배 이상 빠르게 자전하고 360배 빠르게 태양 주위를 돌고 있습니다. 싫든 좋든 우리 모두는 우주에서 깨알보다 작은 지구라는 우주선에 올라탄 승무원이자 승객입니다. 태양계는 시속 70만km의 빠르기로 은하계를 여행 중이고 우리 은하는 또 시속 250만km로 움직이고 있답니다. 그런데도 우리는 멀미도 안 합니다.

도서관에 가면 같은 제목의 책을 만날 수 있습니다. 『코스모스』로 유명한 천문학자 '칼 세이건'이 우주선 보이저호가 찍은 지구 사진을 보고 감명을 받아 쓴 책인데, 이 사진의 촬영도 사실은 그의 아이디어였습니다. 앞만 보고 달려가는 보이저호의 카메라를 뒤로 돌리도록 NASA를 설득하여 지구를 촬영하게 한 결과물이며 함께 찍은 지구를 포함한 6개 행성들의 태양계 '가족사진'도 역시 유명하여 인터넷에서 쉽게 찾아볼 수 있습니다.

그는 이 사진에 대해서 다음과 같이 말했습니다.

"현재까지 알려진 바로는 생명을 간직할 수 있는 유일한 장소가 지구입니다. 천문학을 공부하면 겸손해지고 인격이 형성된다고 합니다. 제게 이 사진은 우리가 서로를 더 배려해야 하고, 우리가 아는 유일한 삶의 터전인 저 희미한 푸른 점을 아끼고 보존해야 한다고 가르칩니다."

20세기 최고의 이론물리학자였던 스티븐 호킹 박사는 "고개를 들어 별을 올려다보라, 당신의 발만 보지 말라. 당신이 보는 것을 이해하고 무엇이 우주를 존재하도록 하였는지에 관해 궁금해 하라. 호기심을 가져라.(Look up at the stars and not down at your feet. Try to make sense of what you see, and wonder about what makes the universe exist. Be Curious.)"라고 말했습니다. 지구에서 생명 있는 것 가운데 유일하게 하늘을 볼 줄 아는 인류만이 호기심과 상상력으로 우주의 비밀을 밝혀내고 있습니다.

최근 우주에 대한 관심이 부쩍 많이 늘어났습니다. 덕택에 『인터스텔라』, 『마션』, 『아바타』, 『그래비티』, 『에일리언』, 『프로메테우스』, 『컨택트』, 『콘택트』 같은 우주 SF영화가 잇달아 개봉하였고 흥행에도 성공하였습니다. 이 덕분일까요? 우리 학교 천체 관측 동아리 GM에 많은 학생이 몰려드는 현상도 바로 이런 관심을 반영하는 게 아닐까요? 올 여름방학에도 이 동아리는 지도교사와 함께 별 보기 프로그램을 운영했으며 학교장도 그들과 함께 실습하고 있습니다. 나는 밤이면 하늘과 별을 쳐다보기 좋아해 공기 맑은 밤이면 가슴이 설레고, 달의 변화를 기록한 달력을 습관처럼 들여다보며, 올해 안에 천문 지도사 자격증을 취득하려고 지금 천문 공부를 열심히 하고 있는 수험생이자 사단법인 한국아마추어천문학회 정회원입니다.

　매일 아침 등교 시간에 교문에서 나는 그대를 맞이하고, 또 점심시간에는 식당에서 그대를 본다. 손자를 본 조부모가 한 세대 건너뛴 또 다른 자신의 분신을 보면서 젊은 시절 자신의 자녀를 얻었을 때의 기쁨이나 의무감과는 차원이 다른, 말로 표현할 수 없는 감동을 얻는다는데, 나도 퇴임이 가까워질수록 그대들과 맺은 인연이 얼마나 소중한지 확인하는 기회라서 매일 교문과 식당에서 그대들을 만나면 마냥 즐겁고 행복하고 고맙다. 아침마다 교문에서 일찍 만나는 그대도, 깨워줄 수 있는 보호자가 없어서 늦잠 자느라 지각을 밥 먹듯 하는 그대에게도 점심밥만큼은 꼭 학교에서 먹었으면 하는 바람뿐이라 당연히 지각 단골손님이라도 식당에서 매일 그대를 만나고, 그리고 밥 잘 먹는 모습 보는 것만으로도 내게는 기쁨이라네.

우리 학교는 방학하는 날만 빼고 단 하루도 급식을 멈추지 않는다. 시험 보는 날, 오전 또는 오후에 체험학습을 가는 날도 반드시 밥을 먹여서 보내지. 그게 부모의 마음이기 때문이라네. 심지어는 법정 휴일인 근로자의 날에도, 영양사와 조리 종사원들이 자신들의 권익 확보를 위해 파업을 하던 날에도, 올해도 우리는 쉬지 않고 밥을 만들었다. 그 노고를 그대가 몰라주더라도 좋아. 적선을 받는 사람보다 주는 사람의 마음이 더 흐뭇한 것과 같은 이치니.

정기 고사 시험 끝나는 날에는 해방감 때문에 패스트푸드점이나 중국 요릿집에 갈 요량으로 밥 안 먹고 줄행랑치는 녀석들이 제법 된다. 그래서 일부러 그날만큼은 식사가 모두 끝난 뒤에 담임 선생님이 종례하도록 조치함에도 불구하고 온갖 핑계를 대고 밥을 먹지 않는 학생들이 평균 일백오십 명 정도는 돼. 이번 시험 마지막 날에는 임지현 선생님이 학급 명렬표를 식당 출구에 게시해 놓고 일일이 체크하는 노고를 마다지 않는 모습을 보면서 가슴이 찡했다네. 그날 급식실 식구들이 정성껏 조리했지만 정작 주인을 못 만나서 그냥 버려지는 잔식과 잔반을 보면 정말 속상해. 아무리 좋은 외식을 한들 학교 급식보다 질과 위생이 좋을까? 사실 학교 급식 식재료는 우리가 구할 수 있는 최상의 것들이기 때문에 고작해야 패스트푸드나 정크푸드를 위해서 밥 안 먹고 내빼는 녀석들이 야속하기만 하다. 게다가 밖에 나가서 한 끼를 때우려면 최소한 오천 원은 지출해야 하니 이는 애꿎은 부모님의 지갑을 터는 어리석은 행위야.

4교시 수업 끝종이 울림과 동시에 학생들의 마음은 벌써 식당에 와 있다. 어떤 학급에서는 끝종을 합창으로 카운트하기도 하는데, "쓰리,

투, 원." 제창과 함께 울리는 종소리, 정확한 카운트 소리에 혀를 내두르기도 하지. 고학년부터 학급 순 학년 단위로 식당에 가야 한다는 규칙이 있지만 배고픈 학생들의 마음은 모두가 선두를 향해 질주하고 있다. 줄서기 선두 한들 별다른 실익도 없는데 이미 선두권에서 들어오는 학생마저 단거리 경주하듯 뛰어온다. 선두에 서면 마음이 더 조급해지는지, 바닥이 미끄러워 뛰지 말고 정해진 순번을 잘 지키자고 말하고 아무리 제지해도 매일 똑같은 일이 벌어진다. 바닥에서 먼지가 일어나건 말건 헐레벌떡 달려오며 때로는 밀치고 새치기하면서 기를 쓰고 앞에 서려고 애쓴다. 배식받은 다음에는 친한 친구와 함께 먹어야 하므로 식탁 순서를 무시하고 아무 빈자리에든 일단 앉고 본다. 음식 흘린 자리에 디저트로 나온 음료수 빈 것이나 과일 껍질은 그냥 제자리에 버려두고 일어나기도 하지. 뒤를 이어 자리를 다시 이용할 학생에 대한 배려는 아예 없거나 많이 부족하다. 아니 아예 생각을 하지 않는다.

남은 음식은 잔반대에서 식판을 탕탕 두들겨 비운다. 비우기 전에 잔반을 미리 식판 한군데로 모아오면 더 깔끔하게 비울 수 있겠지만 방법을 몰라서일까, 식판의 남은 음식들은 먹던 그대로고, 눌러 붙은 밥알들이 안 떨어지면 식판을 더 힘껏 내려친다. 카레나 수프가 나온 날에는 눌러 붙은 밥알과 반죽 묻은 잔반을 떨어내려는 금속성이 신경에 거슬린다. 잔반 수납대 벽에 붙은 'Save food, Love Earth' 포스터는 잔반을 남기지 말자고 호소하지만 별 관심이 없기 때문에 포스터에 주목하는 학생은 없다. 잔반 비우느라 식판과 잔반통이 부딪고 수저와 젓가락 집어 던지는 소음에 귀가 아플 지경이다. 소음 공해 80dB, 대도시 큰 도로변 소음 수치이다. 나물류는 어떤 종류가 나오더라도 아예 손을 대지 않고 대부분 버린다. 거의 먹지 않으니 아예 조리하지 않으면 좋겠지만 급식 행위 자체도 소중한 교육 활동이므로 메뉴에 계속 포함할지 여부가 언제나 딜레마다.

식판에 남은 국물이 행여 자신의 옷이나 몸에 튈까 봐 멀찍이 떨어져서 집어 던지듯 내려놓는다. 잘못하면 잔반통으로 수저나 젓가락이 튀어 들어가기도 하고, 그 때문에 음식물이 자신에게 튀기라도 하면 혼비백산한다. 그들이 좋아하는 바나나나 우유, 귤이 나오면 굳이 밖으로 들고 가서 먹은 다음, 계단 모서리, 화단이나 화장실, 운동장에 아무렇게 내던져 버린다. 버려진 바나나 껍질에 주목하지 않고 잘못 밟으면 미끈하여 넘어질 수 있다. 플레인 요구르트는 점성이 높아 앉은 자리에서 수저로 떠먹어야 하는데 굳이 식당 밖으로 들고 나가 용기를 기울여 마시려 애쓰지만 잘 안 되니 대충 먹고 반이나 남은 채로 아무 데나 버린다.

학생들의 고픈 배를 달래주려 두 군데서 열심히 배식하지만 밀리는 대기 줄은 갈수록 길어져서 대기하고, 밥 먹고 잔반 비우는 식판의 금속성 소음과 악쓰는 듯한 말소리가 식당 내부에서 혼합 증폭되면서 소음이 마치 천둥소리 같다.

우리 식당에서는 매일 150㎏ 정도의 음식물 찌꺼기가 나온다. 먹다 남긴 음식은 말할 것도 없고 배식하다 남은 음식(잔식)은 여전히 신선하고 먹음직하여 버리기에는 너무나 아깝다. 하지만 단 한 점 예외 없이 반출 불가이기 때문에 전부 폐기해야 한다. 한국 음식 잔반은 소금기가 많아 퇴비로 재활용할 수도 없어서 매일 잔반 수거업자가 거둬가고, 우리는 그에게 종량제 가격으로 매달 육십만 원 정도의 폐기물 비용을 지불한다.

1학기 급식이 끝나가던 6월 말에 상반기 학교 급식 기호도와 만족도 설문을 했다. 응답자 655명 중 학교 급식에 '보통 이상 만족'이 93.7%, 불만족은 6.3%였다. 각 항목에 비슷한 응답률이 나왔다. 음식 맛에 93.2%(590명), 위생 상태에 93.5%(603명), 조리 종사원들의 친절 태도에 96.9%(634명)가 '보통 이상 만족'으로 응답했다.

맛있다고 생각하는 급식 메뉴는 다음과 같다.

밥류는 목살볶음밥, 치킨마요덮밥, 카레, 나물비빔밥, 추억의도시락, 마파두부덮밥, 김밥볶음밥을, 국류는 미역국, 잔치국수, 갈비탕, 부대찌개, 육개장, 감자탕을, 반찬류에서는 찜닭, 비엔나야채볶음, 스파게티, 콩나물무침, 수제스테이크, 닭다리후라이드, 닭꼬치, 콘치즈오븐구이, 떡갈비, 닭갈비, 미니고구마피자, 불닭, 오징어치즈떡볶음, 두부담은찰도그롤, 햄버거, 베이컨감자채볶음, 건새우볶음, 오삼불고기를, 후식류는 브라우니, 초코우유, 초코케이크를 꼽았다.

반면, 싫어하는 메뉴는 밥류로 콩밥, 완두콩밥, 팥밥을, 국류로 순두부찌개, 육개장, 꽃게탕, 냉이된장국을, 반찬류로 우엉조림, 시금치반찬, 피망볶음, 진미채볶음, 생선류, 버섯, 호박, 오이, 미역줄기, 연근, 깻잎나물, 고구마맛탕, 순대볶음, 과일샐러드를, 후식류로 흰우유, 토마토를 꼽았는데 청소년들의 입맛이 기성세대와 많이 다르다는 점을 알게 했다. 이러한 결과는 영양사와 어머니들, 그리고 영양학자들이 이 문제의 개선에 참고할 만하다고 생각한다.

급식이 시작되고 학교 점심밥을 먹게 된 이래, 아름다운 지구 우주선의 승무원이자 승객으로서 나 자신에게 지켜온 철칙이 있다. 단 한 숟

가락의 잔반도 만들지 않는다는 것이다. 이 원칙을 지키기 위해서는 자율배식대에서 음식을 정확하게 담는 것이 중요하고 특히 맛있는 음식이 나왔을 때 절제할 수 있어야 한다. 그래서 배부르게 먹겠다는 생각을 하지 않도록 주의한다. 밥상에서 포만감과 만족을 추구하면 그날은 실패다. 그것이 85%의 법칙이다. 먹고 싶은 욕심, 즉 식욕 기대치와 포만감의 85%만큼만 음식 그릇에 담는다.

만화 영화 『은하철도 999』를 아는가? 기계 인간이 되려는 '철이'와 신비로운 여인 '메텔'이 기계 몸을 받으러 안드로메다 은하에 가려고 우주공간을 달리는 내용인데, 거기에 나오는'철이'처럼 오늘 이 자리의 주인공은 바로 그대다. 그대의 집에서는 아끼는 온갖 자원과 시설과 음식물을 학교에서는 내 것이 아니라고 함부로 낭비하고 망가뜨리고 오염시키는가? 학교가 학생의 것이라지만 사실은 온 국민의 공유재산이다. 국민인 그대와 우리 모두의 것, 학교의 온갖 것이 망가지면 그대의 부모가 납부하는 세금으로 고치고 다시 사야 한다.

그대는 지구라는 우주선에 탑승한 승무원이자 승객. 음식 찌꺼기를 마구 만들어내고 버리고 자원을 낭비하면서 우주에서 깨알보다 더 작은 창백한 푸른 점에 불과한 아름다운 지구를 오염시키고 있다. 그대는 도끼로 자기 발등 찍는 어리석은 존재가 아닌가? 우주에서 유일한 푸른 별 지구는 너무나 작아 우리가 아끼지 않으면 안 될 소중한 존재다.

최근 남극 빙산에서 경기도 면적의 절반 크기에 해당하는 거대한 얼음덩어리가 떨어져 나왔다는 소식은 과학자뿐만 아니라 세상 사람들의 가슴을 철렁하게 한다. 1조 톤이나 되는 이 얼음덩어리가 떠다니다 녹으면 해수면이 상승할 것이고, 남태평양의 작은 섬나라 바누아트는 해수면 상승으로 나라 전체가 침몰 위기에 처했다 한다. 엎친 데 덮친 격으로 이 빙산이 머잖은 장래에 세상 사람들에게 크게 좋지 않은 영향을 미치게 될 것임을 누구나 쉽게 미루어 짐작할 수 있다. 걱정이다. 태평양 어느 바다쯤에는 제주도보다도 더 큰 쓰레기 섬이 떠다닌다는 소문이 들려오는데 지구의 종말 예보가 울리는 것 같은 느낌이다.

인간이 함부로 쓰고 버리는 비닐과 플라스틱과 미세플라스틱의 저주를 아는가? 죽은 고래의 뱃속을 들여다봤더니 플라스틱이 가득 차 있었고, 상어와 거북과 수많은 물속 생물들이 비닐을 삼켜서 마구 죽어가고 있다는 소식을 들었을 것이다. 가마우지 배에서는 플라스틱병이 발견된다. 큰 플라스틱이 바다에서 잘게 부서져 현미경으로나 보이는 나노 마이크로미터(㎛) 크기의 미세플라스틱으로 변해 해산물과 함께 식탁에 올라 인간의 목숨을 위태롭게 한다. 굴이나 홍합, 생선을 통해 섭취하는 미세플라스틱은 세포 밖으로 잘 나가지 않는다는 특징이 있다. 인간 진화 역사에서 처음으로 마주친 낯선 물질이기 때문에 극히 위험하다. 먹잇감을 쫓는 물고기는 플라스틱, 미세플라스틱 가리지 않고 배 안에 채워 넣고, 인간은 그 생선 요리를 통해 미세플라스틱을 섭취하는 것이다. 실제로 이미 우리가 매일 천 개 이상 미세플라스틱을 섭취하고 있다는 연구 보고도 있다. 그 위험성은 상상을 초월할 만큼 심각하여 빨리 해결하지 않으면 다음 세대들에서 어떤 무서운 질병으로 나타나 인류의 멸종을 위협하게 될지 모른다. 지금 당장 시장바구니를 들어라. 테이크아웃 커피 잔이 아닌 텀블러를 지참하라. 비닐봉지는 무조건 사양하라.

지구에 왔다가 떠날 우리 모두가 자원을 아껴서 후손들과 가난한 나라 사람들에게도 나누어 줄 줄 아는 현명한 사람이 되기 바란다. 우리 모두는 일회용인 존재가 아니며, 태양계는 물론 우주에서 거의 유일하게 생명체를 품은 지구라는 아름다운 우주선에 동승한 승무원이자 승객이기 때문에.

날이 갈수록 심각해지는 물난리와 극심한 가뭄, 초무더위와 혹한 등 극단적인 이상 기후가 가져오는 불면의 밤이 인류에게 위기 신호를 강력히 보내고 있다. 시간이 많이 남지 않은 듯하다. 부디 나라와 인종과 사는 곳을 가리지 말고 지구가 보내고 있는 위기의 신호를 외면하지 말기를.

●

# 이벤트 있는
# 인생은 아름다워

새내기 국어 교사로 갓 발령받았을 때 특히 의욕이 넘쳤습니다. 경험이 부족해 좌충우돌하면서 열정만으로 중학생을 가르치던 시절, 교사에게는 의외로 재량이 많고 학생들에게 끼치는 영향력이 절대적이라는 것을 피부로 느끼면서 학생들에게 자기표현 능력을 길러주고 싶은 욕심에 일기 쓰기, 편지 쓰기, 시 쓰기를 아무 대가도 바라지 않고 아주 열심히 지도했습니다. 요새는 개인정보와 인권 보호 차원에서 지도할 수 없는 영역이 되었지만 그때는 가능했습니다. 일기 써야 할 이유를 가르치고, 사물을 관찰하고 느낀 것, 일상의 경험을 정리하여 쓴 글을 첨삭지도하고, 글과 시를 모아 느닷없는 시화전을 개최하고 문집도 만들어보았습니다.

글로 자신을 표현하는 일에 학생들은 의외로 힘들어했습니다. 그들의 일기에는 똑같은 일상의 기록이 반복됩니다. 아침에 일어나 세수하고, 밥 먹고, 학교에 가서 공부하고, 친구들하고 어울리다가 하교하여 집에 오고, 또 저녁 먹고 텔레비전 시청하다가 잤다고 약속이나 한 듯 천편일률이었는데 그나마 그것을 담아내는 것에도 너무나 고통스러워했습니다.

왜일까요? 바로 사소한 일상마다에 의미를 부여할 줄 모르기 때문에 일상이 다람쥐 쳇바퀴 돌 듯 보였기 때문입니다. 물론, 지금도 다수의 학생들에게도 공통적으로 해당하는 이야기입니다.

"얘들아, 너희들 일기는 왜 똑같지?"

"그거야, 매일 똑같은 생활이 반복되기 때문이지요."

"너희들 모두는 키랑 몸무게랑 얼굴도 똑같고, 부모도 같고, 똑같은 음식을 먹고 생각도 똑같이 한단 말이야?"

당연히 아니라고 합니다.

"오늘과 어제 아침에 올라온 밥상의 음식이 다 다르듯, 밥맛도 날마다 다르잖아. 어제는 맛있었는데 오늘은 입이 깔깔해서 먹는 둥 마는 둥 하지는 않았니? 어제 눈 똥과 오늘 눈 것은 다르고, 변비라도 걸려 며칠 끙끙대다가 오늘 시원하게 볼 일을 잘 봤다면 오늘은 특별하고 의미 있는 날이 되겠지. 어제와 오늘은 결코 똑같은 날이 아니란다. 그날의 일과를 가만 생각해 보자. 그리고 아무리 사소한 일이라도 특별한 의미를 부여해서 다시 생각해 봐. 매년 2월 14일이 되면 왜 모두 정체불명의 기념일이라고 안달하는 거지? 아침에 일어나서부터 잠자리에 들 때까지 수많은 일이 일어나잖아. 일주일 만에 처음으로 시원하게 볼일을 봤다면, 오늘 좋아하는 옆반의 그 학생을 본 순간 가슴이 쿵쾅거리고 종소리가 귀청을 때렸다면 아주 특별한 것이고, 그 이야기 하나로 너희의 일기는 가득 차게 될 거야."

일상에 의미를 부여할 줄 알게 되면서 학생들의 일기 쓰는 능력, 사물을 관찰하여 글로 옮겨 쓰는 능력이 쭈욱 쭉 늘어났습니다.

지난주에 학생회장단 선거가 있었습니다. 학생자치회 선거는 연례행사로서 규모는 작지만 학교 밖 어른들 선거와 똑같은 형식과 절차를 거칩니다. 학생들은 자신의 대표를 뽑는 체험을 하고, 장차 어른이 되어 민주주의를 실천할 경험을 미리 해보는 기회거든요. 그래서 어른들의 선거만큼 소중한 기회와 가치를 보장해 주느라 지역의 선거관리위원회에서도 관심을 갖고 투표 장비를 빌려주고 투표 방법을 안내하는 등 지원을 아끼지 않습니다. 몇 년 지나지 않아서 소중한 투표권을 행사하는 주권자가 될 것이기 때문입니다.

　직접선거로 1인 1표의 무기명 비밀투표, 인터넷 전자 투표의 원칙 아래 현임 학생회 임원 9명으로 선거관리위원회가 꾸려지면서 선거가 시작되었습니다. 선거권자는 선거일 현재 본교 재학생이라야 하며, 입후보 자격은 학칙 제5장 학생회 선거관리 규정에 명시된 정·부회장 자격을 가져야 합니다. 선거운동 기간은 11월 20일부터 일주일이라고 선출 공고가 나갔습니다. 또, 품행이 단정하며 생활 태도가 다른 학생의 모범이 되고, 재학 중 징계를 받은 사실이 없고 재학생들의 추천도 받아야 합니다.

　회장 후보 4명, 부회장 후보 2명이 입후보했습니다. 투표자 명부 작성부터 시작된 선거 일정은 선거관리위원회에서 학급 대의원의 협조를 받아 선거인명부를 작성하고 선거 운동과 유세 절차를 거친 뒤 투표 날 각 교실에서 전자 투표와 개표로 이루어졌습니다. 개표는 마감 직후 인터넷 집계 방식을 이용하기 때문에 투표 종료와 동시에 금세 결과를 알 수 있습니다. 짧은 선거 운동 기간에 교내 여기저기서 입후보자별 개성 있고 특색 있는 선거 운동이 벌어졌고 게시판에는 기발한 아이디어와 공약이 나붙었습니다.

이번 행사는 학생대표를 뽑는 민주적 선출 절차를 거치면서 학생들이 민주주의를 배우고 경험하는 소중한 경험이었습니다. 국가와 조직의 운영을 위해서 반드시 공정한 선출 방식으로 대표를 뽑고, 뽑힌 자에게 권력과 책임을 맡기는 것은 민주공화국 체제를 갖춘 현대 모든 국가의 운영 방식입니다. 그래서 선거를 민주주의의 꽃이라고 하지요. 민주주의는 주권자의 선거를 통해서 대의민주주의로 실현됩니다. 주권자들이 선거 때만큼은 주권자 대접을 제대로 받는다고 하면서 흐뭇해합니다. 선거 날이 임시공휴일로 지정되고, 선거를 위해서 국가가 막대한 비용을 지불하는 것도 선거가 민주주의의 꽃이기 때문이며, 선거는 그 나라 최대의 이벤트입니다.

사람이 살다 보면 일상의 오늘이 어제 같고 그날이 그날 같다는 생각을 하게 됩니다. 그래서 하루하루가 똑같아 나날이 지루하다고 생각되면 요리사가 음식 만들 때 조미료를 넣듯 이벤트가 필요합니다.

이벤트가 무언지 잘 모른다고요?

'이벤트(event)'란 '불특정한 사람들을 모아 놓고 개최하는 잔치. 특히 중요한 사건이나 행사, 여러 경기로 구성된 스포츠 경기에서 각각의 경기를 이르는 말'이며, 우리말로 옮기면 '기획 행사'라고 할 수 있겠습니다. 마트와 백화점에서 철 따라 하는 할인행사처럼.

길 가다 보면 신장개업한 가게 앞에 키 큰 공기 인형이 양손을 허우적거리면서 너풀거리고, 짧고 건강해 보이는 복장의 젊은 아가씨 한두 명이 신나게 춤추는 모습을 흔히 만나게 됩니다. 개업을 널리 알리고 손님을 끌어들이려는 홍보 전략이지요. 소위 이벤트를 한다고 말합니다. 젊은 아가씨들이 땀 뻘뻘 흘리면서 자신의 일에 최선을 다하는 모습을 보노라면 젊어서 아름다운 게 아니라 땀 흘리기 때문에 인생이 아름답다는 생각이 듭니다. 그리고 이벤트가 있는 인생은 더 아름답습니다. 세상에 가장 흔하고 그래서 아름다운 생일 축하, 결혼기념일, 그리고 연인들의 빼빼로데이처럼 그날을 기다리는 사람들에게 아드레날린을 분출하는 원동력이 바로 이벤트입니다.

『인생은 아름다워』라는 영화가 있습니다.

파시즘이 맹위를 떨치던 1930년대 후반기 이탈리아, 주인공 귀도(Guido)는 운명처럼 초등학교 교사인 도라(Dora)를 만납니다. 그 만남을 운명이라고 생각한 그는 그녀의 마음을 이내 사로잡고, 도라는 귀도의 순수하고 맑은 인생관과 꾸밈없는 유머에 반해 결혼합니다. 그리고 아들 조슈아가 태어납니다. 그런데 이내 불행이 닥쳐옵니다. 나치 독일의 유태인 말살 정책에 따라 유태인인 그와 아들은 수용소에 끌려갑니다. 수용소에 도착한 순간부터 그는 아들에게 자신들이 처한 현실이 사실은 신나는 이벤트, 놀이이자 게임이라고 속입니다. 자신들이 특별히 선발된 사람이라며 천 점을 제일 먼저 따는 사람이 일등상으로 진짜 탱크를 받게 된다고 둘러댑니다. 장난감 탱크를 좋아하는 조슈아는 아빠의 이야기를 사실로 믿게 되고 두 사람은 아슬아슬한 위기를 셀 수도 없이 넘기며 끝까지 살아남습니다.

마침내 독일이 패망하게 되면서 혼란의 와중에 그는 독일군에게 처형되는데 독일군에게 끌려가는 와중에도 아들을 향해 '이벤트'인 척 유쾌한 몸짓을 하며 담장 쪽으로 걸어서 시야에서 사라집니다. 잠시 후 총성이 울립니다.

부성애가 보는 이의 가슴을 찡하게 울린 영화입니다. 그런데 영화가 슬프지 않은 것은 주인공의 낙천적이고 유쾌한 삶의 태도 덕분이고, 어려운 상황에서도 아버지가 아들을 위해 매일 벌이는 재미있는 이벤트 덕택입니다.

어제오늘이 똑같은 나날이라 심드렁하다는 생각이 든다면 작은 일상에 의미를 부여하는 이벤트를 매일 해보십시오. 저절로 행복해집니다. 물병에 절반 남은 물을 보면서 아직도 절반이나 남았다고 감격해 하면 행복합니다. 12월 1일 첫눈이 내렸습니다. 첫눈이 내려서 행복했고, 다음날은 눈싸움할 수 있어서 행복했고, 길에서 사 먹은 호떡이 추위 덕택에 특별히 맛있어서 행복했습니다.

연말이 가까운 12월에는 이벤트할 수 있는 기회가 많습니다. 날마다 한 번씩 부모님께 "감사합니다"라고 밝고 활기찬 목소리로 여러분의 마음을 표현해 보세요. 평소에 속 썩이는 아들딸, 마음 몰라주는 제자에게는 매일 "사랑한다"고 직접 말로 자신의 마음을 표현해 보세요. 카톡으로 "우리 아들, 우리 딸, 우리 예쁜이, 엄마 아빠가 너무너무 사랑해" 문자 보내보세요. 미운 짓만 하는 옆 사람에게 "고마워" 소리 내어 말해 보세요. 내 부모님에게, 자녀에게, 제자에게, 옆 사람에게, 남편에게, 아내에게 사랑한다는 말을 평소에, 그리고 평생에 몇 번이나 해 보셨나요? 쑥스러워서 못한다고요? 한 번도 안 해 보았기 때문에 쑥스러운 겁니다. 한 번 해 보면 두 번째부터는 자연스러워집니다. 이벤트는 상대방을 즐겁고 행복하고 감격스럽게 하지만, 사실은 나 자신이 행복해집니다. 이벤트도 매일 하면 생활이니까 매일이 이벤트라면 결코 남과 똑같은 일기는 쓰지 않겠지요? 이벤트 있는 인생은 아름답습니다.

●
# 그 해 여름,
# 세이렌을 보았다

 몇 년 전 여름방학 때 일입니다. 대구에서 연수받으며 며칠간 모 호텔에 묵고 있었는데 일과가 끝난 늦은 밤 호텔 로비를 서성이다가 멀리서 들려오는 여가수의 노랫소리에 귀를 빼앗겼습니다. 그리고 이내 블랙홀에 빠져들듯 나도 모르게 카페에 빨려 들어갔습니다. 처음에 노랫소리는 작게 들렸지만 귀를 세우자 점점 커졌고, 이내 소름 끼치는 감동으로 내 귀를 채웠습니다. 초점 맞춘 부분만 선명해지는 아웃포커스 렌즈처럼 오로지 가수의 호소력 강한 노랫소리에 홀려서 '호메로스'의 '오딧세이아'에 등장하는 괴물 세이렌(Seiren, 그리스 신화의 바위 위에서 아름다운 노랫소리로 뱃사람들을 유혹하여 배를 난파시킨다는 절반은 새, 절반은 사람인 마녀)의 노랫소리처럼 다음날도 그 다음날도 내 발길은 카페에 닿았습니다. 유난히 호소력 있는 독특한 목소리가 나를 끌어당겼던 것입니다.

 우리는 지금 남과 구별되는 개성과 능력을 요구하고 창의력이 강조되는 시대를 살고 있습니다. 창의력(創意力)을 국어사전은 '새로운 것을 생각해 내는 능력'이라 하고, 교육심리학에서는 '새롭고 독창적이고 유용한 것을 만들어 내는 능력, 또는 전통적 사고방식을 벗어나서 새로운 관계를 창출 하거나 비일상적인 아이디어를 산출하는 능력'이라고 풀이합니다.

창의력이란 상상력의 소산이며 상상력의 또 다른 이름입니다. 남의 것, 이미 존재하는 것을 흉내 내면 창의적이지 않다고 합니다. 당연한 말입니다. 그래서일까요? 세상은 1등만 기억하는 더러운 곳이라고 외치던 어느 개그맨의 입담처럼 전인미답의 새 경지를 만들어내면 이름과 명예와 돈도 얻을 뿐 아니라 두고두고 세상이 기억해 주게 마련입니다.

1969년, 인류 역사상 최초로 달 표면에 발을 내디뎠던 닐 암스트롱에 열 광하고 세계가 기억해 주지만 같은 우주선을 타고 가서 두 번째로 달 표 면을 밟은 버즈 올드린은 존재감 자체가 많이 떨어집니다. 2018년 작년부 터 세계 최초 기록을 놓고 벌어진 접는 스마트폰의 출시 경쟁 또한 같은 차원에서 이해할 수 있습니다.

한국 최초이자 세계 최초인 금속활자본 직지심경은 우리 민족과 세계의 자랑입니다. 감히 누구도 부정할 수 없는 존재감을 가진 세계 유일무이한 문자 체계 한글의 존재는 어떻습니까? 세종대왕상(King Sejong Prize, 世宗 大王賞)을 아십니까? 유엔교육과학문화기구(유네스코)에서 제정하여 1990 년부터 매년 9월 8일에 문맹 퇴치에 기여한 전 세계의 개인이나 단체를 표 창하는 상의 이름입니다. 철갑으로 무장한 세계 최초의 철갑선 거북선은 또 어떻습니까? 우리 민족의 혈통에 놀라운 창의력과 상상력이 전해오고 있음을 확인할 수 있습니다. 종이와 화약의 발명, 한글 창제, 모나리자의 미소, 베토벤의 운명 교향곡은 인류의 문명과 운명을 뒤바꿔온 창의력의 결정판들입니다.

　　요즘 같은 인공지능 시대에는 1명의 창의력이 5만 명을 먹여 살린다는 말이 미래가 아닌 현재진행형이듯 세상을 깜짝 놀라게 하고 있습니다. 세계를 지배하고 있는 창의력의 현재 결정판은 뭐니 뭐니 해도 아이폰을 비롯한 애플사의 디지털 상품이 아닐까요? 그것들을 사용해 본 사람들은 직관성, 편의성에 이내 감동하고 중독되어 오랫동안 배신하지 않는 충성 고객이 됩니다. 나라를 가리지 않는 전 세계의 충성 고객들로 인해 그 기기들은 값이 아주 비싸지만 잘 팔리고 중고 가격도 아주 높은 명품이 되었으며, 덕택에 그 회사는 세계 1위의 자산 가치를 쌓아올린 기업이 되었습니다. 지금 스티브 잡스의 놀라운 창의력으로 만들어진 애플 제품이 세계를 지배하고 있으며 지금도 많은 사람이 아이폰 신제품이 등장하면 날밤을 새우면서 구매합니다. 그는 공장 없이도 세상을 지배하고 있습니다. 제조는 중국의 하청 기업이 맡고 있으며 핵심 부품은 한국에서 아웃소싱합니다.

　　하지만 천지 창조처럼 어제까지는 세상에 존재하지도 않더니 어느 날 갑자기 하늘에서 뚝 떨어진 완전히 새로운 것들이 세상에 또 얼마나 있을까요? 아이폰이 반도체와 LCD를 만들어내는 한국의 기술 없이 탄생할 수 있었을까요? 아닙니다. 인류 문명은 앞서 산 사람들의 상상력과 경험을 딛고 발전하여 온 것입니다.

　　창의력이라면 나는 스티브 잡스보다 소설 『개미』로 유명한 프랑스 작가 '베르나르 베르베르'에게 점수를 더 주고 싶습니다. 그는 우리에게 낯익은 인물입니다. 베르나르 본인도 우리를 잘 압니다. 애초에 그는 프랑스보다 한국에서 더 유명한 작가로 불려 왔으며, 그의 소설책에는 한국 출신 아이나 백제 이야기, 북한 출신 조연급 인물도 등장합니다. 2008년 4월에 자신의 영화 시사회 겸 사인회를 한국에서 가졌고, 다음 해에는 '창의력과 글쓰기'라는 주제의 강연회를 국내에서 열었으며, 그다음 해에는 2010 서울 국제도서전을 기념하여 일부러 방한하기도 했습니다. 그의 작품들은 하나같이 기묘하고 기발한 아이디어로 독자를 유혹하는데 그 아이디어의 원천은 기발한 지식과 잠언들, 일화와 단상 383편을 담은 책 『상상력사전』이라고 합니다. 이 책은 그가 열네 살부터 30년 이상 기록해 온 노트인데 그의 창의력과 상상력의 화수분인 셈이고, 세상의 지식이 오랜 시간에 걸쳐 모이고 잘 숙성되면 인간의 상상력을 증폭시켜주는 장치가 된다는 증거라고 생각합니다.

전문가들은 미래사회의 변화가 빛의 속도로 다가오고 있다고 말합니다. 현재 컴퓨터의 능력이 쥐의 지능 수준이라면, 2016년에 벌어진 이세돌과 인공지능 알파고의 대결 이후 2025년에는 인간의 지능을 따라잡을 것이고, 2050년경에는 지구촌 인구 93억 명의 지능을 합친 것보다 컴퓨터 한 대의 능력이 더 높은 시대가 될 것이라고 합니다. 따라서 기하급수적으로 늘어나는 컴퓨터 지능과 인간의 지능이 결합하여 예측 불가능하게 도래할 미래에 대비하는 자(교육)만이 살아남을 것이라고 예언합니다. 오늘날 우리 교육의 패러다임이 과거 개개인의 학력 증진 중심에서 창의력과 상상력을 자극하고 계발하는 노력으로 옮겨간 이유입니다. 그래서 창의력의 상징 스티브 잡스도, 베르나르도, 그리고 대구의 여가수도 나에게는 세이렌입니다. 블랙홀처럼 사람을 꼼짝 못 하게 끌어당기는….

다음은 머지않은 장래에 로봇과 인공지능에게 자리를 빼앗길 직업군입니다. 참고하시고 미래를 대비하십시오. 나이 든 어른들에게는 너무 늦었을지도 모릅니다. 하지만 청년과 청소년, 학생들에게는 시급하게 당면한 과제들입니다. 장차의 먼 미래 일이겠거니 하고 방심했다간 낭패 볼 수 있습니다. 그 일자리가 하나도 남아있지 않을 테니까요. 약사, 변호사, 운전기사, 은행원, 우주비행사, 판매점원, 군인, 보모, 재해재난구조원, 스포츠기자, 리포터, 주차관리원 같은 직업이 바로 그것들입니다. 머지않아 그리고 이미 인공지능과 자율주행 로봇, 원격으로 세상의 많은 업무가 진행되고 있거나 로봇이 사람 대신 온갖 임무를 수행하게 될 것입니다.

하지만 인체장기취급전문가, 자동시스템모니터전문가, 죽음설계사, 탄소배출전문가, 구름사용조절가, 수소연료매니저, 우라늄재생전문가, 기계엔지니어, 신소재컨설턴트, 가상현실전문가, 로봇관리엔지니어 등은 현재는 낯선 것들이지만 가까운 장래와 미래에 뜰 직업군입니다. 따라서 학생들은 새롭게 생기는 직업군 대부분이 인공지능 소프트웨어와 코딩과 깊은 연관을 갖고 있음을 명심하고 평소 컴퓨터적 사고력(CT: Computational Thinking)을 키우는데 게으르지 말아야 할 것입니다.

블랙홀과 시간의 비밀을 밝혀낸 유명한 이론물리학자 스티븐 호킹은 젊은이들에게 '호기심'을 키우라고 당부했습니다.

"Be curious!"

넘치는 호기심과 끊이지 않는 상상력만이 젊은 여러분의 미래입니다.

●

# 가을, 겨울
# 그리고 또 봄

네 계절이 분명한 우리의 '사계'(四季)를 생각해 봅니다. '사계'는 전통적인 계절 변화를 가리키는 단어죠. 우리가 사는 온대 지방에는 네 계절이 분명히 있지만 열대, 아열대 지방에서는 강수량의 변화에 따라 우기(또는 몬순)와 건기의 둘로 나뉘고 한대 지방에서는 낮과 밤의 길이에 따라 백야와 극야로 나뉘는데, 재밌는 게 이처럼 계절은 지리적 위치와 문화사적 역사에 따라 여러 가지로 분류되어 왔고 그 영향 아래 사는 인류의 삶도 그만큼 다채로운 빛깔로 계승되어 왔다는 점입니다.

고대 이집트에서는 계절을 홍수철, 경작철, 수확철의 셋으로 나누었고, 오스트레일리아 원주민들은 여섯 계절로, 스칸디나비아의 어떤 민족은 계절을 여덟으로 보았다고 합니다. 이는 마치 민족에 따라 무지개를 셋, 다섯, 일곱, 열둘, 스물네 빛깔로 달리 구분하는 습속과도 같아서 흥미롭습니다.

계절의 변화는 인류의 삶에 막대한 영향을 끼칩니다. 특히 농업은 계절의 순환과 밀접하게 연결되어 있습니다. 농부들은 일하면서 계절이 담긴 노동요를 불렀고, 항해하는 선원들, 고기잡이하는 어부들의 삶도 역시 마찬가지라 우리 조상들은 '농가월령가', '어부사시가'를 지어 불렀습니다. 이처럼 계절은 음악, 문학, 미술, 연극 등 예술에 녹아 담기면서 다양한 문화로 전승되었는데 그 가운데 쉽게 떠오르는 몇 가지를 생각해 봅니다.

네 계절의 특징을 잘 살린 음악으로는 제일 먼저 이탈리아 작곡가 비발디가 떠오릅니다. 그의 바이올린 협주곡 '사계(四季)'는 1725년에 작곡되었고, 세계인에게 가장 사랑받는 바로크 음악입니다.

이 곡에는 봄, 여름, 가을, 겨울의 사계라는 제목이 붙었는데 계절별 특징을 잘 묘사하고 있습니다. 봄은 생명이 살아나는 밝은 기운이, 여름은 생동하는 젊음과 천둥 번개가, 가을은 수확의 풍성함과 유쾌함이, 겨울은 어둡고 우울한 정서적 이미지로 연결됩니다.

유명한 오스트리아 출신 작곡가 하이든이 작곡한 '사계(Die Jahreszeiten)' 도 네 계절을 담았습니다. 1801년에 완성되었고 곡 전체가 봄, 여름, 가을, 겨울로 나뉘어서 계절에 따른 전원의 목가적인 정경을 독창, 합창, 관현악을 담아서 만든 4부 구성의 오라토리오입니다. 오라토리오는 종교적 음악의 한 장르입니다.

'호두까기 인형' 발레곡과 '비창' 교향곡으로 친근한 러시아 작곡가 차이코프스키의 피아노 곡 '사계'는 12곡으로 구성되어 러시아의 네 계절을 느낄 수 있는 지극히 서정적인 피아노곡입니다. 특히 6번은 김연아 피겨스케이팅 반주곡으로 사용되어 여러분 귀에도 낯설지 않을 것입니다. 각각 어떤 계절을 어떻게 담고 있는지 알아볼까요?

1월은 난로가 있는 안락한 실내 분위기를 연상하게 하는 잔잔한 선율입니다. 2월은 러시아 춤곡 리듬으로 즐거운 사육제의 분위기를 표현합니다. 3월은 종달새를 묘사합니다. 4월은 봄을 기다리는 따스함이 넘쳐흐릅니다. 5월은 백야 현상을 아르페지오로 묘사합니다. 6월은 뱃노래로 우리에게도 친근한 곡입니다. 7월은 한여름에 풀 깎는 사람을 그립니다. 8월은 수확하는 농부의 모습을 묘사합니다. 9번 사냥은 셋잇단음표로 표현된 곡입니다, 10월 가을의 정경은 애잔하고 서정적인 선율이 노래하듯 흐릅니다. 11월은 겨울 눈썰매가 홀로 달리는 모습을, 뒤로 가면서 흥겨운 종소리를 묘사합니다. 12월은 왈츠로 크리스마스 밤에 춤추는 정경입니다.

우리나라 민중가요 '사계'도 빼놓을 수 없습니다. 80년대에서 90년대까지 활동한 민중가요 노래패 '노래를 찾는 사람들'이 부르고 그룹 거북이가 리메이크하기도 했습니다. 가사는 70, 80년대 산업화 시대 봉제 공장 여성 노동자들의 팍팍한 삶을 비판적으로 담고 있습니다.


빨간 꽃 노란 꽃 꽃밭 가득 피어도
하얀 나비 꽃나비 담장 위에 날아도
따스한 봄바람이 불고 또 불어도
미싱은 잘도 도네 돌아가네


흰 구름 솜구름 탐스러운 애기 구름
짧은 샤쓰 짧은 치마 뜨거운 여름
소금 땀 비지땀 흐르고 또 흘러도
미싱은 잘도 도네 돌아가네

저 하늘엔 별들이 밤새 빛나고
찬바람 소슬바람 산 너머 부는 바람
간밤에 편지 한 장 적어 실어 보내고
낙엽은 떨어지고 쌓이고 또 쌓여도
미싱은 잘도 도네 돌아가네

흰 눈이 온 세상에 소복소복 쌓이면
하얀 공장 하얀 불빛 새하얀 얼굴들
우리네 청춘이 저물고 저물도록
미싱은 잘도 도네 돌아가네

빨간 꽃 노란 꽃 꽃밭 가득피어도
하얀 나비 꽃나비 담장 위에 날아도
따스한 봄바람이 불고 또 불어도
미싱은 잘도 도네 돌아가네


가을이 무르익어 갑니다. 단풍 소식이 한창이죠? 역시 이 계절에는 설악산과 내장산의 단풍 소식이 가슴 설레게 합니다만 그보다는 덜 알려진 주왕산과 적상산의 가을 풍경이나 남한산성의 경치도 가을철 명소 어느 곳에 뒤지지 않는 빼어난 아름다움으로 유명합니다.

여름철이 지나기까지는 사람들이 세월의 빠르기를 잘 느끼지 못하지만 어느 날 갑자기 하늘이 높아지고 찬바람 불기 시작하면 별안간 마음이 조급해지고 시간도 갑자기 빨라지는 듯한데, 이는 어느새 한 해가 훌쩍 넘어

기울어간다는 심리적 기제가 작동하는 탓입니다.

작년, 재작년, 또 그 전년에도 그랬던 것처럼 학교 정원의 과일나무들이 열매를 풍성하게 맺었습니다. 모과나무 셋, 대추나무 하나, 그리고 대봉감과 단감나무 여러 그루에도. 개교하고 터 잡은 자리에서 15년 동안 부지런히 성장해 고맙게도 해마다 이 계절이면 어김없이 열매 맺어 아무 대가도 없이 선물해 왔습니다.

지난주에 행정실에서 잘 익은 학교 감을 따는 수고를 마다치 않은 덕택에 풍성하게 거둬들인 감 상자를 보기만 해도 흐뭇했습니다. 튼실한 열매를 선물로 준 나무와 하늘에 감사하는 마음이 저절로 일어납니다. 그래서 이 고마운 마음을 모아 작년에도 그랬던 것처럼 제일 잘 익은 대봉감만 추려 지역 노인센터와 중증 장애인 수용 시설, 그리고 이웃한 경찰 지구대에 한 상자씩 위문품으로 보냈습니다.

어떤 험한 이야기라도 마음이 동요하지 않고 들을 수 있다는 나이 이순(耳順)을 넘기고 보니 네 계절을 품고 순환해 온 한 해가 갈수록 빨라지는 느낌이지만, 그래도 순환하는 이치의 위대함에 감사하고 자연의 섭리를 이해할 수 있는 듯해서 떠나보내는 대봉감 선물 상자를 보며 새삼스레 겸손의 가치를 생각해 봅니다. 또 해가 갈수록 좋은 계절에는 미세먼지가 창궐하고 여름철 혹서와 겨울철 혹한의 정도가 극심해지면서 삶의 조건이 나빠지고 있는 우리네 현실 때문에 현대인의 삶은 덩달아 고단해지지만 그래도 그동안 쌓아온 인류의 지혜가 잘 발휘된다면 이런 기후 문제도 차차 잘 극복해내리라 낙관해 봅니다.

올해 상반기에는 극심한 가뭄이, 여름철에는 무더위가 우리 삶을 고단하게 했습니다. 하지만 뚜렷이 구분되는 네 계절이 우리에게는 큰 재산이기도 합니다. 여름철이면 빙과와 음료 장사, 피서 업종으로 생계를 유지하는 사람들이 있고, 겨울철이면 추위가 또 다른 사람들의 생계를 도와주니 더위도, 추위도 우리네 삶은 다양하게 이어질 수 있는 것입니다.

괴짜 감독 김기덕이 아름다운 계절을 담은 화면 속에 인생을 담아낸 영화가 있습니다. 영화『봄 여름 가을 겨울 그리고 봄』에는 천진난만한 동자승의 소년기, 청년기를 거쳐 장년에 이르는 파란 많은 인생사가 신비한 호수에 뜬 암자를 둘러싸고 아름다운 네 계절 속에 담겨있습니다. 실제로 이 영화의 배경은 가을 단풍이 절경인 청송 주왕산이 품고 있는 호수입니다.

가을은 풍성한 수확의 계절입니다. 행복배움학교로서 배움에 행복을 더하기 위해 많은 노력을 한 우리는 지금 많은 수확을 거둬들이고 있습니다. 1학년은 자유학기제의 시작과 함께 놀라운 체험을 하고 있습니다. 동아리 활동, 체험 활동, 진로 활동 등 저마다 자신의 미래를 탐색하고 설계하는 프로그램에 참여하여 알차고 즐거운 시간을 보내고 있습니다.

어제는 1, 2학년 학생들에게 특별한 체험학습 날이었습니다. 2학년은 종일 우리 고장 인천의 대표 문화 상품이자 자랑거리이기도 한 차이나타운 일대의 중국 문화 유적지와 송월동 동화마을, 화교학교 일대의 삼국지 벽화 답사를 했습니다. 물론, 탐방 뒤 차이나타운의 짜장면 박물관 견학과 짜장면 발상지로 알려진 '공화춘'에서 먹는 향토 짜장면은 누구도 거역할 수 없는 유혹입니다.

오후에는 동인천 학생교육문화회관에서 국민 뮤지컬로 알려질 만큼 유명한『사랑은 비를 타고』공연을 감상했습니다.

그 전날에는 인천 혁신교육 홍보 영상 촬영이 있었습니다. 시교육청이 우리 학교를 선택한 이유는 당연히 우리의 위상과 역량을 인정했기 때문이겠지요. 등교 장면, 학부모회와 아버지회의 학생 간식 나누기, 선생님들의 협의회와 소통하는 모습, 수업과 상담 장면들이 담겼습니다. 특히 학교 풍경 이모저모와 교육 활동만을 피상적으로 담은 것이 아니라 임진아 선생님과 학생이 주연 배우로 출연하는, 스토리로 구성된 단편 영화 형식을 선택했기 때문에 차후 완성될 영상이 벌써부터 기대됩니다. 이 영상은 인천대학교에서 열릴 인천교육혁신한마당 행사에서 개봉되고 상당 기간 인천 교육을 알리는 홍보 영상으로 활용될 것입니다.

10월 28일 토요일에는 서부교육지원청 37개 중학교 수학 동아리가 참여하는 서부수학원리탐구축전 행사가 인천 아시아드 경기장 일대에서 열립니다. 우리 학교 마태우스 수학 동아리 15명 학생들이 '골드버그, 미션을 완수하고 도둑 잡고 선물 받고' 주제로 참가합니다.

우리 학교가 회장교로서 이 행사를 주관하고 총지휘합니다. 우리의 역량을 선뵈는 기회입니다. 지도교사의 뛰어난 역량이 우리의 교육력을 높이고 아울러 학교 위상도 함께 높입니다. 게다가 개막식전에서 우리 학교 난타 동아리 11명이 축하 공연을 하게 된다는 기쁜 소식도 알려드립니다. 자율동아리로 맹활약하는 이 동아리가 작년에는 계산여중 강당에서 멋진 공연을 한 적이 있는데 올해는 어떤 퍼포먼스를 보여줄지 벌써부터 기대됩니다.

같은 날, 아버지회와 함께 하는 남한산성 답사 여행도 예정되어 있습니다. 부모와 함께하는 학생도 있지만 회복적 생활교육 대상자, 어우러지기 행복대안교실 참가자, 징검다리 다문화학교 참가자를 포함한 학생 40여 명과 학부모, 교사, 학교장이 전세버스를 타고 함께 갑니다. 아침 8시 출발하면 가는 길에 요즘 핫한 영화 『남한산성』을 논하고 역사 토론도 할 예정입니다.

11월 1일 오후에는 소프트웨어교육 연구학교 성과를 알리는 보고회를 학교 도서관에서 엽니다. 4차 산업혁명 시대에는 가정, 자동차, 직업 등 생활의 모든 것이 소프트웨어와 연결된다는 사실을 잘 아시죠? 그래서 급변하는 세상에 적응할 인재를 기르기 위해서 모든 학생에게 소프트웨어 교육이 필수가 되었습니다. 우리는 소프트웨어적 사고(Computational Thinking)가 생존의 필수 요소라는 점을 일찍부터 인식하고 2014년부터 관련 지도를 꾸준히 해 왔습니다. 보고회에서는 연구주무의 보고와 질의응답이 있을 예정이고, 활동에 참여하는 모든 교사가 참여하는 월드카페도 운영합니다.

11월 4일에는 인천대학교에서 열리는 인천교육혁신한마당 행사에서 내가 학교장 대표로 '학교장이 만들어가는 민주적 학교' 운영 사례를 발표합니다. 행복배움학교를 운영하면서 쌓아올린 우리의 역량과 성과를 알리는 계기가 될 것입니다.

11월 23일부터 사흘간 일산 킨텍스에서 열리는 교육부 주관 미래교육박람회에 작년에 이어 또 참가합니다. 작년에는 소프트웨어교육 부스를 운영했는데 이번에는 대안교육관을 운영합니다. 우리는 해마다 입학식에서 학교장과 중견 교사들이 신입생의 발을 씻겨주는 세족의식을 통해 학생을 가장 귀하게 여기겠다는 약속을 대내외에 공표하고, 학교 내 대안교실을 지속적으로 운영해 왔습니다. 학생자치 활동을 적극적으로 지원하며 가장 낮은 자세로 학생과 교육 수요자를 받들고 섬기는 교육을 해 왔습니다. 단 한 명도 낙오하는 학생이 없고 장애나 가정환경, 또 다른 어떤 이유로도 차별받지 않으며 서로 소통하여 배움에 행복을 더하는 학교 운영은 우리의 중요한 교육 철학입니다. 이 철학을 어떻게 구현하고 있는지 부스를 운영하면서 우리의 존재와 혁신 교육의 모든 것을 확실하게 보여줄 것입니다.

금년 한 해도 정말 바쁘게 달려왔습니다. 어느새 겨울이 바짝 다가왔습니다. 그동안 풍성했던 교육 활동의 멋진 마무리를 위해 앞으로 남은 3학년 진학과 축제, 그리고 졸업식과 종업식까지 한 치의 차질 없이 배움에 행복을 더하는 학교 운영에 계속 노력하겠습니다.

가을과 겨울이 지나면 또 새봄과 여름이 다시 돌아오겠지요.

●

# 알쓸신잡 같은
# 똥 이야기

이 이야기는 어느 종편 방송의 인기 프로그램이었던 '알쓸신잡'처럼 생각하고 읽으면 편하다.

선생 똥은 개도 안 먹는다.
아끼다 똥 된다.
개똥도 약에 쓰려면 없다.
똥 묻은 개가 겨 묻은 개 나무란다.
똥구멍으로 호박씨 깐다.
똥 누는 놈 주저앉히기
똥 싸고 매화 타령한다.
똥인지 된장인지 모른다.
바람 먹고 구름 똥 싼다.
모두 일상생활에서 우리가 흔하게 쓰는 속담이다. 각각의 뜻을 아는

가? 또 적절한 용례로 언어생활에 활용할 수 있는가? 공통점을 찾을 수 있는가? 그렇다. 모두 똥을 말하는데 대상은 천하고 기피하고 부정당하는 존재다.

## 똥 누는 기분

똥 누는 맛은 어떤 것인가? 고통인가? 기쁨인가? 쾌감인가? 번거로운 절차인가? 살아 있다는 환희인가? 아니면 그냥 생물계의 순환 메커니즘일 따름인가?

글쎄, 전부 다 맞는 것 같고, 아닌 것도 같다. 하지만 사람이라면 누구나 예외 없이 날마다 치르고 있는 일상의 행위임에 틀림이 없다. 인간사 가운데서 떼려야 뗄 수 없는 가장 중요한 일상사이다. 생각해 보라. 밥 안 먹으면 살 수 없듯 똥 안 싸고 살 수 있나. 끼니 사흘 굶으면 도덕이 안 보인다고 말하지만 똥 사흘만 참아 보라. 그 이후에 올 사태를…. 대학생 시절에 심리학 개론을 공부하는데, 인간의 성장 과정 가운데, 아, 글쎄 항문기라는 용어가 나오지 않겠어. 입에 올리기에도 부끄럽고 은밀한 이름 '항문', 냄새나는 똥구멍이 엄숙한 학문에서 당당하게 한자리를 차지하고 등장하는 것은 뭔가 깊은 뜻이 있겠지?

이 중요한 인간사를 우리는 부끄러워하며 절대 남에게 보이지 않도록 고독하고 은밀하게 치르곤 한다. 똥 누다가 누군가 덜 잠긴 화장실 문을 덜커덩 열었을 때의 당황스러움이란. 우리는 똥을 너무 천대하고, 똥 누는 행사를 너무 천시해 왔다.

## 똥박사와 만남

3월 신학기가 시작되면서 학교는 아연 활기를 되찾는다. 분주한 일 년을 보내고 2학기 말이 되면 상급 학교 입시와 진학 절차, 그리고 학년 말의 졸업식과 진급, 전근 가고 새로 부임하시는 선생님들의 제자리를 찾기 위한 작업이 분주히 이루어져 2월 학교 분위기는 흡사 시골 오일장 파장 무렵의 어수선함 같지만 3월이 되는 순간 분위기가 급변한다. 부리 노란 햇병아리 신입생들이 눈 또록또록 굴리면서 교문을 들어서는 순간, 학교에 생기가 돌기 시작한다. 새로 담임을 맡은 학급의 학생들은 입학식이 끝남과 동시에 교실에 입실하였고, 교무실에 잠시 들렀다가 담임 학급을 향하여 복도를 걸어가는 순간 교사의 긴장감은 팽팽하기 그지없는데, 긴장된 그 순간이 갓 잡아 올린 생선처럼 팽팽하기 때문에 마냥 좋다. 그리고 교실 문을 여는 순간, 문짝 아래 롤러 구르는 소리는 어찌 그리도 크던지. 쥐죽은 듯 고요한 교실에 반짝이는 새 교복 단추를 단정히 꿰맞춘 학생들의 시선이 일제히 담임의 얼굴 한곳으로 모이는데, 기대 반 두려움 반의 눈동자들이다.

엄숙하기 그지없다. 맨 처음 무슨 말로 새 학교 새 학년의 시작을 맞게 할까?

"여러분 반갑습니다. 여러분 안녕하세요? 환영합니다. 일동 차렷!"

미소도 적당히 짓고 알맞게 엄숙해야겠지. 하지만 어떤 말을 어떻게 하든 특별한 반응이 나올 것 같지는 않다. 워낙 긴장하고 있으니까.

교탁으로 걸어간다. 일제히 출입문으로 쏠렸던 시선들이 내 발걸음을 따라 교탁으로 따라온다. 자, 이제는 어떻게든 첫 번째 말을 꺼내야지. 그래, 오늘부터 이 교실과 교정의 주인은 바로 여러분이야. 여러분이 있기 때문에 나도 있는 것이고. 나야 오 년쯤 이 학교에서 너희를 가르치다 떠나면 그만이지만 여러분은 이 학교의 졸업생이 되는 것이고, 몇 회 졸업 동문이 되는 것이지. 국적은 바꿀 수 있지만 학적만은 바꿀 수 없다 하잖니.

오늘 아침 첫 등굣길 발걸음은 가벼웠습니까, 무거웠습니까? 아무 반응이 없다. 눈만 더 말똥거린다. 그래, 대답이 없어야 정상이지. 어떤 대답을 해야 할지 감이 잡히지 않을 테니까. 말하는 사람의 의도를 잘 파악해야 하는데 저 선생님이 진짜 담임 선생님인지도 아직 확신이 안서고, 무서운 선생님인지, 농담을 잘하시는지, 만만한 선생님인지 파악하는데 며칠 정도의 시간은 필요하니까.

"어이, 거기 안경 쓴 학생, 아니 너 말고, 그 뒤에 학생 말이야."

엉거주춤 일어서는 학생이 사뭇 울상이다.

"아침에 화장실은 다녀왔니?"

터질 듯한 긴장감이 교실에 맴돌고, 일어선 안경잡이는 어떻게 대답해야 할지 몰라 우물쭈물하고 있다. "아니 한국 사람이 우리말도 못 알아듣니? 학교 오기 전에 밥 먹고 똥 싸고 왔냐고?"

여기저기서 킥킥거리는 소리가 들리고 안경잡이는 더 울상이다.

"녀석, 너 말 못 하는 걸 보니 아침에 똥도 안 싸고 왔구나. 그럼 네 뱃속에는 똥이 그득하겠네. 그 무거운 똥을 뱃속에 담고 다녀? 난 아침마다 밥은 굶는 일이 있더라고 똥은 꼭 싸고 온다야."

와아! 여기저기서 웃음이 터진다. 팽팽하던 긴장은 어느새 모두 걷혀버렸다. 비로소 얼굴들에 웃음기가 돌고 옆자리 학생과 장난치는 녀석까지 있다. 그래, 여긴 너희들의 교실이다. 자기 집에 손님처럼 그렇게 엄숙한 표정으로 앉아 있을 필요가 있니? 굳이 친절하게 이런 말 안 해도 며칠 안

가 이 자리에서 레슬링에 팔씨름, 술래잡기, 실내 농구까지 4종 경기로 잠시도 쉬지 않고 쿵쾅거릴 테고 교실은 먼지로 가득하겠지만 하루라도 빨리 이 낯선 분위기를 깨 버리고 기쁘고 즐겁게 공부하고, 놀고, 장난치자꾸나.

## 여학생 교실이다

"질문할 사람 있으면 하세요."

사실 질문이 있어도 학생들은 질문하지 않으려 한다. 괜히 잘난 척하는 모습으로 비쳐서 친구들에게 따 당할까 싶고, 행여나 질문의 방향을 잘못 잡아서 선생님께 핀잔 들으면 어쩌나 하는 두려움에. "에라 이놈아, 그것도 모르냐?" 하는 호통 소리에 찔끔 움츠린 경험도 있다 보니까.

성실이가 잔뜩 신중한 모습으로 일어선다.

"저, 선생님!"

"오호라. 성실이니? 웬일이야? 질문도 하고."

"저 선생님 그게 아니라, 화장실이 급해 죽겠다고요."

"에구, 이 녀석아. 그럼 그렇다고 말하면 되지, 그리도 죄인처럼 얼굴까지 빨개질 필요가 있나? 그래 빨리 가 봐. 똥 눈다는데 내가 말릴 필요가 있니? 내가 언제 똥오줌 마렵다는데 안 돼 한 적 있니? 똥 참으면 안 돼. 참을 인(忍)자에 똥 누는 것은 포함 안 돼요. 오죽하면 똥 누러 갈 때 마음과 올 때 마음이 다르다잖니. 그래 말 나온 김에 이 똥박사 똥 이야기 그냥 넘어갈 수 없지. 똥의 메커니즘에 대해서 공부해 보자."

에이 또 똥 이야기. 4할 정도의 학생들이 인상을 써 댄다.

"거봐라. 또 똥 차별한다. 내가 그렇게 말했잖아. 똥차별 하지 말라고.

방금 인상 쓴 학생들은 변비로 고생 좀 해 봐라. 똥 싫어하는 사람은 틀림없이 변비에 고생이 많을걸. 선생님이 언제 쓸모없는 이야기 하던? 변비가 여고생들에게 얼마나 심각한지 아니? 오죽하면 텔레비전광고에 베테랑 연예인이 나와서 '제발 나와.'를 외쳐대겠니? 원인은 또 역시 똥차별에서 찾아야겠지. 입으로 들어간 온갖 음식물이 위를 거쳐 레미콘 반죽같이 되어 작은창자를 거치고 마지막 큰창자에 이르면 스무 시간쯤이 된다나. 거기서는 큰창자가 주물럭주물럭 반죽을 주물러서 수분을 섭취한단다. 그런데 잘못되어 큰창자가 파업을 하게 되면 수분을 흡수하지 못하게 되고, 그대로 빠져 나오는 것이 설사이고. 그렇게 되면 탈수증에 걸리는데, 수분 섭취를 제대로 못 하면 사람이 흐물흐물해지고 저 세상 가까이 가는 거지. 제때 대책을 안 세워주면 그냥 죽는 거야. 콜레라나 이질이 무서운 이유도 좔좔 쏟아내기 때문이 아니겠니? 사막에서 사람이 죽는 가장 큰 원인은? 당연히 탈수 때문이지. 러시아의 유명한 작곡가 차이코프스키가 콜레라에 걸려 유명을 달리했다는 사실, 혹시 아니?"

처음에는 똥 이야기를 똥 보듯 하던 아이들 얼굴에 관심의 표시가 나타난다.

"스물네 시간쯤 지나면 항문에 당도해서 출구를 빠져나가야 하는데, 문을 안 열어 주면 차곡차곡 문 앞에서 쌓여 가겠지. 그래도 안 열어 주면 미련한 큰창자는 황금색 그걸 계속 주물럭주물럭한대. 그러면 황금색이 갈색으로, 갈색이 검은색으로 변해 가면서 여러 가지 반응이 나타나는 거야. 영양소도 수분도 남지 않은 똥의 독성을 창자가 계속 받아들여 혈액으로 흡수되고 그럼 피 속에 똥의 독성이 섞여 들어서 신선도가 떨어질 거 아냐. 그럼 얼굴에 반응이 제일 먼저 나타난대. 때 아닌 여드름이 꽃 피고 얼굴이 화끈거리고 아랫배는 묵지근하고 머리는 지끈거리고 신체 컨디션이 형편없어진다는 것이지. 저기 저 성실이 옆에 이승연! 너 요즘 얼굴에 여드름 피는 걸 보니 변비로구나."

"아니에요, 선생님은 참. 이건 청춘의 심벌이라고요."

"그래. 하지만 오늘날 젊은 청춘들이 변비 때문에 고생이 막심하단다. 여고생 성적이 남학생보다 떨어진다는 정확하지도 근거도 없는 속설이 있는데 그 이유는? 여자의 두뇌 부피가 남자보다 작아서라고? 천만의 말씀. 그건 변비 때문이지. 다이어트 하느라 과자랑 정크푸드만 먹고, 끼니는 건너뛰고, 불규칙한 식사 습관 때문에 젊은 청춘들 다수가 변비를 달고 다닌단다. 얘, 곁의 친구에게 살짝 물어봐. 너는 변비 없니? 래, 똥 때문에 고민이 조금만큼이라도 있는 학생은 말해라. 이 똥박사가 해결해 줄게. 창피해서 말 못하겠다면 편지도 좋고 조용히 찾아와라. 이 젊은 나이에 할 일도 많고, 놀 일도 많고, 청춘을 만끽하면서 밝은 미래를 설계해야지, 화장실에서 끙끙대고 앉아서 고민만 하는 것이 얼마나 시간 낭비고 국가적으로도 젊음의 낭비인가 말이다."

"선생님 찾아갈 테니 기다리세요."

"오냐. 앞으로 시간 나는 대로 똥에 대한 내 모든 지식을 전수하도록 하마. 기대하시라."

"예, 알았어요. 기왕이면 4교시 때 많이많이 해주세요."


## 똥에 관한 기억 몇 가지

첫째, 다섯 살 때다. 골목에서 놀다가 똥이 마려워 집으로 막 달려가다가 그만 참지 못하고 바지에 일을 봐 버렸다. 엉엉 울면서 할아버지께 달려갔는데 할아버지는 아주 능숙하고 자연스럽게 손자 바지를 내리고 문제를 간단히 해결해 주셨다.

농부인 할아버지는 일 년에 몇 차례씩 마당 모퉁이에 자리한 두엄자리를 정리하곤 했는데 돼지우리에서 나온 오물과 그 곁에 자리한 화장실의 내용물, 그리고 부엌에서 나온 온갖 음식 찌꺼기가 보릿대와 섞여서 발효되어 가는 두엄자리를 할아버지는 맨발로 성큼성큼 다니셨다. 점심때면 밥상 놓인 마루에도 자연스럽게 올라오셨다. 난 그때마다 할아버지의 오물 묻은 맨발을 피하고 싶었지만 눈길은 내 의지와 상관없이 자꾸만 그곳으로 쏠려서 밥맛을 잃곤 했다. 천상농군으로 평생을 살아오신 할아버지에게 두엄자리는 가족을 먹여 살리는 소중한 일터이자 그 일 자체가 자신의 신체 일부분과 같은 존재였다는 것은 한참 뒤 어른이 된 다음에야 알게 되었다.

둘째, 중학교에 진학하면서 기차 통학을 했다. 기차에서 내려 학교까지 걸어가는 2㎞ 등굣길 옆에는 건강하게 잘 자란 채소밭이 끝없이 펼쳐져 있었고, 요소요소 어김없이 거대한 구덩이가 파였는데 그곳에는 발효된 똥이 깊이를 알 수 없게 그득하였다. 여름철 갓 퍼 담은 그 곁을 지날 때는 그 지독한 냄새와 온갖 파리 떼, 구더기가 뒤엉켜 흡사 연옥을 연상케 했고, 코를 싸쥐어야 했다. 오래된 곳은 표면이 굳어지고 단단해져서 얼핏 맨땅 같았고 냄새도 안 나기 때문에 간혹 실수로 그곳을 잘못 밟는 바람에 발이 빠져 낭패를 당하는 이도 종종 있었다. 당시 어린 마음에 참 야만스런 풍경이라고 생각했다. 하지만 화학비료가 넉넉지 못했던 당시의 그 살풍경이 우리를 먹여 살린 김장 채소에는 고맙기 그지없는 영양 공급원이란 사실을 나중에야 알게 되었지만, 끝이 안 보이던 채소밭의 무 배추는 언제나 풍성하게 잘 자랐다.

셋째, 군대에 입대하여 충청도 산골에 근무하던 때의 기억이다. 첩첩산중이라서 겨울이 오면 무척 추웠다. 영하 20도는 보통이고 30도 이하로 내려가는 날도 많았다. 강추위로 코털이 얼어붙는 한밤중에 푸세식 화장실로 볼일 보러 가는 것은 보통 일이 아니었다. 바지 내린 아래쪽에서는 찬바람이 싱싱 불어 올라오는데 바닥은 꽁꽁 얼어붙어 미끄러질까봐 잔뜩 긴장한 채 일을 보았다. 실수로 미끄러지기라도 한다면 그다음 사태를 짐작하기 어렵지 않은 곤란한 상황에서 똥 누는 기쁨을 누릴 수 있을까?

그런데 혹한의 나날이 계속되다 보니 점점 곤란한 상황이 벌어지기 시작하였다. 앞사람의 한 무더기 똥이 아름다운 자태로 쌓인 다음에 그대로 얼어붙어 버리니 다음 사람이 그 위에다가, 또 그다음 사람은 그 위에다가 무더기를 보탰고, 뾰족한 탑이 발아래까지 쑥쑥. 삼월 대밭에 죽순 솟듯 자라나는 것이다. 어떻게 문제를 해결했을지는 상상에 맡기겠다.

넷째, 절에서는 화장실을 '근심을 푸는 곳, 번뇌가 사라지는 곳'이라는 의미를 가진 해우소(解憂所)라고 부르는데, '뒷간'이라 이름 붙은 순천 선암사의 그곳이 세상에서 가장 아름답다. 그래서 정호승 시인을 비롯해 유명한 작가, 학자, 문화예술인들이 그곳 해우소와 사랑에 빠졌다고 한다.

순천을 여행하다 똥마려우면 좀 참았다가 선암사 해우소에서 볼일 보라는 말이 있고, 어떤 소설가는 선암사 뒷간에서 똥을 누어보아야 인간과 똥의 관계를 비로소 알 수 있다고 했다. 거기에 가면 한옥의 아름다움만 볼 수 있는 게 아니라 재래식 화장실에서 나는 특유의 암모니아 냄새는커녕 시원한 바람과 햇볕 냄새가 은은하게 우러나고 배설된 똥오줌이 텃밭과 유기적으로 연결되어 어떻게 자연으로 순환되는지 직접 눈으로 볼 수 있다. 또한 그 순환 자체가 얼마나 아름다운지도 확인할 수 있다.

나는 기회 있을 때마다 선암사 초입에 있는 보물 승선교 홍예문 다리의 아름다운 곡선과 아치형 다리 아래로 시야에 가득 들어오는 누각과 그 모든 것을 물에 비춰주는 풍경이 몸서리치게 아름다운 그곳을 습관처럼 찾는다. 그리고 반드시 절 마당 초입의 왼쪽에 있는 해우소를 샅샅이 들여다본다. 과연 아름답다.

### 탐구 학습

이제는 똥을 똥같이 보지 말고 똥 대접을 하면서 살자꾸나. 그래. 그러자면 학술적으로 연구해야겠지? 먼저 백과사전에서 그 항목을 찾아보자.

* **똥**(excrements), 음식물이 소화되고 남은 것과 소화관에서 분비물이나 박리된 점막을 포함하는 것인데 사람의 경우는 대변이라고 한다. 음식물의 비소화분이 결장에서 수분을 흡수하고, 상피에서는 점액이 분비되어서 생성된 대변의 색은 주로 담즙 색소에 의한 것이고, 냄새는 인돌, 스카톨, 황화수소 등의 냄새이며, 배출은 하생결장의 하단에 모였다가 직장과 항문 부근에 있는 근육의 협동작용으로 이루어진다. 음식 섭취량에 대한 똥의 비율은 초식 동물 쪽이 육식 동물보다 일반적으로 훨씬 높다.

* **대변**(feces), 사람의 분변(糞便). 항문으로부터 배출물을 말한다. 그 내용은 음식물이 소화 흡수되지 않은 부분, 소화액의 나머지, 위장관의 상피가 벗겨진 것, 장내 미생물 따위를 포함하고 있다. 따라서 안 먹어도 소량의 대변은 배설된다. 대변의 양, 횟수는 음식물의 종류, 분량, 소화 흡수 상태에 따라 다르지만 대개는 하루에 100~200g으로 하루에 한 번이 보

통이다. 빛깔은 일반적으로 갈색을 띠지만, 흑갈색, 황색, 황록색을 띠기도 한다.

> *똥(명) ① 사람이나 동물이 먹은 음식물을 소화하고 난 뒤 항문을 통해 몸 밖으로 내보내는 찌꺼기 ② 먹똥의 준말(국어대사전)
>
> *똥(명) 사람이나 동물의 먹은 것이 삭아서 몸 밖으로 나오는 찌끼. 곱똥, 개똥, 피똥, 물똥, 배내똥, 산똥 (조선말대사전-북한사회과학원언어학연구소)

사전 펼친 김에 속담도 조사해 보자. "똥 뀐 년이 바람맞이에 선다."부터 시작해서 이야기 첫머리에 언급했던 것을 포함해 24개나 죽 늘어서 있다. 신통하게도 남북의 풀이가 거의 같다. 하긴 생리 현상에 공산주의가 끼어들 수가 있겠나? 여러분의 국어사전을 직접 펼쳐서 눈으로 확인해 보시라.

말만 들어도 냄새나는 똥의 어원은 '똥'이다. 조어(祖語)인 '돋'에서 '돌 〉도 〉쏘 〉똥'으로 발달하였다. '더럽다'의 어근 '덜(딛)-'과 '돋'과는 어원이 같다고 할 수 있다. 평안도 방언에서 '찌 쌌다'는 '똥 누었다'인데, '찌'는 곧 똥이다. '딛'까지 소급되면 '돋'과 어원이 같게 된다. 시골에서 퇴비 더미를 '두엄'이라고 하는데, '둘엄〉두엄'이 변한 말로서 '둘-'이 어근이다. '두엄'은 인분이나 외양간에서 나온 소똥 또는 돼지우리에서 나온 것과 찌끼 등이 섞인 거름으로, 주재료는 똥이다. 똥의 조어는 '돋(돌)'인데, '더럽다'의 어근 '덜-'과 두엄의 조어형 '둗(둘)' 등은 모두 어원이 같다고 하겠다.

온 나라의 똥 말을 조사해 보자.

쑹(고어), 또옹(전남 고흥), 대변(장흥), 합수(강진), 뚱(곡성), 시동(화순), 뒤(경북 봉화), 뒷거름(충북 단양), 디(경북 울진), 땡(김해), 똥뒤(군위), 띵(고령), 벼언(안동), 띠, 오종소매(평북 의주), 찌(함남 정평) (한국방언사전)

그럼 사람 이름에는 똥이 안 들어가나? 있다. 옛날에는 종종 임산부들이 화장실에서 아이를 낳는 경우가 있었고, 그곳에서 태어난 아기가 딸이면 똥례(屎禮)나 분례(糞禮)가 되었다. 방영웅이 쓴 소설 '분례기'는 변소에서 낳았다 하여 똥례가 된 여주인공이 나온다. 여성으로서의 고달픈 삶과 남존여비 폐습과 정조 관념을 함께 담아낸 소설이다. 해방 직후로 짐작되는 그리 멀지 않은 시대적 배경 속에서 옛적 여성 수난사의 한 면을 살펴볼 수 있고, 곁들여 공간적 배경인 충남 예산의 진한 사투리도 함께 맛볼 수 있다. 아들들은 개똥이 쇠똥으로 불렸다. 황희 정승의 어릴 적 이름은 도야지(돼지), 고종의 어릴 적 이름도 개똥이었다. 아들의 신분을 낮게 감추거나 아프지 말고 오래 살기를 바란 부모의 소망이 반영된 이름들이다.

중학교 국어 교과서에 실린 권정생의 '강아지 똥'은 너무나 유명하며, 이상의 '권태', 김수영 시인의 '설사의 알리바이', 최승호의 '똥구덩이 속에서', 남정현의 소설 '분지' 같은 문학 작품을 통해서도 똥을 만날 수 있다.

똥은 냄새만 나고 쓸모없는 존재였던가? 아니다. 자고로 민간요법에서 똥은 약으로 쓰였다. '똥도 약에 쓰려면 없다.'는 속담도 그냥 하는 빈말이 아니다. 조상들은 예부터 열이 나거나 미치광이 증세를 다스릴 때 온수에 똥을 담가 두었다가 그 우러난 즙을 마시는 민간요법을 사용했다. 악성 종기를 다스릴 때도 똥을 초와 버무려 환부에 붙이면 하루 만에 뿌리가 무르녹아 빠진다고 믿었다. 그리고 전신에 심한 타박상을 입었을 때도 그랬지만 죄인이 곤장을 맞고 장독(杖毒)이 오르면 온몸이 푸르딩딩하게 변하면서 시름시름 앓게 되고 백약이 무효일 만큼 중병이 되는데 이때도 똥과 오줌이 푹 삭은 오래된 합수물을 삼베에 걸러 저녁마다 3일간 마시고 땀을 내면 효과가 있다고 믿었다.

동물들의 똥은 재활용법이 정말 다양한 자원이다. 동남아시아에서 생산되어 값비싸기로 유명한 '코피 루왁'은 야생 사향고양이 배설물에서 커피 씨앗을 채취하여 만든 커피고, 코끼리 똥은 섬유질이 풍부하기 때문에 잘 가공하면 질 좋은 종이를 얻을 수 있다. 소똥은 유목민에게 겨울철에 소중한 난방 연료이고 아프리카인에게는 집 짓는 건축 재료이다. 쇠똥구리에게는 소중한 먹이이자 새끼를 키우는 요람이다. 호주 특산 코알라 새끼는 어미의 똥을 먹어야 면역력을 키워서 생존할 수 있다.


우리가 생산해 내는 똥은 얼마나 될까?

동양인들은 1회에 평균 150g 정도의 대변을 본다고 한다. 그러나 주식으로 쌀과 잡곡으로만 끼니를 먹던 근대 이전에는 400g 정도를 보았단다. 개화기 때 우리나라를 방문했던 서양인들이 가정을 방문하여 한국인들이 먹는 엄청난 크기의 밥그릇을 보고 까무러치듯 놀랐다는 기록을 볼 수 있다. 육식의 기회가 거의 없고 간식도 배불리 먹지 못하고 힘든 농사일을 했던 조상들이 오직 밥그릇 속 탄수화물만으로 에너지를 만들어야 했던 사정을 그들이 제대로 이해하기는 어려웠을 것이다.

그럼 육식을 주식으로 하는 서양인들은 얼마나 볼까? 약 100g이 정답이다. 고기류는 식물성 섬유질보다 소화가 훨씬 잘 되기 때문이다. 동양인의 화장실 용량이 더 커야 하는 근거이기도 하다. 하지만 요즘 고기가 넘쳐나는 우리네 식탁과 식생활을 살펴보면 이제 한국인이나 서양인이나 밥 먹고 생산해 내는 양에 큰 차이는 없을 것이다.

우리가 평생에 보게 되는 똥의 양은 얼마나 될까? 계산해 보자. 150g × 365일 ×80년 = 4,380kg. 우와 그렇다면 우리가 평생에 생산해 내는 비료가 용달차 넉 대 분량인 4.4톤. 그럼 오천만 명 우리 국민이 하루에 보는 똥은 오천만 명 × 150g = 7백5십만kg, 곧 7천5백 톤. 1톤짜리 용달차로 7천5백 대 분량. 일 년 동안 한국인이 생산해 낸 똥은 7천5백 톤 곱하기 365일 하니 2백7십3만 톤이다. 15톤 덤프트럭 18만 2천5백 대 분량이다.

우리가 멋있다고 생각하는 영국 남자의 신사도라든가 여성들의 하이힐이 똥과 관련이 있다고 하면 여러분은 믿을 수 있을까? 하지만 그것은 사실이다. 영국에 신사도가 발달해 남자는 실크햇 중절모에 우산을 들고, 여자와 동행을 할 때면 차도 쪽으로 서고 건물 쪽으로 여자가 걷게 하여 보호한다. 차도에서 자동차라도 뛰어들면 남자가 여자를 보호한다는 계산인가 본데, 사실은 그게 아니다. 옛날 유럽에서는 아침이면 건물 이층에서 간밤에 모은 요강 단지 속의 오물을 직접 거리로 쏟아 버렸단다. 물론 그때는 수세식 화장실이 없었다. 그래서 건물에서 쏟아 버리는 오물은 차도와 인도의 중간쯤에 떨어지게 되고, 기사도 정신을 발휘하여 남자가 오물 세례를 받고 여자를 보호하기 위해 남자가 건물 바깥 쪽으로 섰단다. 그리고 모자는 오물 방어용으로 꼭 필요했던 것이고. 하이힐도 하수도와 수세식 화장실이 발달하기 이전, 똥과 오물이 가득한 도시 골목을 걷는 여성의 기다란 드레스에 오물을 묻히지 않기 위해서 신발 굽이 자꾸 높아진 결과라고 한다.

왜 하필이면 똥이냐? 향기로운 화초나 우아한 난초도 있고, SNS나 인 터넷 게임, 볼링, 당구나 골프, 아니면 남북 간 화해나 사교춤이라면 더 낫지 않겠나? 그래, 그건 고상하고 문화 수준을 높이는 아름다운 작업이 지. 하지만 우리는 그동안 소중한 똥을 외면하고 기피해 왔다. 그래서 다 뤄야 한다. 가치가 없다고 세상에 존재하지 않는 것은 아니기 때문이다.

## 자, 이제 결론이다

똥은 보잘것없는 존재다. 똥개는 혈통 없는 잡종견을 일컫고, 똥금이 나 똥값은 상품이 제값 못 받는 것을 일컬으며 똥별은 무능한 장군을 속 되게 일컫는 말이다. 퇴역 장성 집회에 모인 사람들을 향해 똥별이라 외 치며 손가락질하는 어느 유튜버의 동영상을 보았다. 그의 눈에는 노병들 이 매우 신통치 않은 존재였을 것이다. 똥은 무조건 피하고 싶은 존재다. 오죽하면 가장 재수 없음이 '똥 밟았다'일까. 우리 모두 똥을 밟지 않도록 조심하자.

하지만 옛날 농부들에게 그것은 농사의 필수품이었다. 농부들은 출타 했다가도 변의를 느끼면 꾹 참았다가 집에 돌아와서 볼일을 보았고, 들 녘에 나갔다가도 개똥을 보면 모조리 수집하여 두엄더미에 보태던 귀중한 자원이었지만 오늘날 누가 똥을 쳐다보기나 하나? 농경 시대가 끝나면서 똥은 이제 똥값이 되었다.

하지만, 하지만 말이다. 징그럽고 냄새나고 재수 없는 그놈의 똥을 뱃 속에 안 담고 다니는 사람이 있나? 하루에 한 번 그곳에 가지 않는 사람이 있는가? "저는 일주일에 한 번밖에 가지 않는데요?"라고 한다면 그대는 불행한 사람이다. 그런 사람이 어찌 아늑한 화장실에 앉아서 즐기는 배설의 기쁨을 알겠는가? 똥 누는 게 두려운 사람은 인생의 즐거움 가운데 하나를 모르는 사람이다. 하지만 그 학생에게 똥 누는 재미를 돌려주겠다. 내 말만 잘 듣고 실천하면 말이다.

일찍 자고 일찍 일어나고 규칙적인 생활을 하도록 하자. 다른 건 몰라도 아침에 일어나면 냉수 한 컵, 그리고 가벼운 줄넘기 같은 운동을 하고 그다음에는 화장실로 달려간다. 꼭 아침 시간이라야 한다. 무리를 해서라도 용변을 본다. 처음에는 잘 안 되겠지. 하지만 한 달만 계속 하면 자동이 될 거야. 제일 중요한 것은 음식이다. 콜라니 통닭, 피자에 아이스크림, 햄이나 소시지, 과자류와 같은 온갖 화학 성분이 든 음식과 고기류 등 자극적인 음식을 멀리 떼 놓아라. 오늘날 여러분이 좋아하는 서양식 음식 여러 가지가 건강에 그다지 안 좋은 것들이다. 반면에 부모님이나 조부모님께서 좋아하고 즐겨 드시는 전통 음식류는 우리가 배설의 즐거움을 느끼기에 아주 이로운 음식이다. 잡곡밥과 시래기 된장국, 김치와 나물류 등등. 그리고 제일 중요한 일은 끼니를 거르지 않는 일이다. 다이어트니 늦잠이니 하는 핑계는 게으른 자의 변명일 따름이다. 게으른 사람에게는 인생을 더 재미있게 즐길 권리가 없다.

우리 학교는 최근 화장실 전체를 현대식으로 리모델링했다. 공사 일정에 맞추느라 방학을 두 달간 길게 운영해야 했고 덕택에 이제는 학생과 교직원 모두 새로 단장한 화장실에서 배설의 즐거움을 쾌적하게 누리게 되었다. 교육복지실에서 최근 실시한 설문조사에서 우리 학교의 자랑거리 가운데 하나로 화장실이 선정된 것을 보고 기분이 매우 좋았다.

## 덧붙여

출산절벽에 급격한 고령화, 산업구조 재편에 따른 고용절벽, 권위주의와 기득권 권력 카르텔의 퇴장과 붕괴 현상 등, 세상의 패러다임에 거대한 변화가 일어나고 있는 와중에 우리는 급격한 변화에 휩쓸리고 있다. 어떤 사람은 이런 변화를 퍼펙트 스톰(Perfect storm)이라는 용어로 연결 지어 당장 혁신하지 않으면 미래가 없다고 겁을 준다. 동시대 사람들의 견해나 사고를 지배하는 이론적 틀이나 개념의 집합체인 패러다임이 흔들린다면 우리가 직면한 시대 변화의 속도가 따라가기 벅찰 지경이라는 위기감의 표현이겠지만, 그래도 최근 우리에게 일어나는 여러 변화가 긍정적으로 작용했으면 하는 바람이다. 대통령이 바뀐다고 세상이 얼마나 변할까 반신반의했지만 과거 정권에서 언급조차 금기시되며 해결하지 못하던 여러 문제가 공론화되고 또 실제로 바뀌는 것을 보면서 변화를 실감했다. 힘 있는 자들의 갑질과 국정농단, 권력의 사유화와 불공정한 행사 때문에 흘린 이웃들의 피눈물을 대통령이 닦아주는 모습을 왜 과거에는 볼 수 없었을까?

제약회사 회장에다 치킨, 피자, 빵, 채소 가게 프랜차이즈 경영자들까지 그동안 힘 있는 자들이 저질러온 터무니없는 갑질이 들통 나서 여론의 뭇매를 맞더니 그들의 철부지 행태나 항공사 사주 가족의 이어지는 악행 폭로로 온 국민의 스트레스가 폭발 직전이고, 잘 나가던 한류 스타들의 추악한 뒷모습이 발가벗겨지면서 지구촌 팬들까지 덩달아 멘붕이다. 소위 사회 지도층이라는 사람들이 했다는 믿기지 않는 행동에는 노블레스 오블리주가 아예 없고 벌거벗겨져 똥값으로 자리매김 당하는 인간 군상들의 허상만 가득하여 허탈함과 분노감마저 든다. 더 이상 오를 데 없는 최고 지위의 장군이나 재벌가 3세들, 한류 스타들의 갑질과 추악한 뒷모습에 대한 소문이 차라리 모두 허위였기를, 똥을 명예 훼손한 똥별장군, 똥재벌, 똥권력, 똥스타라는 시니컬한 단어가 모두 오해였다고, 그래서 조속히 오해가 모두 풀려서 명예 회복하기를 진심으로 기원해 본다. 그들을 위해서가 아니라 바로 나 자신을 위해서다. 그러지 않으면 화병이 날 것 같아서.

# ●
# 행복한
# 희망나무 세우기

"Are you happy?"

예전에 근무하던 학교에서 자주 들었고 즐겨 사용했던 익숙한 문장입니다. 장시간 일하는 엄마들이 많았고 조손 가정도 흔한데다 넉넉지 못한 가정 형편 속에서 자라는 학생들이 많았습니다. 그러다 보니 학부모의 보살핌이 충분치 못하여 결핍된 환경 속에서 자란 아이들은 자신에게 시선을 더 달라거나 자기 이야기를 들어달라는 듯 일으키는 크고 작은 사고도 잦았습니다.

학생들의 자존감은 무척 낮았고, 그 때문에 생활지도와 학습지도 양면이 무척 힘들다고 하소연하는 교사가 많았습니다. 당연히 교사들의 근무 만족도가 매우 낮았습니다. 그래서 교장 선생님이 당면 과제 해결 방안 가운데 하나로 내세운 제1 구호가 바로 '행복'이었습니다. 학생과 교사 모두가 행복할 방안을 찾아보자고 머리를 맞대보았는데 덕택에 저 영어문장도 등장했던 것이죠. 사실 행복한 사람이 일부러 행복을 찾지는 않습니다. 구호가 많은 세상은 결코 행복하지 않은데 독재국가일수록 요란하고 자극적인 구호와 프로파간다가 넘친다는 사실을 유감스럽게도 북한 영상을 보면 쉽게 확인할 수 있습니다. 풍요로운 세상이라곤 하지만 여전히 언론은 곳곳에 어려움이 산재했다고 보도하고, 그늘진 곳도 헤아릴 수 없이 많아서 행복 처방전이 곳곳에 더 필요하다고 말합니다. 오늘도 교육복지사는 그늘에 가린 학생을 돕기 위해 그림자처럼 동분서주하고, 전문상담교사의 위클래스 상담실에는 학생들이 줄을 섭니다.

행복(幸福, happy, happiness)이란 무엇일까요? 국어사전에서는 '복된 좋은 운수. 또는 생활에서 충분한 만족과 기쁨을 느끼어 흐뭇함과 그러한 상태'라고 풀이합니다.

'행복'은 세상 모든 사람이 원하는 것이지만 그러면서도 간단하게 딱 잘라서 말하기에는 어려운 말입니다. 반 컵 물을 보고도 어떤 사람은 '절반밖에 안 남았네.'라 하는가 하면, '반이나 남았네.' 말하는 사람도 있는 법이니까요. 세상에 행복을 바라지 않는 사람도 있을까요? 행복이란 '원하는 것 중 내가 가진 것'이라는 의견도 있습니다. 인터넷 서점에서 키워드 검색을 해보니 '행복'이란 단어가 제목에 들어있는 책만 해도 어마어마합니다. 오늘 날짜로 검색해보니 8천여 권이나 목록에 올라옵니다. 세상에 존재하는 모든 사람이 원하는 것이니만큼 행복을 제목에 내건 책이 많은 것도 당연하겠지요.

행복의 의미를 '주관적 안녕감(subjective well-being)'이라고 풀이하는 견해가 있어서 소개합니다. 주관적 안녕감이란 '개개인마다 따로 느끼는 안녕'이란 뜻인데, 안녕(安寧)이란 평안하다는 뜻이고 편안한 심리 상태를 의

미합니다. 그래서 사람의 행복은 직장, 건강, 가족 등 자신을 둘러싼 환경에 얼마나 많이 만족한가를 가지고 평가할 수 있습니다. 슬프고 괴로운 사람이 자기 인생에 만족할 리 없습니다. 그래서 행복이란 '만족과 즐거움을 느끼는 상태'라고 정리해 봅니다.

행복의 기준은 사람에 따라 다릅니다. 즐거운 순간순간이 반복되는 것을 행복이라고 생각하는 쾌락주의자도 있겠고, 자신이 정한 목표를 달성했을 때의 성취감을 행복으로 여기는 야망이 큰 사람도 있을 것이고, 가족이 평안하고 잘 지내는 것만으로도 만족해하는 소박한 행복도, 또 비록 좋은 일 나쁜 일 종종 있더라도 평정심을 잃지 않는 것을 행복이라고 생각하는 사람도 있을 것입니다.


우리 학생들의 행복 만족도는 얼마나 될까요?

질문을 던졌지만 참 어리석다는 생각이 듭니다. 사람이 저마다 얼굴이 다르듯 생각도, 잠자는 이부자리도 다르고, 부모와 가정형편과 살아가는 방식이 다 다른데 어떤 기준을 가지고 행복의 정도를 잴 수 있겠습니까? 단지 우리 학생들이 조금이라도 더 행복했으면 좋겠다는 소망을 말한 것뿐이고 조금이라도 더 행복할 방법이 무엇인지 생각해 보려는 것뿐입니다.

행복해지기 위해 제일 필요한 것이 무엇이냐는 질문을 던지면 학생 다수가 돈이라고 대답할 것입니다. 실제로 청소년 대상 연구 논문에서 개인이 행복(만족)하기 위한 충분조건으로 생각하는 돈의 액수가 20억쯤이라고 대답한 이가 다수였다고 합니다. 그 정도는 되어야 부자라는 판단이 반영된 것입니다. 또 다른 질문에 대한 청소년들의 반응은 우리를 우울하게 합니다. 10억쯤 돈을 준다면 범죄라도 선뜻 저지르고 10년쯤 감옥살이라도 할 의향이 있다는 이가 많다는 조사 결과 말입니다. 그러나 로또에 당첨된 행운아들 가운데 대부분이 오래지 않아서 불행의 구렁텅이에 빠져 몰락한다는 소식은 돈이 결코 행복의 기준이 될 수 없다는 증거가 아닐까요?

"행복은 성적순이 아니잖아요?"

전부터 자주 들어온 청소년들의 항변이 여러분에게도 낯설지 않을 것입니다. 맞습니다. 사람이 학교 성적순으로 성공하는 것도 아니고 성적순으로 행복해지는 것도 아니라는 것을 우리는 여러 언론 보도로 심심치 않게 확인합니다. 성적 최상위 청소년이 오히려 성적 압박을 더 견디지 못해 불행한 선택을 했다는 비극이 잊어버릴 만하면 뉴스로 등장하고, 학문의 전당인 대학에서도 성적과 서열로만 평가하는 것을 견디지 못한 대학생이 자퇴하겠다는 성명을 발표하고 교문을 나서는 선택을 하여 세상을 흔들어 놓기도 했습니다. 심각한 경쟁사회인 우리의 현실과 각종 부작용이 사람들을 힘들게 합니다.


우리 학생 식당 로비에 '행복한 희망나무'가 들어섰습니다. 점심시간에 맞추어 선생님들과 학생 대표들이 함께 모여 점등식을 했습니다. 행복한 희망나무는 LED 점멸등을 반짝거리면서 앞으로 한 달간 그 자리에서 점심밥 먹는 학생들의 마음을 따뜻하게 밝혀줄 것입니다.

방학이 한 달 남짓 남았습니다. 아침 기온이 영상 5도를 오르내리면서 몸을 움츠리게 하는 완연한 겨울입니다. 교정의 단풍잎도 얼마 남지 않은 마지막 이파리들을 떨구면서 추워하고 있고, 지난 주말에 찾았던 등

산로에서는 고운 빛깔로 물든 채 시들어버린 담쟁이를 보았습니다. 그것들을 보면서 "어느새 한 해가 저물어가는구나." 내뱉으며 처연한 심정이었습니다.

한 해가 저물어갑니다. 농부가 가을걷이 하고 나면 내년을 대비하여 씨앗을 보관하고 농기구를 잘 갈무리하듯 지나간 열한 달을 어떻게 살아왔는지 예비 결산해야 할 때입니다. 다사다난(多事多難)이란 말이 있습니다. '여러 가지 일도 많고 어려움이나 탈도 많다'는 뜻이고, '우여곡절'이라고도 합니다. 우리는 책임감 없는 어른들과 낙후된 시스템 때문에 발생한 세월호 침몰 사고 때문에 수많은 못다 핀 꽃들이 우리 눈앞에서 처참하게 시들어버리는 비극을 목격했습니다. 이 때문에 오랫동안 온 나라가 휘청거렸고, 사람들은 기약 없이 목이 메어 할 말을 잃어버렸습니다. 이 슬픔이 끝나는 날은 기약이 없습니다. 가슴에 자식을 묻은 부모에게 슬픔은 평생 지울 수 없기 때문입니다.

그러나 무한정 슬퍼하고만 있을 수 없는 것이 또 현실입니다. 떠난 자 대신 남은 자들은 똑같은 비극이 안 생기도록 안전이 모든 것을 우선하는 가치를 만들어야 합니다. 학생들이 안전하고 행복한 학교를 만들기 위해서 모든 어른들이 끝없이 노력해야 한다고 다짐해 봅니다.


이제 때가 왔습니다. 우리 학교의 지난 일 년은 참으로 위대했습니다. 지나간 교육활동을 되돌아봅니다.

우리 학생들의 "사랑합니다" 인사가 언제나 자연스럽습니다. 학부모님들은 학교와 선생님을 믿고 사랑합니다. 학교 일이라면 아무 조건 없이 시시때때로 도움을 주었습니다. 시험 감독, 보조 교사와 도서관 사서 도우미로 참여하였고, 학부모 교육 프로그램에 적극적으로 참석했으며 명현제와 체육대회에서 기꺼이 자원봉사해 주셨습니다. 학운위 학부모들은 만사 제치고 회의에 참석하였습니다. 선생님들은 학생들의 전폭적인 신뢰와 존경을 받고 있으며 좋은 사제관계를 이어오고 있습니다. 오로지 학생 지도를 위해 야근을 밥 먹듯 하고 새로운 교육 방법 습득을 위해서라면 출장을 마다치 않았습니다. 학교 밖 활동에 동행하여 안전을 지켰고 처벌이나 징계보다 인내하면서 선도하는 스승상을 보여주었습니다.

행정실에서는 번거로운 자금 지출과 물품 구입에 싫은 내색 한 번 하지 않고 성심성의껏 도움 주었습니다. 시설 공사와 안전을 위해서라면 휴일에도 근무했습니다. 지킴이 선생님은 학교 안전 수호의 본업 이외에도 교문 주변 청소에 수고하면서 몸과 마음이 지친 학생들에게 따뜻한 위로의 말을 나누어 주셨습니다. 급식실 식구들은 청소년 취향에 맞는 좋은 음식을 매일 장만하여 학생들의 만족도를 높였습니다. 특히 노동절에 쉬지 않았고 자신의 이익을 지키기 위한 노조 활동도 기꺼이 양보했습니다. 특수반 학생들은 한 점 티끌이 없는 순수한 마음씨의 천사들입니다. 그리고 그 천사들과 함께 거리낌 없이 어울리는 일반 학생들은 세상에 다시없이 선한 친구들입니다. 매일 아침 교문에서 등교 지도와 차량 안전을 지도해 주시는 선생님들 덕택에 교통안전에도 안심입니다.

학교의 모든 구성원이 자신의 본분을 다해 주었기 때문에 올해 수확도 풍성했습니다. 과목별 대회에 많은 학생이 자발적으로 참여하여 기량을 뽐냈고, 새얼백일장에서 중학부 단체 대상을 수상하여 우승기를 보관하고 있으며, 전국 아마추어 천체관측대회에서 우승했고, 교육감배 천체관측대회에서도 잇따라 수상했습니다. 정다운 이웃 따뜻한 가족 실천사례 발표대회에서도 대상을 수상했습니다. 소프트웨어 교육 선도 학교를 운영했고, 진로체험 활동 및 진로캠프 운영, 효행 교육, 4박 5일 힐링캠프, 드라마 치료, 미디어 치료 등 인성교육 프로그램에 많이 참여하여 신체적 정신적으로 크게 성장했습니다. 무엇보다도 학교 폭력 사고가 단 한 건도 없는 안전한 학교를 만들었습니다.

오늘 학생자치회 임원 선거가 열립니다. 금주 한 주간 선거 운동 하느라 아침 등교 때부터 종일 야단법석이었습니다. 신명이 나니 학교가 살아있음을 몸으로 느낍니다.

"그래, 학교는 교과 공부만 하는 곳이 아니라 함께 생활하면서 지켜야할 배려와 양보의 미덕을 배우며 존중하고, 토의 방법을 익히고 예절을 지키는 마당이란다. 그리고 민주적 가치를 배우는 학생자치활동의 의미가 학교생활에서 가장 큰 것일지도 몰라. 선거운동에 직접 참가하건 안 하건 상관없이 모두가 즐기는 축제가 되거라."

응원합니다. 그리고 이 신명을 가지고 혼자나 우리끼리가 아니라 주변의 불우이웃과 함께하는 사람이 되기를 기대합니다.

다음 주에 시작되는 12월 한 달이 '행복한 희망나무 트리' 덕택에 춥지 않고, 인정과 나눔 덕택에 그지없이 따뜻하기를 기대합니다. 얼마 안 남은 기간에 지난 새해 초에 계획한 것 가운데 미진한 것이 있다면 빨리 실행하시어 흑자 내는 마무리를 하고 희망의 새해 맞이하기를 기원합니다.

# 설령
# 산통 깨지더라도

살다보면 의도치 않게 산통 깨지는 일이 가끔 생깁니다. 이 산통이 임산부 출산의 고통을 가리키는 것이 아닙니다. 우리가 일상생활에서 흔히 쓰는 관용어 '산통을 깨다'는 '다 된 밥에 코 빠트리다, 재 뿌리다'와 같은 의미로 쓰입니다.

'산통(算筒)'이란 두 가지 뜻을 가진 단어입니다. 첫째는 목돈을 모으려고 조직한 '산통계(算筒契)'에서 곗돈 탈 사람을 뽑는 통을 말합니다. 계원 전원이 순번대로 한 번씩 곗돈을 타야 계가 끝나는데 중간에 누군가 돈을 못 내면 깨지게 됩니다. 계가 깨지면 산통도 깨집니다.

둘째는 점쟁이가 '산가지'를 넣어놓은 통인데 점을 치기 직전에 이 통이 깨지면 산통 깨지는 것입니다. 결국 잘되던 일을 중간에서 망친다, 또는 어떤 일이 이뤄지지 못하게 뒤튼다는 의미입니다. 산통이 깨지면 점을 칠 수 없으니 점치기가 업인 점쟁이의 밥그릇을 뒤엎는 셈인데 세상에서 가장 나쁜 범죄가 남의 밥그릇 빼앗는 일이죠.

예전 황희 정승이 젊을 때 길 가다 누렁소와 검은 소를 앞세우고 논갈이하는 늙은 농부를 만나 물었습니다.

"누렁소와 검은 소 가운데 어느 소가 일을 더 잘하오?"

농부는 하던 일손을 놓고 논에서 나와 일부러 황희에게 다가오더니 귀엣말을 했습니다.

"누렁소가 더 잘하오."

황희가 말합니다.

"그딴 것 가지고 일부러 와서 귓속말까지 할 필요는 없지 않소?"

늙은 농부가 대답합니다.

"둘 다 힘들게 일하는데 어느 한쪽이 잘한다 하면 다른 소가 기분 나쁘지 않겠소? 아무리 짐승이라도 말은 함부로 하는 게 아니잖소?"

이후 그는 결코 남의 단점을 입 밖에 내지 않았다 합니다.


아이가 울 때는 이유가 있게 마련입니다. 배고프거나, 쌌거나, 아프거나. 누군가가 말할 때는 이유가 있는 법이고, 그때는 귀를 잘 열고 들어야 합니다. 하지만 보통 사람이라면 너나없이 인격이 부족한지라 다짜고짜 공개석상에서나 공개글로 책망성 건의나 야단을 듣게 되면 화도 나고 마음이 불편해지는 것은 어쩔 수 없습니다. 그럼에도 불구하고 그 야단이 자연인 아무개에게 하는 꾸짖음이 아니라 학교장이라는 공인에게 하는 것이기에 마땅히 들어야 할 것으로 여기며, 그때마다 내게 부족한 것이 무엇인지, 무엇을 잘못했는지 반성하고 되새기게 됩니다. 학교장이라면 민주주의의 가치를 특별히 가르치고 앞장서 실천해야 할 책임이 있기 때문입니다. 하지만 오래 지속되었던 유교사회의 적폐와 관습으로 물려받아 우리 의식 속에 자리한 체면 문화와 권위주의, 심리 깊은 곳에 잔재해 있는 서열 의식 때문에 우리들은 여전히 민주적 토론 절차와 자치하는 방법과 수평적인 관계에 익숙지 못한 것도 현실입니다.

인생은 아주 짧아서 번개처럼 지나갑니다. 짧은 삶 살면서 칭찬하기만도 바쁜데 야단칠 겨를 없다는 것이 평소 내 지론입니다. 그래서 단 한 번도 학생을 포함한 구성원 누구에게라도 야단이나 책망, 비난을 하지 않았습니다. 야단칠 바엔 차라리 귀를 막고 입을 다무는 게 낫습니다.

문제를 제기할 때는 사안마다 전후 사정과 맥락도 잘 살피고, 앞면과 뒷면도 살펴보고, 입장 바꿔 생각해 보고, 무엇보다 야단치기 전에 사실과 진의 확인만큼은 꼭 하는 지혜가 필요합니다. 예단이나 편견만큼 사실 확인 없이 단정하고 결론 내리는 것처럼 위험한 것은 없습니다.

소경에게 코끼리를 만지게 했더니 코를 만진 소경은 '코끼리란 둥근 파이프 같은 것'이라 했습니다. 다리를 만진 이는 '거대한 기둥과 같은 것'이라고 했고, 배를 만진 이는 '천장처럼 생긴 것'이라고 말했다지요.

일방의 주장만 듣고 판단해버리거나 자신만의 생각이나 선입견으로 결정하면 실수하게 됩니다. 사람은 자신만의 시선으로 바라보게 마련이라 눈앞의 것도 마음이 없으면 안 보이기 때문에 자신에게 유리한 방향으로만 판단하게 됩니다. 학교 소식에 목말라 하는 학부모에게 학생은 자신의 시각에서 자기에게 유리한 방향으로 말하게 마련이고, 학부모는 자녀의 이야기를 사실 그대로 믿어버리기 때문에 왜곡된 정보가 오가면서 학교와 교사에 대한 불신이 생깁니다. 실제로 구성원들의 불만 다수가 일방의 이야기만 듣고 내린 결론에 기인한 경우가 많습니다.

이런 일이 있었습니다.

9월 1일 자로 새 학교에 부임한 다음 날인 2일 새벽에 태풍 곤파스가 몰아쳤습니다. 비상사태인지라 일찍 출근하여 학생 등교와 교직원 근무 개시 시각을 조정하여 문자로 안내하고 학교 홈페이지에도 공지하는 등 부산했습니다. 그런데 학생 일부는 벌써 등교 중이라서 그들이 입실하여 안전할 수 있도록 교실 안전을 안내하고, 유리창문과 출입문을 단속하고 무료한 학생들을 위해 관련 동영상을 시청하도록 조치하는 등 동분서주하던 중에 전화통에 불이 납니다. 당시 대단한 위세를 떨치던 시의회 모 교육위원에게 어떤 학부모가 제보하길 "비바람을 뚫고 등교하는 학생들을 학교에서 강제 귀가 조치하고 있다"고 해서 의원님이 교육청에 막무가내로 호통질했다는 전언이었습니다. 전혀 사실이 아닌데도 의원님에게는 제보만이 진실이었습니다. 바쁜 틈새에 어쩔 수 없이 해명차 당일 시간대별 조치 상황을 상세히 기록하여 문서로 제출하는 등 부산을 떨었지만 그것으로 상황은 종료되어버렸고, 이후 누구도 더 이상 묻지도 따지지도 않았습니다.

왜 당사자인 학교에는 사실 확인을 안 할까? 전화 한 통만 하면 알 텐데 애꿎은 교육청에만 호통질일까? 의원님께는 진실 확인이 아니라 한 건 올리는 것만이 목표가 아니었나?

나는 평생 민주적 가치관을 중요하게 생각해 왔습니다. 유신 독재가 막판으로 치닫던 1970년대 후반의 대학생 시절, 민주주의가 유폐되어버린 그 엄혹했던 시기에 단지 독재 이념에 반대하는 학자적 신념으로 '우리의 교육 지표' 성명을 발표했다는 이유 때문에 지도 교수가 해직과 함께 투옥당하는 참사를 지켜보면서 거의 질식할 것 같은 절망감에 빠지기도 했으며, 광주민주화운동 시기에는 참을 수 없는 고통을 감내해야 했고, 더 가혹했던 80년대 군사 독재 시절을 통과하면서 겪어야 했던 일련의 안타까운 경험들이 민주적 가치와 다원화된 다치적 사고방식을 가장 중요하게 여기는 내 가치관의 자양분이 되었습니다. 행복배움학교가 추구하는 제일의 가치도 내 가치관과 똑같다고 여기기 때문에 탈권위와 민주주의의 실천을 학교 경영의 제일로 삼아왔습니다. 학교에는 다양한 의견이 존재해야 하며 소수 의견도 무시되거나 묵살되지 않고 가능한 범위에서 최대한 수용해야 합니다. 장애인, 다문화 가족, 디아스포라 등 소수 약자의 보호를 최우선 하고, 허용적 긍정적 사고방식을 바탕으로 경청하는 태도와 배려하는 가치를 키우도록 모든 학교 구성원들과 함께 노력해 왔습니다. 2014년 9월 1일 자로 우리 학교에 부임하면서 천명했던 '어떤 경우에도 구성원의 잘못을 탓하거나 꾸짖지 않겠다'는 원칙을 가장 중요하게 여겼고, 언제나 가장 낮은 자세로 학교 구성원을 받들고 섬기겠다는 마음가짐이 흐트러지지 않도록 끊임없이 삼갔습니다.

　미국의 유명한 경제학자이자 교육자, 자연 생태 활동가인 '스콧 니어링'은 '숨 쉬는 사람이라면 질문을 멈추어서는 안 된다'고 말했습니다. 19세기 후반에 태어난 미국의 주류 백인이었음에도 불구하고 다른 인종을 배제하지 않았고, 하층민을 위한 분배와 평등, 자유 그리고 반전 평화의 신념을 평생 지켜낸 분이라 그를 존경하며 그의 말을 금과옥조로 삼았습니다.

　설령 산통을 깨는 일이 있더라도 학교에서는 다양한 의견 제시와 토론의 기회가 최대한 보장되어야 합니다. 구성원이 입을 닫아버리면 조직은 정체되거나 부패하고 발전을 기대할 수 없게 됩니다. 학교장은 구성원들의 호기심과 부족한 상상력을 북돋울 수 있는 기름진 토양을 만드는 데 기여하는 존재라야 하고, 비록 시행착오가 있더라도 낙담하지 말고 끊임없이 기회를 제공하는 학교가 되도록 지원해야 합니다. 행복배움학교를 시작하면서 썩 내켜 하지 않던 일부 구성원들의 차가운 시선에도 불구하고 이 길이 가야 할 길이라는 믿음은 지금도 변함없습니다. 교육 혁신을 위한 여러 노력 가운데 어떤 것이 설령 시행착오일지라도 차곡차곡 쌓이면 좋은 자산이 되리란 것을 믿기 때문입니다. 누군가 씨 뿌리는 자가 있어야 뒤에 오는 사람이 수확하게 됩니다.

이제 물러날 시간이 되었습니다.

해마다 맺은 인연들은 예외 없이 새롭고 소중하지만 올해 특수 학급 학생들과 맺은 인연은 특별했습니다. 매일 아침 싱글벙글거리며 교문을 들어서는 준규와 혜성이 얼굴에서 삶의 기쁨을 발견하였고, 도도하여 좀처럼 눈길 잘 주지 않는 현경이와 경희가 먼저 알은체하고 손 내밀어 줄 때는 벅찬 보람을 느꼈습니다.

갓 발령받은 초임 교사 시절에는 혈기왕성한 청년으로, 그리고 차차 경륜이 쌓여가면서 만났던 수많은 제자와 눈높이를 맞추기 위해 끊임없이 노력하면서 참 행복한 세월을 보냈습니다. 왕성한 호기심으로 끊임없이 공부하며 변화하려고 노력했지만 그 과정에서 수많은 시행착오를 겪었고 후회와 부끄러움도 많았습니다. 하지만 이제는 노인이 되어 교직이 오직 행복한 추억으로만 남게 되었습니다.

그동안 함께한 수많은 제자와 동료 선후배 선생님들, 음지에서 정성을 다해준 직원들, 그리고 우리 학교에서 학부모님들과 맺은 인연이 각별하기 때문에 지난 교직생활이 정말 행복했고, 그래서 나는 행운아입니다.

되돌아보면 어릴 적부터 나는 상상력이 넘치고 궁금증과 호기심이 왕성한 소년이었습니다. 궁금한 것은 못 참았고 끝없는 질문과 시도, 왕성한 독서로 호기심을 해소해 가면서 어른이 되었지만 내 상상력은 아직도 멈추지 않습니다. 비록 생물학적 나이는 문턱을 넘어섰지만 상상력이 마르지 않았기에 나는 아직 노인이 아닙니다. 다음 달부터는 새로운 호기심과 상상력의 영역으로 들어갑니다. 지역사회의 교육 자원을 발굴하고 연계하여 또 다른 교육 서비스를 창출하는 마을학교 사업에 참여하고, 혁신 교육의 발전에도 힘을 보탤 예정입니다. 이론으로 무장한 사회복지사가 되어 교육복지에 기여하고, 국내외 외국인과 다문화 가족에게 봉사하는 한국어 교사로, 아마추어 천체 관측 애호인구의 저변 확대에 기여하는 천문지도사로, 지역사회에 봉사하는 활동가로, 그리고 저술가로 기여하는 시니어가 되겠습니다.

흘러간 물은 물레방아를 돌렸고, 떠나간 막차는 아름답습니다. 이제 학교 현장의 모든 것은 후배님들과 남은 이들의 몫입니다. 여러분 앞에는 수많은 기회와 도전이 기다리고 있습니다. 다가오는 미래가 유토피아일지 디스토피아가 될지도 오로지 여러분들이 만들어 갈 미래의 학교 몫이라 믿습니다.

떠나지만 멀지 않은 곳에서 언제나 응원하겠습니다. 모두의 건승을 빕니다.